3

ESO

MATEMÁTICAS ORIENTADAS A LAS ENSEÑANZAS ACADÉMICAS

J. COLERA JIMÉNEZ, Mª J. OLIVEIRA GONZÁLEZ,
I. GAZTELU ALBERO, R. COLERA CAÑAS

TRIMESTRE 2

W0209388

USA ESTE CÓDIGO PARA:

acceder al
BANCO DE RECURSOS
disponible en www.anayaeducacion.es

Hazlo siguiendo los pasos que se indican en el apartado «Así es el banco de recursos».

ANAYA

ASÍ ES EL BANCO DE RECURSOS

www.anayaeducacion.es

Un espacio con recursos, técnicas y actividades, diseñado para afianzar tus conocimientos.

Accede al banco de recursos registrándote en www.anayaeducacion.es. Solo necesitas tener un correo electrónico, el código que se indica en la primera página de este libro y el permiso de tu padre, madre, tutor o tutora legales.

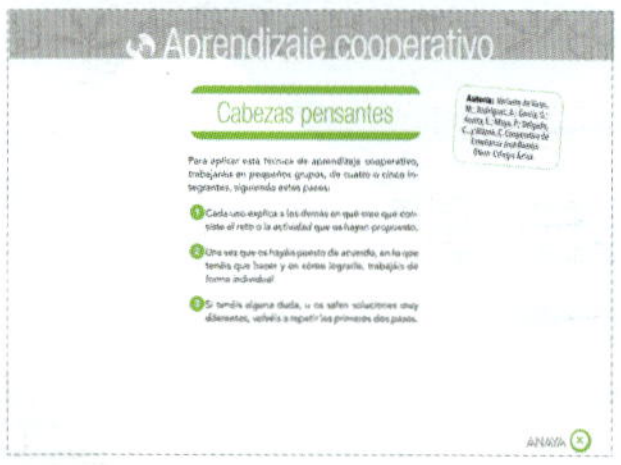

Más sobre las claves

RECURSOS RELACIONADOS CON LAS CLAVES DEL PROYECTO

Compromiso ODS, con microvídeos que te ayudarán a conocer cuáles son las metas para alcanzar los Objetivos de Desarrollo Sostenible trabajadas en el proyecto.

Plan Lingüístico, con infografías que te darán las pautas para abordar el trabajo por medio de distintos tipos de textos (descriptivo, narrativo, expositivo, etc.).

Desarrollo del pensamiento, donde se incorporan explicaciones sobre cómo aplicar las distintas estrategias de pensamiento planteadas en el proyecto.

Aprendizaje cooperativo, que incluye la descripción de las técnicas de aprendizaje cooperativo propuestas en el proyecto.

Educación emocional, con orientaciones para superar la inquietud generada en diferentes situaciones de tu proceso de aprendizaje (inicio del curso, enfrentarte a un examen, etc.).

TIC, mediante fichas que reforzarán tu uso saludable, correcto y seguro de las tecnologías de la información y la comunicación.

Orientación académica y profesional, con información sobre diferentes profesiones vinculadas a los contenidos tratados en la asignatura.

Evaluación, se presentan orientaciones para hacer tu portfolio, así como rúbricas y dianas que facilitan tu autoevaluación.

RECURSOS DESTACADOS DE LA MATERIA

- ☐ Tutoriales
- ☐ Actividades con GeoGebra
- ☐ Glosario
- ☐ Aprende jugando
- ☐ Autoevaluaciones

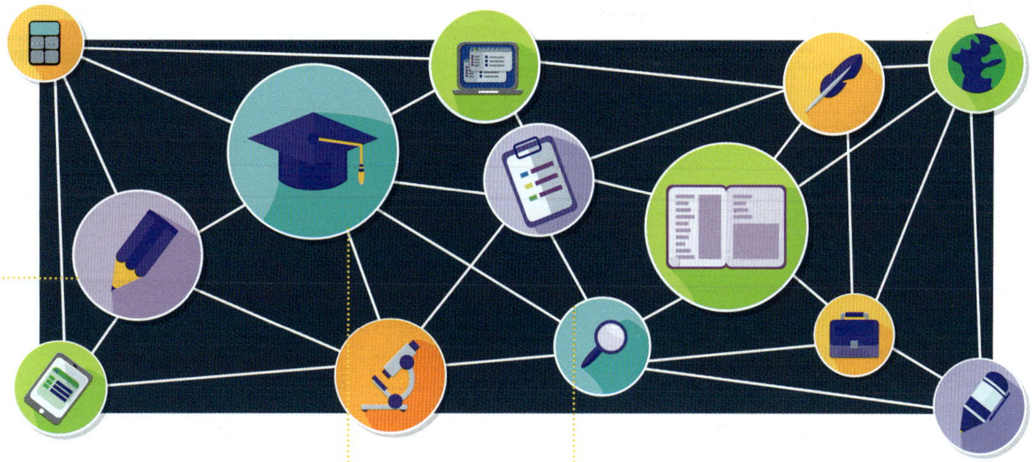

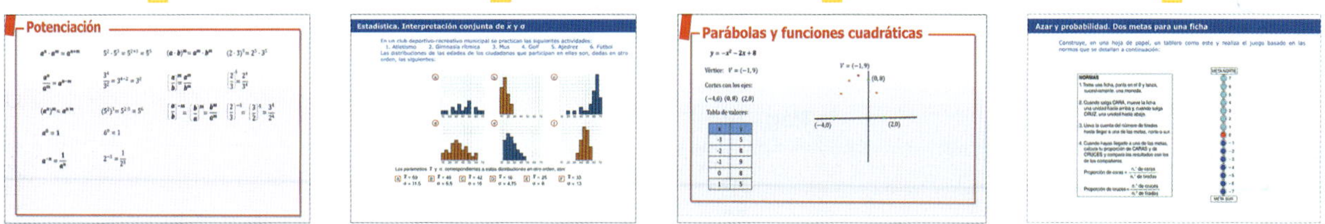

RECURSOS CLASIFICADOS POR UNIDADES

Todos los recursos clasificados para que puedas localizar fácilmente los relacionados con cada apartado de tu unidad.

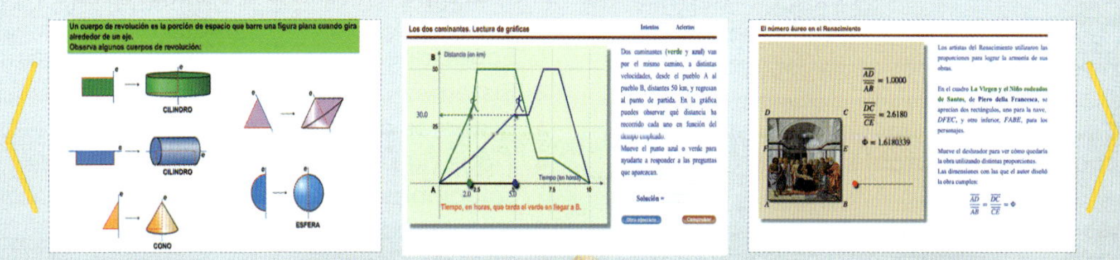

ASÍ SON
LOS CONTENIDOS
DEL CURSO

9 FUNCIONES LINEALES Y CUADRÁTICAS — Pág. 170

10 PROBLEMAS MÉTRICOS EN EL PLANO — Pág. 190

11 CUERPOS GEOMÉTRICOS — Pág. 214

12 TRANSFORMACIONES GEOMÉTRICAS — Pág. 238

13 TABLAS Y GRÁFICOS ESTADÍSTICOS — Pág. 262

14 PARÁMETROS ESTADÍSTICOS — Pág. 278

15 AZAR Y PROBABILIDAD — Pág. 296

6 ECUACIONES

Tanteos iniciales: Egipto y Babilonia

Los primeros intentos conocidos de resolución de ecuaciones provienen de Egipto y Babilonia. Fueron, como es natural, poco sólidos y respondían a situaciones concretas de la vida cotidiana. Por ejemplo, en el papiro egipcio de Rhind (siglo XVI a. C.) aparece resuelto el siguiente problema:

El montón más un séptimo del montón es igual a 24. ¿Cuántos hay en el montón?

En Babilonia no prestaron atención a las ecuaciones de primer grado, por considerarlas muy elementales, pero desarrollaron métodos similares a los que usamos ahora para resolver ecuaciones de segundo grado.

Se inicia el camino teórico: matemática griega

El primero que afrontó la resolución de ecuaciones de forma rigurosa fue el griego **Diofanto,** en el siglo III, conocido como el padre del álgebra. En su libro *Aritmética*, que es una colección de problemas más que un libro de teoría, trató la resolución de ecuaciones de primer grado y algunas de segundo grado. Los problemas que propuso allanaron el terreno a la teoría de ecuaciones, que se desarrolló siglos más tarde, siendo uno de los primeros en utilizar símbolos para representar las incógnitas. En su obra aparecen problemas de este tipo:

Si al número de elefantes que beben en el río le sumo el número de colmillos y el número de patas, obtengo su cuadrado. ¿Cuántos elefantes son?

Un problema sobre Diofanto

Cuenta la leyenda que, al morir Diofanto, sus discípulos grabaron sobre la tumba un epitafio, en forma de acertijo, cuya interpretación permitía averiguar la edad que alcanzó a vivir el maestro. Rezaba así:

Su juventud ocupó la sexta parte de su vida. Durante la siguiente doceava parte, su mejilla se cubrió de vello. Pasó una séptima parte más antes de casarse. Cinco años después tuvo un hijo. Este murió cuando su edad era la mitad de lo que vivió su padre. Diofanto aún vivió cuatro años después de la muerte de su hijo.

Avances significativos: matemática árabe

En el siglo IX, en Bagdad, aparece un personaje clave para el desarrollo del álgebra, el árabe **Al-Jwarizmi.** Aunque parece improbable que llegara a conocer el trabajo de Diofanto, dio otro importantísimo paso.

Su libro *Al-jabr wa-l-muqabala*, referente fundamental en la historia del álgebra, fue estudiado y traducido a varios idiomas en siglos posteriores. El título viene a ser «transposición y cancelación» y alude a los trasiegos que se realizan con los coeficientes para despejar la incógnita. Finalmente se quedó con el título *Al-jabr* (al-jabr ~ álgebra).

Recursos geométricos

Los árabes ingeniaron métodos para resolver geométricamente algunos tipos de ecuaciones. Observa cómo resolvían $x^2 + 12x = 64$:

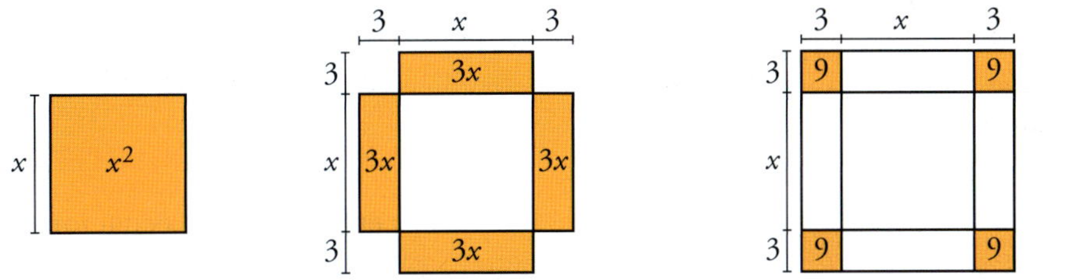

ÁREA: x^2 ÁREA: $x^2 + 12x(= 64)$ ÁREA: $64 + 4 \cdot 9 = 100$

El área del último cuadrado es 100. Por tanto, su lado es 10 y $x = 4$.

Resuelve

1 Traduce a lenguaje algebraico y resuelve por tanteo el problema del papiro egipcio: *El montón más un séptimo del montón…*

2 Selecciona, entre las siguientes ecuaciones, la traducción algebraica del problema de los elefantes. Resuélvela primero por tanteo e intenta después resolverla aplicando algún otro método de resolución que conozcas.

(I) $x + x^2 + x^4 = 2x$ (II) $x + 2x + 4x = x^2$ (III) $x + 2x + 4x = (6x)^2$

3 ¿Cuál de las siguientes ecuaciones resuelve el epitafio de Diofanto?

(I) $\frac{x}{6} + \frac{x}{12} + \frac{x}{7} + 5 + \frac{x}{2} + 4 = x$ (II) $\frac{x}{6} + \frac{x}{12} + \frac{x}{7} + \frac{5}{x} + \frac{x}{2} + \frac{4}{x} = 1$

¿A qué edad murió?

4 Resuelve mediante el método geométrico expuesto arriba:

a) $x^2 + 8x = 84$ b) $x^2 + 20x = 69$

Gracias al álgebra se ha podido desarrollar un campo como el *Business Intelligent*, que da cabida a diversos perfiles profesionales. En **anayaeducacion.es** encontrarás información al respecto.

1 ECUACIONES. SOLUCIÓN DE UNA ECUACIÓN

Nomenclatura

Las expresiones que hay a ambos lados del signo = se llaman **miembros.** En la ecuación que se muestra a la derecha, $x + (x + 1) + (x + 2)$ es el **primer miembro,** y 33, el **segundo miembro.**

Las alturas de tres árboles son números enteros consecutivos y su suma es 33. Hallar la altura del árbol más bajo.

Escribiendo el enunciado en lenguaje algebraico, obtenemos la ecuación:

$$x + (x + 1) + (x + 2) = 33$$

Su significado es: «Queremos que $x + (x + 1) + (x + 2)$ sea igual a 33. ¿Para qué valor de x ocurrirá?».

Resolver la ecuación es responder a esta pregunta. Decir que la solución es $x = 10$ equivale a decir que «cuando x vale 10», entonces es cierto que «$x + (x + 1) + (x + 2)$ es igual a 33».

Una **ecuación,** más que una igualdad, es una **propuesta de igualdad** en la que interviene una letra llamada **incógnita.**

Una **solución** de la ecuación es un valor de la incógnita que hace que la igualdad sea cierta.

Resolver una ecuación es hallar su solución, o soluciones, o llegar a la conclusión de que no existe solución.

Tipos de ecuaciones

Te puedes encontrar con ecuaciones de muy diversos tipos. Por ejemplo:

- **Ecuaciones polinómicas.** En ellas, la incógnita aparece solamente en expresiones polinómicas. Las ecuaciones:

  $$3(x - 5) + \frac{x - 3}{2} = 15 \qquad x^2 - 2 = 2(x + 3) \qquad x^3 - 9x = (x + 1)^2 + 3$$

  son polinómicas de primer, segundo y tercer grado, respectivamente.
- **Con radicales.** $\sqrt{x + 17} + 2 = x - 1$
- **Con la x en el denominador.** $\frac{x + 2}{x + 3} - \frac{3}{x - 1} = \frac{1}{8}$
- **Con la x en el exponente.** $2^x = 64$; $3^x = 81$; $x^x = 3\,125$

Existen muchos más tipos de ecuaciones; sin embargo, en esta unidad prestaremos atención especial a las ecuaciones polinómicas de primer y segundo grado.

Piensa y practica

1 ¿Es 5 solución de alguna de las siguientes ecuaciones? Justifica tu respuesta:

a) $8x + 3 = 11x - 12$ b) $x^4 - x^3 = 500$

c) $3x - 7 = x^2 - 10$ d) $1^x = 5$

e) $x^2 - 12 = 4x - 7$ f) $2^{x-1} = 16$

g) $x^3 + x^2 + 2x + 1 = 161$ h) $10x + 25 = x^3$

i) $x^2 - 20 = 2x - 5$ j) $\sqrt{3x + 1} = 16$

k) $(2x - 3)^2 = 144$ l) $3(x^2 + 3) - 84 = 0$

2 En el ejercicio anterior hay varias ecuaciones polinómicas. Escríbelas y di cuál es su grado.

Resolución de ecuaciones por tanteo

En cursos anteriores aprendiste a resolver ecuaciones por métodos algorítmicos; es decir, mediante una serie de pasos que llevan, con seguridad, a la solución. En los siguientes apartados de esta unidad insistiremos en tales métodos para la resolución de ecuaciones de primer y segundo grado.

Sin embargo, la obtención mediante tanteo de la solución de una ecuación es un método perfectamente válido.

Hay ocasiones en las que recurrimos al tanteo, mentalmente o con calculadora, porque nos parece que va a ser fácil «ver» la solución. Pero habrá casos en los que la ecuación es de tal tipo que solo tanteando podremos resolverla. Si la solución es entera, posiblemente la encontremos con facilidad. Pero si no lo es, tendremos que tantear reiteradamente para obtener una buena aproximación decimal de ella. En este proceso, es fundamental la ayuda de la calculadora.

Veamos algunos ejemplos.

Tu profesor es quien sabe

La resolución de ecuaciones por tanteo es un ejercicio muy formativo, pues, aunque lo hagas con calculadora, desarrolla la capacidad de cálculo mental.

No obstante, será tu profesora o profesor quien te indique la conveniencia o no de utilizar este método. Sin duda, es quien mejor sabe lo que conviene para tu formación en cada momento.

Ejercicio resuelto

Resolver por tanteo estas ecuaciones:

a) $x^x = 3\,125$ ***b)*** $x^6 = 1\,200$

a) Tanteando con números enteros encontraremos rápidamente la solución $x = 5$ pues $5^5 = 3\,125$.

b) Dando valores enteros a x, observamos que:

$$\left.\begin{array}{l} 3^6 = 729 \\ 4^6 = 4\,096 \end{array}\right\} \text{Por tanto, } x \text{ es mayor que 3 y menor que 4. Es decir, } x = 3,\ldots$$

Damos a x los valores 3,1; 3,2; 3,3; … y observamos que:

$$\left.\begin{array}{l} 3,2^6 = 1\,073,\ldots < 1\,200 \\ 3,3^6 = 1\,291,\ldots > 1\,200 \end{array}\right\} \text{Por tanto, } x = 3,2\ldots$$

Podemos decir que, aproximando hasta las décimas, la solución de la ecuación es $x = 3,2$.

Piensa y practica

3 Tanteando, halla la solución entera de las ecuaciones siguientes:

a) $2x^2 = 50$
b) $2x^3 + x^2 = 20$
c) $4 \cdot 10^x = 40\,000$
d) $(x - 12)^4 = 81$
e) $(3 + x)^{(x-6)} = 121$
f) $\sqrt[3]{x - 23} = 2$
g) $x^3 + x^2 = 150$
h) $3^x = 2\,187$
i) $x^x = 46\,656$
j) $\sqrt{7x + 4} = 9$
k) $5^{x+1} = 15\,625$
l) $\sqrt{x - 12} = x - 8$

4 Encuentra la solución, aproximando hasta las décimas, de las siguientes ecuaciones. Hazlo por tanteo ayudándote de la calculadora.

a) $x^2 = 1\,000$
b) $x^3 + 1 = 100$
c) $x^5 = 1\,500$
d) $x^6 - 40 = 1\,460$
e) $(x - 3)^4 = 35\,027$
f) $x^4 + x^2 = 40$
g) $x^3 + x^2 = 200$
h) $x^3 - x^2 = 200$
i) $\sqrt{x^2 - x} = 5$
j) $x^{x+1} = 250$

2 ▸ ECUACIONES DE PRIMER GRADO

ECUACIONES DE PRIMER GRADO	ECUACIONES QUE NO SON DE PRIMER GRADO
$4x + 7 = 8$	$(6x + 5)^2 = 8$
$(2x/3) - 2,5 = 9$	$8/x = 5x + 3$
$\sqrt{3}x + 17 = 4 - x$	$\sqrt{6x} + 1 = 5x$

A las ecuaciones polinómicas de primer grado se las llama, simplemente, **ecuaciones de primer grado.** En ellas, la x solo aparece elevada a 1 $(x^1 = x)$.

Las ecuaciones de primer grado tienen una única solución, que se obtiene despejando la incógnita.

> Una **ecuación de primer grado** es una expresión que se puede reducir a la forma $ax + b = 0$, siendo $a \neq 0$. Tiene una única solución: $x = -\dfrac{b}{a}$

Nomenclatura

La solución de una ecuación también se llama **raíz.**

➜ ECUACIONES EQUIVALENTES

Dos ecuaciones son equivalentes si tienen la misma solución o ambas carecen de solución. Así, las ecuaciones $5x - 9 = 51$ y $3x - 7 = 89 - 5x$ son equivalentes porque la solución de ambas es $x = 12$.

➜ TRANSFORMACIONES QUE MANTIENEN LA EQUIVALENCIA DE ECUACIONES

Para resolver una ecuación, hemos de despejar la x mediante una serie de *pasos*. Cada *paso* consiste en transformar la ecuación en otra equivalente, en la que la x esté más próxima a ser despejada. Recordemos algunas reglas:

TRANSFORMACIÓN		REGLA PRÁCTICA
Sumar o restar la misma expresión en los dos miembros de la igualdad.	▶	Lo que está sumando en un miembro pasa restando al otro miembro, y viceversa.
Multiplicar o dividir los dos miembros por el mismo número distinto de cero.	▶	Lo que está multiplicando a todo lo demás de un miembro pasa dividiendo al otro, y viceversa.

➜ ECUACIONES ANÓMALAS

Existen expresiones que parecen ecuaciones de primer grado y que, sin embargo, no tienen solución o tienen infinitas soluciones. Por ejemplo:

- $4x - 6 = 4(x + 3) \quad \rightarrow \quad 4x - 6 = 4x + 12 \quad \rightarrow \quad 0 \cdot x = 18$

  No puede ser $0 \cdot x = 18$. Por tanto, la ecuación **no tiene solución.**

- $4x - 6 = 4(x - 2) + 2 \quad \rightarrow \quad 4x - 6 = 4x - 6 \quad \rightarrow \quad 0 \cdot x = 0$

  $0 \cdot x = 0$ es cierto cualquiera que sea x, pues $0 = 0$. Por tanto, la ecuación **tiene infinitas soluciones.**

Casos especiales

- $\mathbf{0x = b}$, con $b \neq 0$

  La ecuación **no tiene solución.**

- $\mathbf{0x = 0}$

  La ecuación **tiene infinitas soluciones.** Es una identidad.

anayaeducacion.es Iniciación. Resuelve ecuaciones con denominadores muy sencillos.

Piensa y practica

1 Encuentra el error en cada transformación:

a) $3(x + 1) = 21 \rightarrow 3(x) = 21 - 1$

b) $5(x - 2) + 3 = 10 \rightarrow (x - 2) + 3 = 10/5$

c) $3 - x/2 = 6 \rightarrow 3 - x = 6 \cdot 2$

d) $(4x - 9)/3 = 5 \rightarrow 4x/3 = 5 + 9$

e) $10(x + 3) = 40 - x \rightarrow x + 3 = 40/10 - x$

Pasos para resolver ecuaciones de primer grado

Seguramente aprendiste a resolver ecuaciones de primer grado sencillas los cursos pasados. Ahora vamos a entrenarnos para resolver ecuaciones de primer grado algo más complejas.

Con frecuencia, las ecuaciones que tendremos que resolver presentan un aspecto complicado. Por ejemplo:

$$\frac{3x-1}{20}-\frac{2(x+3)}{5}=\frac{4x+2}{15}-5$$

Veamos qué pasos conviene dar para, poco a poco, ir despejando la x (en el margen puedes ver cómo hemos resuelto la ecuación del ejemplo siguiendo los pasos que ahora describimos):

1. Quitar denominadores, si los hay. Para ello, se multiplican los dos miembros de la ecuación por un múltiplo común de los denominadores; preferiblemente, su mínimo común múltiplo.
2. Quitar paréntesis, si los hay.
3. Pasar los términos en x a un miembro y los números al otro miembro.
4. Simplificar cada miembro.
5. Despejar la x. Se obtiene, así, la solución.
6. Comprobación: sustituir la solución en cada miembro de la ecuación inicial para comprobar que coinciden los resultados.

Esta secuencia no hay que tomarla como algo rígido, pues habrá ocasiones en que convenga empezar quitando paréntesis, simplificando…

El entrenamiento y el sentido común te orientarán sobre cuándo conviene hacer una cosa u otra.

Ejemplo

Resolvamos la ecuación:

$$\frac{3x-1}{20}-\frac{2(x+3)}{5}=\frac{4x+2}{15}-5$$

1 mín.c.m. $(20, 5, 15) = 60$

Se multiplican por 60 los dos miembros.

$$3(3x-1)-24(x+3)=$$
$$=4(4x+2)-60\cdot 5$$

2 ↓

$$9x-3-24x-72=16x+8-300$$

3 ↓

$$9x-24x-16x=8-300+3+72$$

4 ↓

$$-31x=-217$$

5 ↓

$x=\dfrac{-217}{-31}$. *Solución:* $x = 7$

6 ↓

$$\left.\begin{array}{l}\dfrac{3\cdot 7-1}{20}-\dfrac{2(7+3)}{5}=-3\\[2mm]\dfrac{4\cdot 7+2}{15}-5=2-5=-3\end{array}\right\}$$

Coinciden. La solución es correcta.

Piensa y practica

2 Resuelve las siguientes ecuaciones:

a) $\dfrac{3x}{15}-x=-\dfrac{3x}{3}+\dfrac{9}{5}$

b) $\dfrac{x}{3}+\dfrac{x}{9}-\dfrac{4x}{27}=\dfrac{11}{27}-\dfrac{x}{9}$

c) $\dfrac{x}{2}+\dfrac{x-3}{8}+\dfrac{2x+2}{16}=\dfrac{x-2}{2}$

d) $\dfrac{13+x}{20}-\dfrac{5x}{2}=\dfrac{10+x}{5}+\dfrac{1-12x}{10}$

e) $3x-\dfrac{x+3}{4}=13$

f) $4-\dfrac{x+2}{4}=x-4$

g) $\dfrac{x}{2}-\dfrac{2(x+2)}{7}=\dfrac{x-3}{4}$

h) $\dfrac{1-x}{25}-\dfrac{x}{6}+\dfrac{x+7}{9}=\dfrac{2}{5}-\dfrac{3x}{15}$

i) $\dfrac{(1+x)^2}{5}=\dfrac{2x+4}{25}+\dfrac{x^2}{5}+\dfrac{1}{5}$

j) $\dfrac{x-4}{8}+\dfrac{9-x}{12}-\dfrac{2x-7}{24}+5=x-8$

k) $x+\dfrac{9(5+x)}{5}=9-x$

l) $\dfrac{(2x-1)(2x+1)}{4}=\dfrac{3(4x^2+1)}{12}-x$

m) $(x-3)(x+3)=\dfrac{3(x-1)}{2}+x^2$

n) $\dfrac{x-7}{4}+\dfrac{25(x-2)}{3}=\dfrac{5x+35}{4}+\dfrac{5}{2}(x-7)$

3 ECUACIONES DE SEGUNDO GRADO

anayaeducacion.es

- Ayuda al razonamiento. Obtención de la fórmula que resuelve la ecuación de segundo grado.
- Ayuda para resolver ecuaciones de segundo grado.

Una ecuación de segundo grado es de la forma:

$$ax^2 + bx + c = 0, \text{ con } a \neq 0$$

Para despejar la x, se sigue un largo y complicado proceso que no vamos a ver aquí. El resultado final es la fórmula siguiente:

$$x = \frac{-b \pm \sqrt{b^2 - 4ac}}{2a} \leftarrow$$ **Soluciones de una ecuación de segundo grado.**

El doble signo (±) quiere decir que puede haber dos soluciones:

$$x_1 = \frac{-b + \sqrt{b^2 - 4ac}}{2a} \qquad x_2 = \frac{-b - \sqrt{b^2 - 4ac}}{2a}$$

Estas dos soluciones pueden reducirse a una o a ninguna, según los casos.

Ejemplo

$$3x^2 - 5x - 2 = 0$$

es una ecuación de segundo grado donde:

$$a = 3, \; b = -5, \; c = -2$$

$$x = \frac{5 \pm \sqrt{(-5)^2 - 4 \cdot 3 \cdot (-2)}}{2 \cdot 3} = \frac{5 \pm \sqrt{49}}{6} = \frac{5 \pm 7}{6} = \begin{cases} 2 \\ -\frac{1}{3} \end{cases}$$

$$\Delta = (-5)^2 - 4 \cdot 3 \cdot (-2) = 49 > 0$$

Por eso, esta ecuación tiene dos soluciones.

Número de soluciones

La expresión que está dentro de la raíz en las soluciones de una ecuación de segundo grado, $\Delta = b^2 - 4ac$, se llama **discriminante** de la ecuación. El número de soluciones depende del signo de Δ:

- Si $\Delta > 0$, la ecuación tiene **dos soluciones:**

  $$x_1 = \frac{-b + \sqrt{\Delta}}{2a} \quad \text{y} \quad x_2 = \frac{-b - \sqrt{\Delta}}{2a}$$

- Si $\Delta = 0$, solo hay una solución: $x = \frac{-b}{2a}$. Se dice que es una **solución doble.**
- Si $\Delta < 0$, $\sqrt{\Delta}$ carece de sentido. La ecuación **no tiene solución.**

Ejercicio resuelto

Resolver estas ecuaciones:

a) $x^2 - 6x + 5 = 0$

b) $4x^2 + 4x + 1 = 0$

c) $3x^2 + 2x + 7 = 0$

a) $x = \frac{6 \pm \sqrt{(-6)^2 - 4 \cdot 1 \cdot 5}}{2 \cdot 1} = \frac{6 \pm \sqrt{36 - 20}}{2} = \frac{6 \pm \sqrt{16}}{2} = \frac{6 \pm 4}{2} \begin{cases} x_1 = 5 \\ x_2 = 1 \end{cases}$

b) $x = \frac{-4 \pm \sqrt{4^2 - 4 \cdot 4 \cdot 1}}{2 \cdot 4} = \frac{-4 \pm 0}{8} = -\frac{1}{2}$ Solución doble.

c) $x = \frac{-2 \pm \sqrt{2^2 - 4 \cdot 3 \cdot 7}}{2 \cdot 3} = \frac{-2 \pm \sqrt{-80}}{6}$ No tiene solución.

Piensa y practica

1 Resuelve las siguientes ecuaciones:

a) $x^2 - 5x + 6 = 0$ b) $9x^2 + 6x + 1 = 0$ c) $9x^2 - 6x + 1 = 0$ d) $5x^2 - 7x + 3 = 0$

e) $2x^2 + 5x - 3 = 0$ f) $6x^2 - 5x + 1 = 0$ g) $x^2 - 3x + 15 = 0$ h) $x^2 - 0{,}1x + 0{,}2 = 0$

Ecuaciones de segundo grado incompletas

Las ecuaciones de segundo grado $ax^2 + bx + c = 0$ en las que los coeficientes b o c son cero se llaman **incompletas:** $ax^2 + c = 0$ y $ax^2 + bx = 0$.

Aunque pueden resolverse aplicando la fórmula general, es posible encontrar sus soluciones de forma mucho más sencilla. Por ejemplo:

- $3x^2 - 75 = 0 \rightarrow x^2 = \frac{75}{3} = 25 \rightarrow x = \pm\sqrt{25} = \pm 5$
- $7x^2 + 11x = 0 \rightarrow x(7x + 11) = 0 \rightarrow \begin{cases} x = 0 \\ 7x + 11 = 0 \rightarrow x = -\frac{11}{7} \end{cases}$

Ten en cuenta

- Si $x^2 = 25$, entonces $x = \pm 5$, pues 25 tiene dos raíces cuadradas, 5 y –5.
- Para que un producto de dos factores sea igual a cero, es necesario que sea 0 alguno de ellos:

$x \cdot (7x + 11) = 0$

$x = 0$ o bien $7x + 11 = 0$

Ecuaciones del tipo $ax^2 + c = 0$

Para resolver las ecuaciones del tipo $ax^2 + c = 0$ no es necesario aplicar la fórmula general, pues se puede despejar x con toda sencillez:

$$x^2 = -\frac{c}{a} \rightarrow x = \pm\sqrt{-\frac{c}{a}}$$

Estas ecuaciones pueden tener dos soluciones o ninguna, dependiendo de los signos de c y a.

Ecuaciones del tipo $ax^2 + bx = 0$

Para resolver las ecuaciones del tipo $ax^2 + bx = 0$ no es necesario aplicar la fórmula general, pues se puede sacar la x como factor común e igualar a cero cada uno de los dos factores:

$$x \cdot (ax + b) = 0 \rightarrow \text{Soluciones: } x_1 = 0,\ x_2 = -\frac{b}{a}$$

Estas ecuaciones siempre tienen dos soluciones.

anayaeducacion.es

GeoGebra. • Resolución de ecuaciones de segundo grado.

- Practica las ecuaciones incompletas con $b = 0$.
- Practica las ecuaciones incompletas con $c = 0$.

Ejercicio resuelto

Resolver:

a) $2x^2 - 98 = 0$

b) $2x^2 + 98 = 0$

c) $5x^2 + 95x = 0$

a) $2x^2 - 98 = 0 \rightarrow 2x^2 = 98 \rightarrow x^2 = \frac{98}{2} = 49 \rightarrow x = \pm\sqrt{49} = \pm 7$

Las soluciones son $x_1 = 7$, $x_2 = -7$.

b) $2x^2 + 98 = 0 \rightarrow 2x^2 = -98 \rightarrow x^2 = -\frac{98}{2} = -49$

No tiene solución, porque el cuadrado de un número no puede ser negativo.

Es decir, $\sqrt{-49}$ no tiene sentido.

c) $5x^2 + 95x = 0 \rightarrow x(5x + 95) = 0 \rightarrow \begin{cases} x_1 = 0 \\ 5x + 95 = 0 \rightarrow x_2 = -\frac{95}{5} = -19 \end{cases}$

Piensa y practica

2 Resuelve estas ecuaciones:

a) $7x^2 - 28 = 0$ b) $7x^2 + 28 = 0$ c) $4x^2 - 9 = 0$ d) $3x^2 + 42x = 0$

e) $3x^2 = 42x$ f) $11x^2 - 37x = 0$ g) $2(x + 5)^2 + (x - 3)^2 = 14(x + 4)$ h) $7x^2 + 5 = 68$

Ten en cuenta

- $\boldsymbol{ax^2 + bx + c = 0}$ $(a \neq 0,\ b \neq 0,\ c \neq 0) \rightarrow$ Aplica la fórmula:

$$x = \frac{-b \pm \sqrt{b^2 - 4ac}}{2a}$$

- $\boldsymbol{ax^2 + c = 0}$ $\rightarrow$ Despeja x^2…
- $\boldsymbol{ax^2 + bx = 0}$ $\rightarrow$ Saca la x como factor común…

Reglas para resolver ecuaciones de segundo grado

- Si la ecuación de segundo grado está completa (tiene todos sus términos), aplica la fórmula.
- Si es una ecuación incompleta, tal como hemos visto en el apartado anterior, podrás resolverla con facilidad sin aplicar la fórmula.
- Si tiene una fisonomía complicada, arréglala: quita denominadores, suprime paréntesis, agrupa términos y pásalos todos al primer miembro.

  Solo cuando esté simplificada, aplica uno de los consejos anteriores.
- Comprueba las soluciones. Si la solución proviene de un problema con enunciado, haz la comprobación sobre él, pues es posible que alguna de las soluciones carezca de sentido real.

  Si la ecuación de partida tiene la x en el denominador, no des como solución ningún valor que anule algún denominador. Si se diera este caso, hay que rechazar esa solución.

Ejercicios resueltos

1 ***Resolver la siguiente ecuación:***

$$\boldsymbol{(2x-1)(3x-2) + (2x-3)^2 = 3(4x-4) - (x-2)^2 + 3}$$

$(2x - 1)(3x - 2) + (2x - 3)^2 = 3(4x - 4) - (x - 2)^2 + 3$

- Desarrollamos los cuadrados y realizamos los productos:

$$6x^2 - 4x - 3x + 2 + 4x^2 - 12x + 9 = 12x - 12 - (x^2 - 4x + 4) + 3$$

- Quitamos paréntesis:

$$6x^2 - 4x - 3x + 2 + 4x^2 - 12x + 9 = 12x - 12 - x^2 + 4x - 4 + 3$$

- Agrupamos los términos pasándolos todos previamente al primer miembro de la ecuación:

$$6x^2 - 4x - 3x + 2 + 4x^2 - 12x + 9 - 12x + 12 + x^2 - 4x + 4 - 3 = 0 \rightarrow$$
$$\rightarrow 6x^2 + 4x^2 + x^2 - 4x - 3x - 12x - 12x - 4x + 2 + 9 + 12 + 4 - 3 = 0 \rightarrow$$
$$\rightarrow 11x^2 - 35x + 24 = 0$$

- Aplicamos la fórmula teniendo en cuenta que $a = 11$, $b = -35$, $c = 24$:

$$x = \frac{35 \pm \sqrt{(-35)^2 - 4 \cdot 11 \cdot 24}}{2 \cdot 11} = \frac{35 \pm \sqrt{169}}{22} = \frac{35 \pm 13}{22} \begin{cases} x_1 = \dfrac{24}{11} \\ x_2 = 1 \end{cases}$$

- Comprobamos que tanto para $x = \dfrac{24}{11}$ como para $x = 1$, el valor que toma el primer miembro de la ecuación inicial coincide con el valor que toma el segundo miembro.

Piensa y practica

3 Resuelve las siguientes ecuaciones:

a) $(2x - 3)(3x - 2) + 2x + 3 = 0$

b) $3(x - 1)^2 + 5x = 5$

c) $(x + 1)(x + 2) = 2(x + 2)$

d) $1 + (1 - x)(2x + 1) = x^2$

e) $3x^2 - 2(x + 5) = (x + 3)^2 - 19$

f) $(3x + 4)(5x - 7) = (2x + 7)^2 + 53$

g) $(2x + 4)(x - 1) + (3x + 5)^2 = 3(2x + 5)^2 + x$

h) $(x - 2)(4x + 2) + (3 - 3x)^2 = 4(5x + 1)^2 - (x - 1)$

Ejercicios resueltos

2 ***Resolver esta ecuación:***

$$\frac{x+3}{2}-\frac{1}{x}=\frac{x-3}{x}+\frac{7-x^2}{2x}$$

$$\frac{x+3}{2}-\frac{1}{x}=\frac{x-3}{x}+\frac{7-x^2}{2x} \qquad \text{mín.c.m. } (2, x, 2x) = 2x$$

- Multiplicamos por $2x$ para eliminar denominadores:

$$2x\left(\frac{x+3}{2}-\frac{1}{x}\right)=2x\left(\frac{x-3}{x}+\frac{7-x^2}{2x}\right)\to$$

$$\to x(x+3)-2=2(x-3)+(7-x^2)$$

- Eliminamos paréntesis y pasamos todo al primer miembro:

$$x^2+3x-2=2x-6+7-x^2 \to 2x^2+x-3=0$$

- Aplicamos la fórmula:

$$x=\frac{-1\pm\sqrt{1^2-4\cdot 2\cdot(-3)}}{2\cdot 2}=\frac{-1\pm\sqrt{25}}{4}=\frac{-1\pm 5}{4} \begin{cases} x_1=1 \\ x_2=-\dfrac{3}{2}\end{cases}$$

- Comprobamos las soluciones en la ecuación inicial.

  Si hubiéramos obtenido $x = 0$ como solución, habría que desecharla, ya que anularía algunos denominadores.

Ecuaciones sin solución

Si al resolver una ecuación de segundo grado obtienes soluciones en las que aparece la letra i, entonces la ecuación no tiene solución.

La letra i es la «unidad imaginaria» que conocerás y aprenderás a manejar en Bachillerato. Con lo que sabemos en este nivel, la ecuación, simplemente, no tiene solución.

Por ejemplo, al resolver la ecuación $x^2+x+1=0$ se obtiene:

$$x_1=\frac{-1+\sqrt{3}i}{2} \qquad x_2=\frac{-1-\sqrt{3}i}{2}$$

Para nosotros, esta ecuación no tiene solución.

Resolución con calculadora

Para trabajar con ecuaciones en la calculadora, selecciona , busca con la flecha ▸ la opción **A:Ecuación/Func** y pulsa ⊜. A continuación, escoge **2:Polinómica** y escribe el grado de la ecuación. Es importante que tengas configurada la salida matemática (E Mat/S Mat), de esta forma obtendrás soluciones con las raíces y las fracciones indicadas y no en forma decimal.

Para introducir la ecuación de segundo grado, debes transformarla hasta llegar a una expresión de la forma $ax^2+bx+c=0$. Al elegir el grado 2, aparecerá una pantalla parecida a esta:

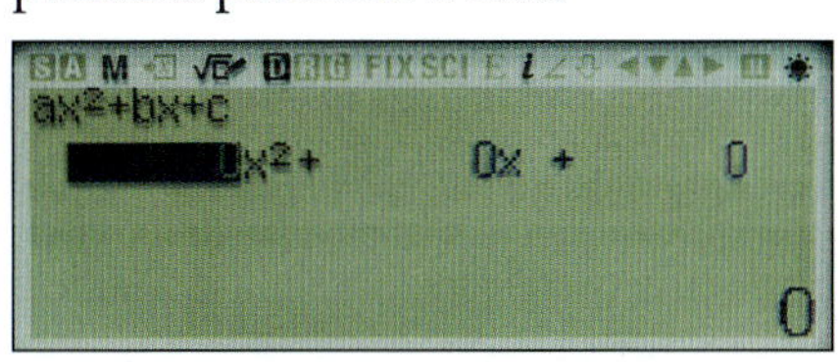

Se escriben los valores de los coeficientes a, b y c y se presiona la tecla ⊜ dos veces, una para cada solución.

Por ejemplo, para resolver la ecuación $4x^2+4x-3=0$, se introducen los coeficientes pulsando 4 ⊜ 4 ⊜ ⊖ 3 ⊜.

Al pulsar otra vez ⊜ se obtiene $x_1=\frac{1}{2}$ y, al volver a pulsar ⊜, sale $x_2=-\frac{3}{2}$.

Piensa y practica

4 Resuelve estas ecuaciones manualmente y con calculadora. Comprueba que los resultados coinciden.

a) $3x(x+1)-\frac{(x-2)^2}{2}=(x+1)(x-1)+15$

b) $\frac{(x+1)^2}{2}-\frac{3(x-1)}{4}+\frac{3x(x+1)}{2}=\frac{3}{2}$

c) $\frac{3x}{2}-\frac{1}{x}=\frac{3}{2}$

d) $\frac{x}{3}-1+\frac{1}{x}=1-\frac{2}{3x}$

4 ▶ ECUACIONES POLINÓMICAS DE GRADO MAYOR QUE DOS

Ecuaciones sencillas

Hay ecuaciones de grado mayor que dos que pueden ser resueltas con las técnicas que ya dominamos. Veamos algunos casos.

→ **Ecuaciones en las que se puede sacar factor común una potencia de x.**

- $x^4 + 3x^3 = 0 \to x^3(x+3) = 0 \to \begin{cases} x^3 = 0 \to x_1 = 0 \\ x + 3 = 0 \to x_2 = -3 \end{cases}$
- $x^3 - 6x^2 + 5x = 0 \to x(x^2 - 6x + 5) = 0 \to$

$$\to \begin{cases} x_1 = 0 \\ x^2 - 6x + 5 = 0 \to x_2 = 1,\ x_3 = 5 \end{cases}$$

→ **Ecuaciones en las que es posible encontrar soluciones enteras aplicando la regla de Ruffini.**

- $x^3 - 4x^2 + x + 6 = 0$

En la unidad anterior ya vimos que el polinomio $x^3 - 4x^2 + x + 6$ tiene las raíces –1, 2 y 3. Por tanto:

$$x^3 - 4x^2 + x + 6 = 0 \to (x+1)(x-2)(x-3) = 0 \to x_1 = -1,\ x_2 = 2,\ x_3 = 3$$

- $x^4 + 2x^3 - 6x^2 - 7x + 6 = 0$

Con ayuda de la regla de Ruffini, buscamos las raíces enteras del polinomio $x^4 + 2x^3 - 6x^2 - 7x + 6$, que deben estar entre los ocho divisores del término independiente, 6.

	1	2	–6	–7	6
2		2	8	4	–6
	1	4	2	–3	0
–3		–3	–3	3	
	1	1	–1	0	

Probamos hasta llegar a una de las raíces, 2.

Seguimos probando y obtenemos otra raíz, –3.

Por tanto, podemos expresar el polinomio así:

$$x^4 + 2x^3 - 6x^2 - 7x + 6 = (x-2)(x+3)(x^2 + x - 1)$$

Solo nos queda resolver la ecuación $x^2 + x - 1 = 0$:

$$x = \frac{-1 \pm \sqrt{1^2 - 4 \cdot 1 \cdot (-1)}}{2 \cdot 1} = \frac{-1 \pm \sqrt{5}}{2} = \begin{cases} x_3 = \dfrac{-1+\sqrt{5}}{2} \\ x_4 = \dfrac{-1-\sqrt{5}}{2} \end{cases}$$

Las soluciones son $x_1 = 2$, $x_2 = -3$, $x_3 = \frac{-1+\sqrt{5}}{2}$ y $x_4 = \frac{-1-\sqrt{5}}{2}$.

Ten en cuenta

La igualdad

$$(x-a)(x-b)(x-c) = 0$$

se cumple si cualquiera de los factores se hace 0.

Por tanto, la ecuación tiene por soluciones $x_1 = a$, $x_2 = b$ y $x_3 = c$.

Por ejemplo, la ecuación

$$(x-1)(x-3)(x+2) = 0$$

tiene por soluciones $x_1 = 1$, $x_2 = 3$ y $x_3 = -2$.

Y las soluciones de esta otra,

$$x(x+2)^2 \cdot (x^2+1) = 0,$$

son $x_1 = 0$ y $x_2 = -2$ (solución doble), porque (x^2+1) no se anula para ningún valor de x.

Piensa y practica

1 Resuelve sacando factor común.

a) $x^5 + x^4 - 2x^3 = 0$ b) $18x^3 - 39x^2 - 15x = 0$

c) $3x^4 - 5x^4 + 2x^2 = 0$ d) $2x^4 - 30x^3 + 12x^5 = 0$

2 Resuelve con ayuda de la regla de Ruffini.

a) $x^3 - 3x^2 - 13x + 15 = 0$

b) $x^4 - 6x^3 + 4x^2 + 25x - 30 = 0$

Ecuaciones bicuadradas: $ax^4 + bx^2 + c = 0$

- Son ecuaciones de cuarto grado sin términos de grado impar. Para resolverlas, se realiza el **cambio de variable** $z = x^2$, con lo que $x^4 = z^2$. De esta forma queda una ecuación de segundo grado cuya incógnita es z:

$$az^2 + bz + c = 0$$

Esta ecuación la sabemos resolver y, a partir de sus soluciones, obtenemos los valores de x. Veamos unos ejemplos:

- $x^4 + x^2 - 20 = 0$

  Se hace el cambio de variable $z = x^2$ y se obtiene $z^2 + z - 20 = 0$.

  Se resuelve esta ecuación:

$$z = \frac{-1 \pm \sqrt{1^2 - 4 \cdot 1 \cdot (-20)}}{2 \cdot 1} = \frac{-1 \pm \sqrt{81}}{2} = \frac{-1 \pm 9}{2} \begin{cases} z_1 = 4 \\ z_2 = -5 \end{cases}$$

  Al deshacer el cambio de variable, se obtiene $x^2 = 4$ y $x^2 = -5$.

  Como $x^2 = -5$ no tiene sentido para ningún valor de x, con este valor de z no obtenemos soluciones de x. Solo nos vale $x^2 = 4 \rightarrow x_1 = 2,\ x_2 = -2$.

  Las soluciones son, por tanto, $x_1 = 2$ y $x_2 = -2$.

- $x^4 - 12x^2 + 27 = 0$

  $z = x^2 \rightarrow z^2 - 12z + 27 = 0$

$$z = \frac{12 \pm \sqrt{12^2 - 4 \cdot 1 \cdot 27}}{2 \cdot 1} = \frac{12 \pm \sqrt{36}}{2} = \frac{12 \pm 6}{2} \begin{cases} z_1 = 9 \\ z_2 = 3 \end{cases}$$

  Entonces: $x^2 = 9 \rightarrow x_1 = 3,\ x_2 = -3;\ x^2 = 3 \rightarrow x_3 = \sqrt{3},\ x_4 = -\sqrt{3}$

  Las soluciones son, por tanto, $x_1 = 3,\ x_2 = -3,\ x_3 = \sqrt{3}$ y $x_4 = -\sqrt{3}$.

- $x^4 + 5x^2 + 4 = 0$

  $z = x^2 \rightarrow z^2 + 5z + 4 = 0$

$$z = \frac{-5 \pm \sqrt{5^2 - 4 \cdot 1 \cdot 4}}{2 \cdot 1} = \frac{-5 \pm \sqrt{9}}{2} = \frac{-5 \pm 3}{2} \begin{cases} z_1 = -1 \\ z_2 = -4 \end{cases}$$

  Como $x^2 = -1$ y $x^2 = -4$ no pueden ser, la ecuación no tiene solución.

Piensa y practica

3 Resuelve las siguientes ecuaciones:

a) $x^4 - 2x^2 - 8 = 0$

b) $x^4 - 9x^2 + 20 = 0$

c) $x^4 + 13x^2 + 36 = 0$

d) $x^4 - 13x^2 + 36 = 0$

e) $x^4 + 3x^2 - 4 = 0$

f) $x^4 - 8x^2 + 16 = 0$

g) $x^4 - x^2 = 0$

4 ¿Verdadero o falso?

a) Una ecuación bicuadrada puede tener cuatro soluciones como máximo.

b) Una ecuación bicuadrada puede no tener ninguna solución.

c) Una ecuación bicuadrada no puede tener soluciones negativas.

d) Para que una ecuación bicuadrada tenga solución, la ecuación cuadrática que se resuelve con la variable z debe tener al menos una solución no negativa.

5 ▶ RESOLUCIÓN DE PROBLEMAS CON ECUACIONES

Plantear una ecuación a partir de un problema es traducir a lenguaje algebraico las condiciones que ligan lo que se sabe con lo que se desea conocer. Conviene proceder de forma organizada, por lo que es útil dar estos pasos:

1. Identificar los datos conocidos y lo que deseamos conocer. Dar nombre a la incógnita.

2. Relacionar mediante una igualdad (ecuación) lo conocido con lo desconocido.

3. Resolver la ecuación.

4. Interpretar la solución ajustándola al enunciado.

Observa

Si la solución proviene de un problema con enunciado, comprueba las soluciones sobre él, pues es posible que alguna carezca de sentido real.

Problemas resueltos

1 ***En un triángulo rectángulo, un cateto mide 2 cm menos que la hipotenusa y 14 cm más que el otro cateto. Calcular la longitud de los tres lados.***

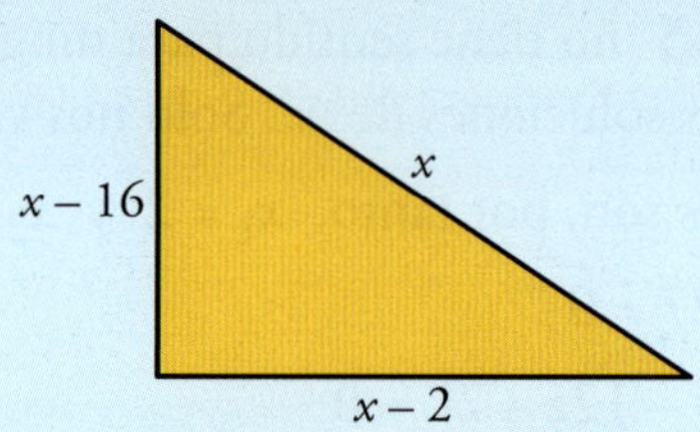

Para relacionar las tres longitudes, aplicamos el teorema de Pitágoras: $x^2 = (x-2)^2 + (x-16)^2 \rightarrow$

$\rightarrow x^2 = x^2 - 4x + 4 + x^2 - 32x + 256 \rightarrow$

$\rightarrow x^2 - 36x + 260 = 0$

Resolvemos la ecuación:

$$x = \frac{36 \pm \sqrt{36^2 - 4 \cdot 1 \cdot 260}}{2} = \frac{36 \pm \sqrt{256}}{2} = \frac{36 \pm 16}{2} \begin{cases} x_1 = 26 \\ x_2 = 10 \end{cases}$$

$x_1 = 26$. *Solución*: los lados miden 26 cm, 24 cm y 10 cm.

$x_2 = 10$. *No es solución*, ya que uno de los lados tendría medida negativa.

2 ***Un parque rectangular de dimensiones 50 m × 30 m tiene un camino de una determinada anchura que lo rodea. Si la superficie total del camino es de 516 m², ¿cuál es su ancho?***

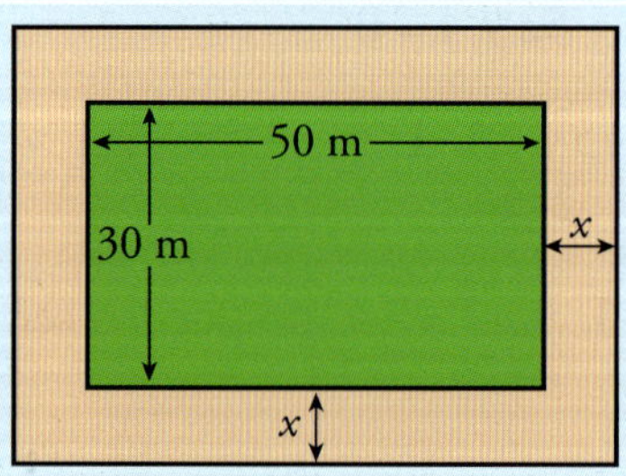

Tenemos un camino cuyo ancho, x, queremos calcular. Hallamos la expresión que representa la superficie del camino y la igualamos a 516:

$$4x^2 + 2 \cdot 50x + 2 \cdot 30x = 516$$

Simplificamos y resolvemos la ecuación $4x^2 + 160x - 516 = 0$:

$$x = \frac{-160 \pm \sqrt{160^2 - 4 \cdot 4 \cdot (-516)}}{2 \cdot 4} = \frac{-160 \pm \sqrt{33\,856}}{8} = \frac{-160 \pm 184}{8} \begin{cases} x_1 = 3 \\ x_2 = -43 \end{cases}$$

Tomamos la solución positiva, $x = 3$.

Solución: el ancho del camino es de 3 m.

Piensa y practica

1 La base de un rectángulo es 9 cm mayor que su altura. Su área mide 400 cm². Calcula las dimensiones de este rectángulo.

2 Un parque circular de 22 686,5 m² tiene un camino que lo rodea. Si el área total del camino es 2 185,44 m², ¿cuál es su anchura? (Toma $\pi = 3{,}14$.)

Problemas resueltos

3 ***Un repostero ha mezclado 12 kg de azúcar de 1,10 €/kg con una cierta cantidad de miel de 4,20 €/kg. La mezcla sale a 2,34 €/kg. ¿Cuánta miel puso?***

	CANTIDAD (kg)	PRECIO (€/kg)	COSTE (€)
AZÚCAR	12	1,10	$1,10 \cdot 12 = 13,20$
MIEL	x	4,20	$4,20x$
MEZCLA	$12 + x$	2,34	$2,34(12 + x)$

Relación: COSTE DEL AZÚCAR + COSTE DE LA MIEL = COSTE DE LA MEZCLA

$$13,20 + 4,20x = 2,34(12 + x) \rightarrow 13,20 + 4,20x = 28,08 + 2,34x \rightarrow$$
$$\rightarrow 1,86x = 14,88 \rightarrow x = 14,88/1,86 = 8 \text{ kg de miel.}$$

4 ***Dos ciudades, A y B, distan 280 km. Un tren sale de A hacia B a 80 km/h, y media hora más tarde sale un coche de B hacia A que tarda 1,2 horas en cruzarse con el tren. ¿Qué velocidad lleva el coche?***

Como el tren sale media hora antes, cuando el coche se pone en marcha, el tren ha recorrido ya 40 km. Por tanto, están a 240 km de distancia.

Llamamos x a la velocidad del coche. El coche y el tren se acercan a $(x + 80)$ km/h y en 1,2 h recorren 240 km. Esto se traduce en la siguiente ecuación:

$$\text{Velocidad} = \frac{\text{Espacio}}{\text{Tiempo}} \rightarrow x + 80 = \frac{240}{1,2} \rightarrow 1,2x + 96 = 240 \rightarrow x = 120$$

El coche va a 120 km/h.

5 ***Tres amigas trabajan 20, 30 y 50 días en un negocio. Se reparten los beneficios y a la tercera le corresponden 300 € más que a la segunda. ¿Cuánto se han repartido?***

A la que ha trabajado 30 días le corresponden x € de beneficios, y a la que ha trabajado 50 días le corresponden $x + 300$ € de beneficios. Esto se traduce así:

$$\frac{x + 300}{50} = \frac{x}{30} \rightarrow 30x + 9\,000 = 50x \rightarrow x = 450 \text{ €}$$

Ahora hallamos lo que le corresponde a la primera, p: $\frac{450}{30} = \frac{p}{20} \rightarrow p = 300$ €

Por tanto, la cantidad repartida es $300 + 450 + 750 = 1\,500$ €.

6 ***María es 5 veces mayor que su hija. Hace dos años, la suma de los cuadrados de sus edades era 1 480. ¿Qué edades tienen en la actualidad?***

La hija de María tiene x años y María, $5x$ años. Hace dos años, la hija tenía $x - 2$ años y María, $5x - 2$. Traducimos el enunciado y calculamos:

$$(x-2)^2 + (5x-2)^2 = 1\,480 \rightarrow (x^2 - 4x + 4) + (25x^2 - 20x + 4) = 1\,480 \rightarrow$$
$$\rightarrow x^2 + 25x^2 - 4x - 20x + 4 + 4 - 1\,480 = 0 \rightarrow 26x^2 - 24x - 1\,472 = 0 \rightarrow$$
$$\rightarrow 13x^2 - 12x - 736 = 0$$

$$x = \frac{12 \pm \sqrt{12^2 - 4 \cdot 13 \cdot (-736)}}{2 \cdot 13} = \frac{12 \pm 196}{26} \begin{cases} x_1 = 8 \\ x_2 = -\frac{92}{13} \text{ (No válida.)} \end{cases}$$

Solución: María tiene $8 \cdot 5 = 40$ años y su hija, 8 años.

Piensa y practica

3 Se ha fundido un lingote de oro de 3 kg de peso y 80 % de pureza, junto con otro lingote de oro de 1 kg de peso. ¿Cuál era la pureza del segundo, si la de la mezcla resultante es del 67 %?

4 Un coche tarda 5 h en cubrir el trayecto A-B. Un camión, que ha salido a la misma hora, y realiza el trayecto B-A, tarda 2 h y 55 min en cruzarse con el coche. ¿Cuánto durará el viaje completo del camión?

5 Dos albañiles que trabajan asociados reciben 1 400 € como pago de cierto trabajo. ¿Cuánto debe cobrar cada uno si el primero trabajó las dos quintas partes de lo que trabajó el otro?

6 El suelo de mi salón tiene 1 210 baldosas cuadradas. Si el lado de cada baldosa aumentara 1 cm, solo se necesitarían 1 000 baldosas. ¿Qué dimensión tiene cada baldosa?

EJERCICIOS Y PROBLEMAS RESUELTOS

1 Porcentajes

En una empresa trabajan 31 mujeres más que hombres. La empresa contrata a 8 hombres más y así los hombres representan el 40 % del personal. ¿Cuántas mujeres y cuántos hombres hay actualmente?

Llamamos x al número de hombres que hay antes de la contratación; el número de mujeres será $x + 31$. Después de la contratación hay $x + 8$ hombres.

El número total de empleados después de la contratación será $x + 8 + x + 31 = 2x + 39$. De estos, el 40 % son hombres. Por tanto:

$$0{,}4 \cdot (2x + 39) = x + 8 \rightarrow 0{,}8x + 15{,}6 = x + 8 \rightarrow 0{,}2x = 7{,}6 \rightarrow x = 38$$

Actualmente hay 38 + 8 = 46 hombres y 38 + 31 = 69 mujeres.

Hazlo tú Unos amigos ponen 15 € cada uno para comprar un regalo. Se suman 4 amigos más y así ponen un 20 % menos cada uno. ¿Cuántos son a repartir?

2 Grifos

Dos grifos llenan un depósito en 3 h. Si solo se abre uno de ellos, tarda 5 h. ¿Cuánto tardaría el otro grifo en llenar el depósito?

Hazlo tú Un grifo tarda tres veces más que otro en llenar un depósito. Si se abren los dos a la vez, lo llenan en 3 h. ¿Cuánto tardará cada uno de ellos en llenarlo?

Si un grifo tarda 5 horas en llenar el depósito, llena $\frac{1}{5}$ de depósito cada hora.

Si el otro grifo tarda x horas en llenarlo, llena $\frac{1}{x}$ cada hora.

Entre los dos llenan $\frac{1}{x} + \frac{1}{5}$ de depósito cada hora, que corresponde a $\frac{1}{3}$ del depósito por hora. Por tanto:

$$\frac{1}{x} + \frac{1}{5} = \frac{1}{3} \rightarrow \frac{1}{x} = \frac{1}{3} - \frac{1}{5} \rightarrow \frac{1}{x} = \frac{2}{15} \rightarrow x = \frac{15}{2} \rightarrow x = 7{,}5 \text{ horas}$$

El otro grifo tardaría 7 h y 30 min en llenar el depósito.

3 Áreas

En el cuadrado ABCD de lado 6 cm señalamos los puntos P, Q, R y S. ¿Cuál debe ser el valor de x para que el área del cuadrilátero PQRS sea igual a 20 cm²?

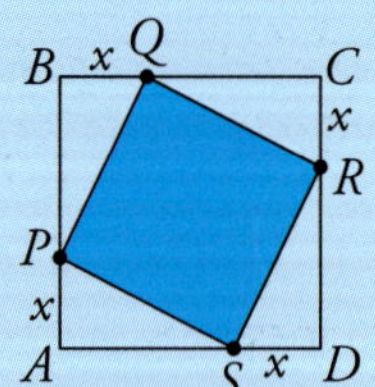

Calculamos el área del cuadrilátero *PQRS* restando del área del cuadrado inicial el área de los triángulos rectángulos, de catetos x y $6 - x$, que se han formado en cada uno de sus vértices.

$$36 - 4 \cdot \frac{x(6 - x)}{2} = 20 \rightarrow 36 - 12x + 2x^2 = 20 \rightarrow x^2 - 6x + 8 = 0$$

$$x = \frac{6 \pm \sqrt{36 - 32}}{2} = \frac{6 \pm \sqrt{4}}{2} = \frac{6 \pm 2}{2} \begin{cases} x_1 = 2 \\ x_2 = 4 \end{cases}$$

Hay dos soluciones: el valor de x puede ser 2 cm o bien 4 cm.

Hazlo tú En esta misma figura, calcula el valor de x para que el lado del cuadrado coloreado sea igual a $\sqrt{26}$ cm.

4 Cifras

Las dos cifras de un número son dos enteros consecutivos y el mayor corresponde a las decenas. Ese número menos el cuadrado de las unidades es igual a 40. Averigua el número.

Hazlo tú Si a un número de dos cifras le restamos el que resulta de invertir su orden, obtenemos 18. ¿Cuál es el número si acaba en 3?

Llamamos x y $x + 1$ a las cifras del número buscado. Como $x + 1$ es la cifra de las decenas, el número es $x + 10(x + 1)$. Al restarle el cuadrado de la cifra de las unidades, x^2, se obtiene 40. Es decir:

$$x + 10(x + 1) - x^2 = 40 \rightarrow x^2 - 11x + 30 = 0$$

$$x = \frac{11 \pm \sqrt{11^2 - 4 \cdot 1 \cdot 30}}{2} = \frac{11 \pm \sqrt{1}}{2} = \frac{11 \pm 1}{2} \begin{cases} x_1 = 6 \\ x_2 = 5 \end{cases}$$

Si $x = 6 \rightarrow x + 1 = 7$; es decir, el número es 76, que verifica 76 – 36 = 40.

Si $x = 5 \rightarrow x + 1 = 6$; es decir, el número es 65, que cumple 65 – 25 = 40.

Hay dos soluciones válidas, el 76 y el 65.

Recuerda seleccionar el material de trabajo de esta unidad para tu **portfolio**.

EJERCICIOS Y PROBLEMAS

Practica

Ecuaciones de primer grado

1 Resuelve mentalmente estas ecuaciones:

a) $1 = 3 - 4x$ b) $2x + 1 = 187$

c) $8 - \frac{x}{3} = 5$ d) $\frac{x}{2} - 3 = 4$

e) $7 - \frac{x+2}{3} = 5$ f) $\frac{5x+1}{8} = 2$

2 Resuelve las siguientes ecuaciones y comprueba la solución de cada una:

a) $3x - 2(x + 3) = x - 3(x + 1)$

b) $4 + x - 4(1 - x) + 5(2 + x) = 0$

c) $2x + 7 - 2(x - 1) = 3(x + 3)$

d) $4(2x - 7) - 3(3x + 1) = 2 - (7 - x)$

3 Resuelve las siguientes ecuaciones:

a) $\frac{x-3}{5} = \frac{x+1}{3} - 2$

b) $1 = \frac{x+3}{3} - \frac{x}{2}$

c) $\frac{3x+4}{5} = \frac{x+2}{2}$

d) $\frac{5x-16}{6} = -\frac{x+8}{12} + \frac{x+1}{3}$

Comprueba que las soluciones son, respectivamente, 8, 0, 18 y 4.

4 Resuelve y comprueba que dos de estas ecuaciones son equivalentes. ¿Cuáles son?

a) $\frac{x+2}{2} - \frac{x+3}{3} = -\frac{x-4}{4} + \frac{x-5}{5}$

b) $\frac{3x+2}{5} - \frac{4x-1}{10} + \frac{5x-2}{8} = \frac{x+1}{4}$

c) $\frac{x+5}{5} - \frac{x+5}{24} = \frac{x+6}{10} + \frac{x+4}{60}$

d) $2x - \frac{1}{2}(1 + 3x) - \frac{3}{5}(x - 2) = \frac{1}{4}(3 - x)$

5 Solo una de las siguientes ecuaciones tiene solución única. Resuélvelas y compruébalo.

a) $\frac{x+1}{2} = 2 + \frac{2x-3}{4}$

b) $\frac{4x-3}{12} - \frac{2x+1}{4} = \frac{x-1}{3} - \frac{3x+1}{6}$

c) $\frac{1+x}{3} - \frac{x+3}{5} = \frac{26}{15} - \frac{4+x}{2}$

6 ¿Cuáles de las siguientes ecuaciones tienen solución única? Resuélvelas y compruébalo.

a) $4(2x + 1) - 3(x + 3) = 5(x - 2)$

b) $2(x - 3) + 1 = 3(x - 1) - (2 + x)$

c) $\frac{3x+1}{2} = 2x - \frac{1-x}{2}$

d) $x + \frac{2x-7}{4} = 2x + \frac{1-x}{2}$

7 Resuelve.

a) $\frac{2}{3}(x - 3) + \frac{1}{5}(x - 5) = \frac{3}{5}\left(x + \frac{2}{3}\right) + \frac{4x}{15}$

b) $2x - \frac{1}{2}(1 + 3x) = \frac{3}{5}(x - 2) + \frac{1}{4}(3 - x)$

c) $\frac{4}{3}(2 - x) - \frac{3}{4}(2x - 1) = 4x - 7\left(x - \frac{1}{2}\right) - \frac{3}{4}$

d) $x(8x - 1) - (3x - 4)^2 = x(7 - x) - 2(x - 4)$

8 Comprueba que las siguientes ecuaciones son de primer grado y halla sus soluciones:

a) $(4x - 3)(4x + 3) - 4(3 - 2x)^2 = 3x$

b) $2x(x + 3) + (3 - x)^2 = 3x(x + 1)$

c) $\frac{x(x+1)}{2} - \frac{(2x-1)^2}{8} = \frac{3x+1}{4} - \frac{1}{8}$

Ecuaciones de segundo grado

9 Resuelve mentalmente.

a) $x^2 - 100 = 0$ b) $2x^2 - 50 = 0$

c) $12 - 3x^3 = 0$ d) $(x - 3)^2 = 0$

e) $(2x + 1)^2 = 0$ f) $\frac{(x+1)^2}{3} - 7 = 5$

10 Las siguientes ecuaciones de segundo grado son incompletas. Halla sus soluciones sin utilizar la fórmula general.

a) $3x^2 - 12x = 0$ b) $x - 3x^2 = 0$

c) $2x^2 - 5x = 0$ d) $2x^2 - 8 = 0$

e) $9x^2 - 25 = 0$ f) $4x^2 + 100 = 0$

g) $16x^2 = 100$ h) $3x^2 - 6 = 0$

11 Resuelve.

a) $x^2 + 4x - 21 = 0$ b) $x^2 + 9x + 20 = 0$

c) $9x^2 - 12x + 4 = 0$ d) $x^2 + x + 3 = 0$

e) $4x^2 + 28x + 49 = 0$ f) $x^2 - 2x + 3 = 0$

g) $4x^2 - 20x + 25 = 0$ h) $-2x^2 + 3x + 2 = 0$

12 Resuelve mentalmente, igualando a cero cada factor:

a) $x(3x-1)=0$ b) $3x(x+2)=0$
c) $(x+1)(x+3)=0$ d) $(x-5)(x+5)=0$
e) $(x-5)^2=0$ f) $(2x-5)^2=0$

13 Opera y resuelve.

a) $(x-2)(3x+2)=(x-4)(2x+1)$
b) $(x-1)^2+(1-x)(x+2)=0$
c) $(x+1)^2=(x+1)(2x-3)$
d) $(x+4)^2-(2x-1)^2=8x$

14 Resuelve las siguientes ecuaciones:

a) $\frac{x}{3}(x-1)-\frac{x}{4}(x+1)+\frac{3x+4}{12}=0$

b) $\frac{(x-1)(x+2)}{12}-\frac{(x+1)(x-2)}{6}-1=\frac{x-3}{3}$

c) $\frac{(x-1)^2-3x+1}{15}+\frac{x+1}{5}=0$

d) $\frac{x+1}{2}-\frac{(x-1)^2}{4}-\frac{x+2}{3}+\frac{(x-2)^2}{6}=\frac{1}{6}$

Comprueba que una no tiene solución y las soluciones, no ordenadas, de las otras son 1 y –2; $\pm\sqrt{3}$ y 2.

15 Resuelve.

a) $\frac{(5x-4)(5x+4)}{4}=\frac{(3x-1)^2-9}{2}$

b) $\frac{x+3}{3}-\frac{(4-x)^2}{9}=\frac{1}{3}$

c) $\frac{(3x+1)(2x+3)}{21}+\frac{x^2+3}{7}=\frac{x^2+x-2}{3}$

d) $\frac{x^2-4}{3}+\frac{(2x-2)^2}{8}=\frac{7x^2-10}{12}$

16 Resuelve las siguientes ecuaciones:

a) $5x-\frac{3}{x}=\frac{x+1}{x}$

b) $\frac{x+2}{3}-\frac{1}{x}=\frac{x-3}{x}+\frac{4-x^2}{2x}$

c) $\frac{x+3}{2}-\frac{1}{x}=\frac{x-3}{x}+\frac{4-x^2}{2x}$

d) $\frac{15}{x}=\frac{72-6x}{2x^2}+2$

Ecuaciones de grado superior a dos

17 Resuelve estas ecuaciones bicuadradas:

a) $x^4-13x^2+36=0$ b) $x^4-5x^2+6=0$
c) $x^4-15x^2-16=0$ d) $x^4-5x^2-6=0$
e) $x^4+2x^2+1=0$ f) $x^4+13x^2+36=0$

18 Se pueden resolver algunas ecuaciones de grado superior a dos si se factoriza y se iguala a cero cada factor. Resuelve así estas ecuaciones:

a) $x^4-9x^2=0$ b) $x^3-x^2+2x=0$
c) $x^3-2x^2+x=0$ d) $3x^3-9x^2-30x=0$

19 Resuelve con ayuda de Ruffini:

a) $x^3-3x+2=0$ b) $x^3-2x^2+x-2=0$
c) $x^3-x^2-5x-3=0$ d) $x^3+2x^2-9x-18=0$

Resolución por tanteo

20 Busca por tanteo una solución exacta de cada una de las siguientes ecuaciones:

a) $3^{x-5}=27$ b) $\sqrt{x+9}=13$
c) $(x+1)^3=-1$ d) $x^3-x^2=48$
e) $x^3-x^2-x=15$ f) $(x-2)^4-625=0$

21 Busca por tanteo una solución aproximada de las siguientes ecuaciones:

a) $x^3=381$ b) $x^4-x^2=54$
c) $x-\sqrt{x+5}=0$ d) $3^{x-1}=0{,}005$
e) $5x=0{,}32$ f) $x^{0{,}75}=17$

22 Resuelve por tanteo.

a) $\sqrt{x+8}=x-1$ b) $2x^3-x=17$
c) $\sqrt{x^2+3}=2x$ d) $2^x=0{,}04$

Resuelve problemas

23 Se reparten 230 € entre tres personas de modo que la segunda recibe 1/3 más que la tercera, y la primera, 10 € más que la segunda. ¿Cuánto recibe cada una?

24 Un grupo de amigas observan que, para pagar la cuenta de una comida, si ponen 12 € cada una les faltan 8 €, y si ponen un euro más cada una les sobran 2 €. ¿Cuántas son y cuánto costó la comida?

25 La longitud de los lados de un rectángulo son dos números enteros consecutivos. ¿Puede ser su perímetro igual a 92 cm? ¿Y a 106 cm? Justifica tu respuesta.

26 La suma de cinco números enteros consecutivos es igual a cinco veces el tercero. ¿Cuántos quintetos de números hay que cumplan esta condición?

27 Averigua si existe algún número, x, tal que la tercera parte de x más la sexta parte de x es igual a su mitad aumentada en 1.

28 Yago tiene 25 años menos que su padre. Dentro de 10 años, la edad del padre será el doble que la de Yago. ¿Qué edad tiene cada uno?

29 El precio de unos zapatos ha subido un 15 % en diciembre y ha bajado un 20 % en enero. De esta forma, el precio inicial ha disminuido en 6,96 €. ¿Cuál era el precio inicial?

30 En la fiesta benéfica que organizó una guardería se recaudaron 2 136 €. Asistieron 90 personas adultas y 116 niños y niñas. Si la entrada infantil costaba 10 € menos que la adulta, ¿cuál era su precio?

31 Dos hermanas se llevan 3 años y su padre tiene 45. Hace 7 años, la suma de las edades de las hijas era la mitad que la del padre. ¿Qué edad tiene cada hija?

32 Un coleccionista de cómics vendió 2/5 de su colección y luego compró otros 100. Después de esto, tenía 40 cómics más que al principio. ¿Cuántos tenía?

33 La jefa de estudios de un centro escolar tiene que repartir a los nuevos estudiantes entre las clases de 3.º de ESO. Si añade 5 estudiantes por clase, sobran 3, y si añade 7 por clase, faltan 5. ¿Cuántas clases y cuántos estudiantes nuevos hay?

34 Creía tener el dinero justo para comprar 8 entradas de teatro pero el precio de cada una es 4 € más caro de lo que pensaba. Ahora solo puedo comprar 5 y me sobran 7 €. ¿Cuál es el precio actual de una entrada?

35 De un depósito de agua se sacan 2/7 de su contenido; después, 40 litros y, por último, 5/11 del agua restante. Si quedan aún 60 litros, ¿cuántos había?

36 Dos ciudades, A y B, distan 150 km. Un camión sale de A hacia B a 80 km/h. A la misma hora sale de B hacia A un coche que tarda 45 min en encontrarse con el camión. ¿Qué velocidad lleva el coche?

37 Contratamos un autobús para una salida al campo. Con todas las plazas ocupadas, el precio del billete es de 12 €; pero quedaron 4 plazas libres, por lo que el viaje costó 13,50 €. ¿Cuántas plazas tiene el autobús?

38 De un depósito de aceite se sacan los 2/3 de su contenido y después se le añaden 25 litros. Al día siguiente se repite esta operación, y la cantidad que queda en el depósito es los 2/3 de lo que había al principio. ¿Cuántos litros de aceite había?

39 Un coche sale de un pueblo a 90 km/h. Media hora después sale otro del mismo lugar y en la misma dirección y tarda dos horas en alcanzar al primero. Calcula la velocidad del segundo coche y la distancia que recorren hasta el alcance.

40 ¿Cuántos litros de aceite de orujo de 1,60 €/L tenemos que añadir a 60 L de aceite de oliva de 2,80 €/L para obtener una mezcla de 2,50 €/L?

41 Una ciclista sale de A hacia B a las 8 de la mañana. A la misma hora sale de B hacia A un autobús a una velocidad 40 km/h superior a la de la ciclista. Si la distancia entre A y B es 120 km y tardan 1,2 h en cruzarse, ¿cuáles eran sus velocidades?

42 Un ciclista que va a 21 km/h tarda tres cuartos de hora en alcanzar a otro que le lleva una ventaja de 2,25 km. ¿Qué velocidad lleva el que va delante?

43 Ana sale en su coche a 80 km/h. Se para 15 min para echar gasolina y después conduce un buen rato a 100 km/h. Cuando llega a su destino, comprueba que hizo 250 km en 3 horas, contando la parada. ¿Cuánto tiempo condujo a 80 km/h?

44 Al mezclar 30 kg de pintura con 50 kg de otra de calidad inferior, obtenemos una mezcla a 3,30 €/kg. Si el precio de la barata es la mitad que el de la otra, ¿cuál es el precio de cada pintura?

45 Una marca de café de 14,15 €/kg se elabora con un 30 % de café colombiano de 18 €/kg, y el resto, con otro. ¿Cuál es el precio de ese otro?

46 Halla dos números enteros consecutivos tales que la suma de sus cuadrados es 145.

47 Si al producto de un número natural por su siguiente le restamos 31, obtenemos el quíntuple de la suma de ambos. ¿De qué número se trata?

48 El área del cuadrado *ABCD* es igual a la del rectángulo *AEFG*. Si $\overline{BE} = 4$ cm y $\overline{GD} = 3$ cm, ¿cuánto mide el lado del cuadrado?

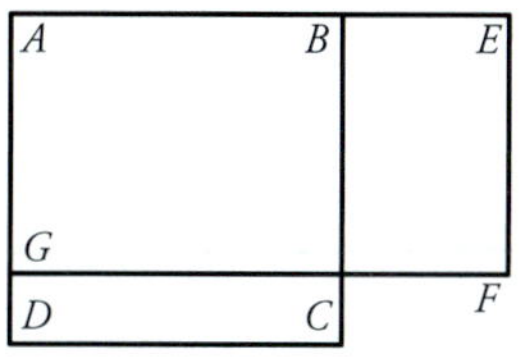

49 Si duplicamos el lado de un cuadrado, su área aumenta en 147 cm^2. ¿Cuánto mide el lado del cuadrado?

50 Calcula los lados de un rectángulo cuya diagonal mide 10 cm y en el que la base mide 2 cm más que la altura.

51 Los catetos de un triángulo rectángulo suman 18 cm y su área es de 40 cm^2. Halla las medidas de los catetos de este triángulo.

52 La base de un rectángulo mide 5 cm más que la altura. Si disminuimos la altura en 2 cm, el área del nuevo rectángulo será de 60 cm^2. ¿Cuánto miden los lados del rectángulo?

53 Sobre un segmento AB de 10 cm de longitud se construyen dos cuadrados. Expresa la suma de las áreas de los dos cuadrados en función de x ($\overline{AM} = x$).

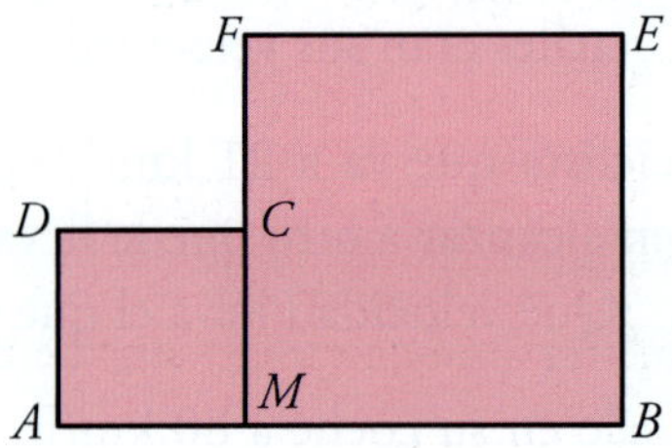

a) ¿Cuál debe ser la longitud de AM para que la suma de las áreas sea 52 cm^2?

b) ¿Puede ser la suma de las áreas igual a 40 cm^2?

54 ¿Cuánto debe valer x para que el área de la parte coloreada de la figura sea 204 cm^2?

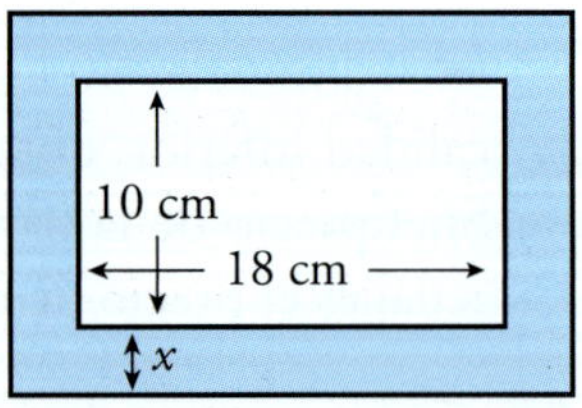

55 Un padre reparte una cantidad de dinero entre sus tres hijos de forma directamente proporcional a sus edades, que son 12, 18 y 20 años. Al menor le correspondieron 96 € menos que al mayor. Calcula lo que dio a cada uno y la cantidad repartida.

56 En un laboratorio de investigación sobre vacunas necesitan mezclar dos sustancias de 30 % y 10 % de concentración, respectivamente. ¿Cuántos litros de cada tipo deben tomar para obtener 20 litros con una concentración del 15 %?

57 ¿Cuántos términos de la progresión 3, 7, 11, … se deben tomar para que la suma de todos ellos sea 820?

58 La diferencia entre invertir una cantidad al 4 % anual durante 3 años o colocarla al 6 % anual durante un año y medio, con periodos de capitalización mensuales, es de 618 €. Calcula dicha cantidad.

Mira la página 53 de la unidad 3.

59 En un triángulo equilátero de lado 18 cm se corta en cada esquina un pequeño triángulo equilátero de lado x cm, de forma que la suma de los perímetros de los tres triángulos cortados es igual al perímetro del hexágono que queda. ¿Cuál es el valor de x?

60 La hipotenusa de un triángulo rectángulo mide 4 cm más que el cateto mayor, y este, 4 cm más que el cateto menor. Calcula la medida de los tres lados.

61 ¿Cuánto debe valer x para que el área de esta figura sea 82 cm^2?

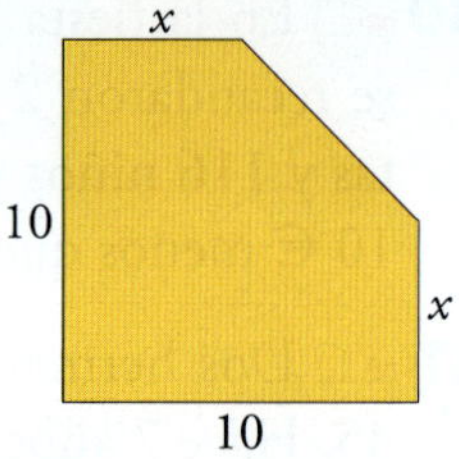

62 Dos números naturales suman 85 y al dividir el cuadrado del mayor entre el cuadrado del menor se obtiene 5 de cociente y 475 de resto. Calcúlalos.

63 Si a un número de dos cifras le restamos el que resulta de invertir el orden de estas, el resultado es 18. ¿Cuál es el número si la cifra de las unidades es 2?

64 Un depósito de agua tiene un grifo de abastecimiento y un desagüe. El grifo llena el depósito en 9 horas. Si además se abre el desagüe, el depósito tarda 36 horas en llenarse. Averigua cuánto tarda el desagüe en vaciar el depósito lleno, estando cerrado el grifo.

65 Un grifo tarda el doble que otro en llenar un depósito. Abriendo los dos a la vez, tardan 8 horas. ¿Cuánto tardará cada uno de ellos en llenarlo?

Resuelve: un poco más difícil

66 La bandera de Suecia es un rectángulo azul con una cruz amarilla como la de la figura. El área de la cruz ocupa los 3/10 de la superficie del rectángulo, y sus dos brazos tienen la misma anchura, x.

Calcula x si las dimensiones del rectángulo son 16 dm × 10 dm.

67 Un pintor tarda 3 h más que otro en pintar una pared. Trabajando juntos, pintarían la misma pared en 2 h. ¿Cuánto tardaría cada uno en solitario?

68 Ana, en su camino diario al colegio, ha comprobado que si va andando a 4 km/h llega 5 minutos tarde, pero si se da prisa y va a 5 km/h llega 10 minutos antes de la hora. ¿Cuál es la distancia al colegio? ¿Llegará puntual si hace la mitad del camino a 4 km/h y la otra mitad a 5 km/h?

69 Luisa y Miguel van a visitar a sus abuelos. Como solo tienen una bicicleta, acuerdan que Miguel la lleve hasta la mitad del camino y la deje allí hasta que Luisa, que sale andando, la recoja. La segunda mitad, Miguel caminará y Luisa irá en bicicleta. De esta forma tardan una hora en llegar a su destino. El que camina va a 4 km/h y el que va en bicicleta, a 12 km/h. ¿Cuál es la distancia que han recorrido? ¿Cuánto tiempo estuvo parada la bicicleta?

70 En las dos orillas de un río hay dos palmeras. La más alta mide 30 codos; la otra, 20 codos, y la distancia entre ambas es de 50 codos. En la copa de cada palmera hay un pájaro. Al descubrir los dos pájaros un pez en la superficie del río, se lanzan rápidamente, alcanzando al pez al mismo tiempo.

¿A qué distancia del tronco de la palmera más alta apareció el pez?

71 Tenemos tres tetrabriks con forma de prisma rectangular cuyas bases miden 4 cm × 6 cm, 3 cm × 6 cm y 2 cm × 6 cm, y cuyas alturas son, respectivamente, a, b y c. El primero tiene doble capacidad que el segundo; y el segundo, doble que el tercero. Si las alturas suman 39 cm, ¿cuánto medirá cada una?

72 En un triángulo ABC, el ángulo $\widehat{A}$ mide $x + 2$ grados y el ángulo $\widehat{C}$ mide $2x - 4$ grados. Calcula el valor de x para que el triángulo sea isósceles. María dice que el problema tiene tres soluciones y Pablo dice que solo tiene dos. ¿Quién tiene razón?

73 Carmen hace cuentas sobre las compras que ha hecho y observa que el abrigo le ha costado el triple que el bolso; el bolso, 5 € menos que la camisa; la camisa, 6 € más que los deportivos; los deportivos, el doble que el estuche; el estuche, la mitad que el pantalón, y este, 120 € menos que la suma de todos los demás artículos. Calcula el precio de cada compra y el total.

Reflexiona

74 ¿Verdadero o falso? Razona las respuestas.

a) La ecuación $5x = 0$ no tiene solución.

b) Si multiplicamos por –3 los dos miembros de una ecuación, su solución no varía.

c) La ecuación $0x = 4$ tiene infinitas soluciones.

d) El discriminante de una ecuación de segundo grado es $-b^2 + 4ac$.

e) La ecuación $ax^2 + c = 0$ no tiene solución si $c > 0$.

f) Una solución de $2^x + 2^{x-1} - 2^{x+1} = -4$ es –2.

g) Si $b^2 - 4ac = -1$, la ecuación de segundo grado no tiene solución.

75 En la ecuación $mx - m = x + 3m$:

a) ¿Cuánto debe valer m para que la solución sea $x = 5$? ¿Y para que no tenga solución?

b) ¿Hay algún valor de m para el que tenga infinitas soluciones?

76 Una igualdad de dos expresiones algebraicas es una identidad si:

a) Se verifica para cualquier valor de las letras.

b) No tiene solución.

c) Se verifica para algunos valores de las letras.

Elige la respuesta correcta y pon ejemplos.

77 Ejercicio resuelto

Inventar una ecuación de segundo grado cuyas soluciones sean $x_1 = 2$ y $x_2 = -1$.

Para que las soluciones sean 2 y –1, haremos esto:

$$(x - 2)(x + 1) = 0 \rightarrow x^2 - x - 2 = 0$$

78 Inventa ecuaciones de segundo grado con:

a) Dos soluciones: $x = 3$ y $x = -\frac{2}{3}$

b) Dos soluciones: $x = 0$ y $x = -5$

c) Una solución: $x = 4$

d) Ninguna solución.

79 En la ecuación $x^2 - 14x + m = 0$:

a) ¿Qué valor debe tomar m para que tenga dos soluciones iguales?

b) ¿Y para que sean distintas?

c) ¿Y para que no tenga solución?

INFÓRMATE

Sabías que...

Ecuación viene del término latino *aequatio*, que, a su vez, se deriva de *aequare* (igualar) o *aequus* (igual).

A la derecha tienes otras palabras del castellano con la misma raíz.

- Busca otras cuatro palabras que tengan la misma raíz que **ecuación**.

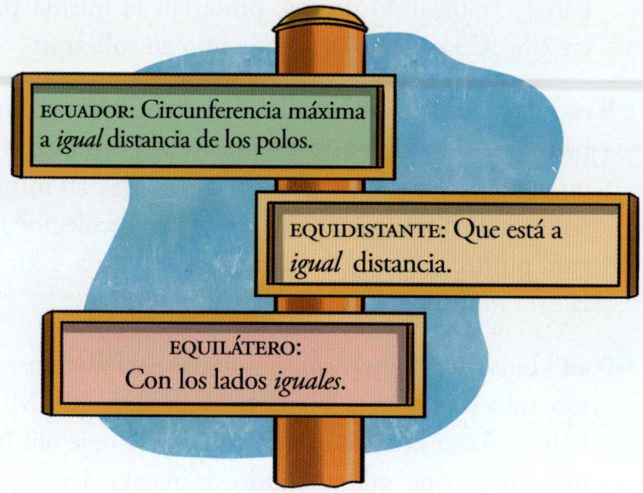

UTILIZA TU INGENIO

En perfecto equilibrio

Si cada bola pesa un kilo, ¿cuánto pesa cada caja?

Usa la equis

Completa esta tabla de forma que sumando los números de dos casillas consecutivas obtengas el número de la siguiente:

5						81

Ingéniatelas como puedas...

... para buscar una solución de esta ecuación:

$$7 + \sqrt{1 + \sqrt{5 - \sqrt{30 - \sqrt{13 + \sqrt{x}}}}} = 8$$

INTERPRETA, DESCRIBE, EXPRÉSATE

Escribe un número cualquiera de tres cifras, *abc*, e inviértelo, *cba*.

Resta al mayor el menor y suma las cifras de la diferencia obtenida.

¡Esta suma es siempre 18!

a) Comprueba, con ejemplos, que siempre se cumple la afirmación anterior. ¿Sabrías justificar por qué ocurre?

b) Analiza y explica el proceso que se expone a continuación.

Sea *abc* un número de tres cifras. Supongamos que $a > c$.

PASO 1

	a	b	c
–	c	b	a
			$c - a < 0$

PASO 2

	a	$b - 1$	$c + 10$
–	c	b	a
			$10 + c - a$

PASO 3

	$a - 1$	$10 + b - 1$	$c + 10$
–	c	b	a
	$a - 1 - c$	9	$10 + c - a$

Sumamos las cifras de la diferencia y...

ENTRÉNATE RESOLVIENDO OTROS PROBLEMAS

- Un granjero, tras recoger en una cesta su cosecha de huevos, piensa:

  — Si los envaso por docenas, me sobran 5.

  — Si tuviera uno más, podría envasarlos, exactamente, en cajas de 10.

  — Casi he recogido 100 huevos.

  ¿Cuántos huevos recogió el granjero?

- El reloj de una torre tarda 15 segundos en dar las seis. ¿Cuánto tardará en dar las doce?

- Calcula la superficie del cuadrado verde.

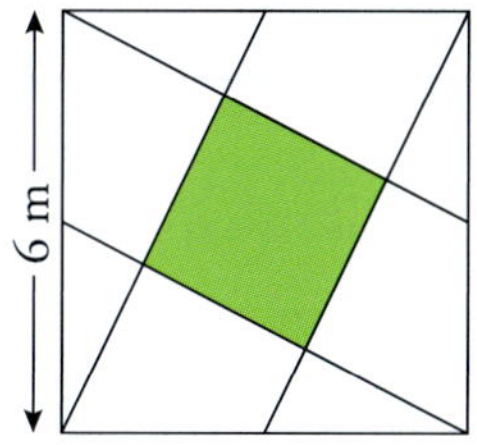

AUTOEVALUACIÓN

anayaeducacion.es Resoluciones de estos ejercicios.

1 Resuelve mentalmente las siguientes ecuaciones y explica el proceso seguido:

a) $(x + 13)^2 = 25$ b) $\sqrt{x^2 + 15} = 8$

2 Resuelve, por tanteo, con ayuda de la calculadora.

a) $(x - 14)^3 = x + 10$ b) $\sqrt{x^4 - x^2} = 5$

3 Resuelve.

a) $\frac{3x-2}{5} - \frac{3(x+1)}{10} = \frac{3-x}{4} - \frac{9}{10}$

b) $\frac{x+1}{2} = x - \frac{2x+3}{4}$

c) $\frac{5}{2}x^2 - 2x = 0$

d) $4x^2 + 25 = 0$

4 Resuelve las ecuaciones siguientes:

a) $(x + 3)(x - 3) - 25x = 9x - 298$

b) $\frac{(x-2)(x-3)}{6} - \frac{(x-1)^2}{4} = 2 - x$

c) $4x^3 + 4x^2 + x = 0$

5 Mezclamos 6 kg de harina de 1,30 €/kg con otra de 0,70 €/kg para obtener una mezcla de 1,10 €/kg. ¿Qué cantidad tenemos que poner del segundo tipo de harina?

6 Un tren sale de A hacia B a 135 km/h. Una hora más tarde sale de B hacia A otro tren a 115 km/h. Si la distancia entre A y B es de 485 km, ¿cuánto tardarán en cruzarse?

7 Tres talleres cobran 540 € por hacer un trabajo. El primero trabajó 12 horas y el segundo, que trabajó 2 horas más que el tercero, recibió 180 €. ¿Cuántas horas y cuánto dinero corresponden a cada uno?

8 Con una cuerda de 24 m de longitud hacemos un triángulo rectángulo en el que uno de los catetos mide 6 m. ¿Cuánto medirán el otro cateto y la hipotenusa?

9 Para embaldosar un salón de 48 m² de área, se han utilizado 375 baldosas rectangulares en las que un lado mide 8 cm menos que el otro. Halla las dimensiones de las baldosas.

Compromiso ODS Visualiza el vídeo Meta 3.9, piensa en una acción con la que podrías contribuir al logro de esa meta y comprométete a llevarla a cabo.

7

SISTEMAS DE ECUACIONES

Sistemas de ecuaciones en Mesopotamia

En Babilonia estudiaron las ecuaciones a la par que los sistemas de ecuaciones, pero prestaron mucha más atención a los segundos. Plantearon y resolvieron, entre otras cosas, sistemas de ecuaciones lineales con varias incógnitas. A estas las llamaban *longitud*, *anchura*, *área*, *volumen*… aunque no tuvieran relación con la geometría.

Un problema babilónico

En Babilonia resolvían ecuaciones por puro tanteo: probaban con distintas cantidades hasta que daban con la adecuada.

En una de sus tablillas aparece el siguiente problema:

$$\frac{1}{4}\ \textit{anchura} + \textit{longitud} = 7\ \textit{manos}$$

$$\textit{anchura} + \textit{longitud} = 10\ \textit{manos}$$

Avances en China

En uno de los libros de matemáticas más antiguos de China, el *Libro de los nueve capítulos* (siglo I a. C.), se incluyen 246 problemas de la vida cotidiana sobre agrimensura, ingeniería, repartos, fiscalidad, etcétera. En el capítulo octavo se proponen problemas que dan lugar a sistemas de hasta cuatro ecuaciones con cuatro incógnitas. Y se resuelven mediante métodos muy avanzados.

Un problema chino

En nuestros campos se cultivan tres clases de trigo; tres gavillas de la primera clase, dos de la segunda clase y una de la tercera hacen 20 medidas; dos de la primera, tres de la segunda y una de la tercera hacen 19 medidas; y una de la primera, dos de la segunda y tres de la tercera hacen 16 medidas. ¿Cuántas medidas de grano se obtienen de una gavilla de cada clase?

$$3x + 2y + z = 20$$
$$2x + 3y + z = 19$$
$$x + \ \dots\ = \dots$$

También en Grecia

En el siglo III, en Alejandría, **Diofanto** planteó problemas algebraicos que se podían traducir fácilmente a sistemas de ecuaciones. Pero él los resolvía designando una incógnita, hábilmente escogida, de modo que pudiera plantear, directamente, una única ecuación. Por ejemplo, en su libro *Aritmética* proponía problemas como este:

Obtener dos números que suman 20 y cuyos cuadrados suman 208.

Otro problema de Diofanto

También en la obra de Diofanto aparecen problemas más complejos, cuya resolución exige conocimientos de las relaciones numéricas, de las ecuaciones… y una buena dosis de tanteo. Aquí tienes un ejemplo:

Un comerciante compró vino en cántaras de 8 dracmas y de 5 dracmas, y pagó por ellas un número cuadrado, cuya raíz coincide con el número de cántaras. ¿Cuántas cántaras compró de 8 dracmas y cuántas de 5?

Resuelve

1 Traduce a lenguaje algebraico el problema de la tablilla babilónica y calcula, por tanteo, la longitud y la anchura medidas en manos.

2 El problema chino de las gavillas de trigo se resuelve con un sistema de tres ecuaciones con tres incógnitas. Completa el que ves en el enunciado de la página anterior y comprueba que la solución es $x = 4$, $y = 3$, $z = 2$.

3 Plantea un sistema de ecuaciones para el problema que Diofanto propuso en su libro *Aritmética*. Intenta encontrar una solución.

4 El problema de Diofanto de las cántaras de vino podría traducirse algebraicamente en el sistema de ecuaciones que tienes debajo, siendo a, b y c números enteros. Comprueba que compró 2 cántaras del primer tipo y 4 del segundo tipo, y que pagó por ellas 36 dracmas.

$$\left.\begin{array}{r} 8a + 5b = c^2 \\ a + b = c \end{array}\right\}$$

1 ECUACIONES LINEALES CON DOS INCÓGNITAS

Nomenclatura

A las incógnitas se las suele designar con las letras x, y. Sin embargo, pueden usarse otras letras. Por ejemplo, si una corresponde al tiempo y otra a la velocidad, podemos designarlas mediante t y v, respectivamente.

En esta unidad vamos a tratar con ecuaciones lineales con dos incógnitas. Por ejemplo, $2x - 3y = 3$ es una ecuación lineal con dos incógnitas, x e y. El par de valores $x = 6$, $y = 3$ es solución de esta ecuación porque $2 \cdot 6 - 3 \cdot 3$ es igual a 3. También son soluciones $x = 3$, $y = 1$ o $x = 9$, $y = 5$.

Solución de una ecuación con dos incógnitas es todo par de valores que hacen cierta la igualdad. Las **ecuaciones lineales** son polinómicas de primer grado: $ax + by = c$. Una ecuación lineal con dos incógnitas tiene infinitas soluciones.

Representación gráfica

Para obtener soluciones de una ecuación lineal con dos incógnitas, se despeja una de ellas y se le dan valores a la otra:

$$2x - 5y = 7 \rightarrow y = \frac{2x - 7}{5} \rightarrow$$

x	1	3,5	6	11	0
y	–1	0	1	3	–1,4

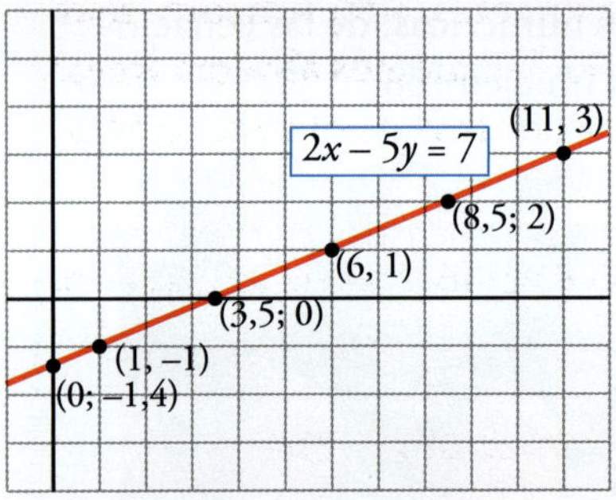

Si las soluciones se interpretan como puntos del plano, entonces la ecuación se representa mediante una recta y sus soluciones son los puntos de esta recta. Por eso, una solución como $x = 6$, $y = 1$ se designa también así: (6, 1).

La ecuación $ax + by = c$ **se representa mediante una recta.** La expresión $ax + by = c$ es la ecuación de la recta. Sus puntos son soluciones de la ecuación.

Ejercicio resuelto

Representar gráficamente las rectas siguientes:

$$2x - 3y = 3$$
$$5x + 3y = 18$$

$$2x - 3y = 3 \rightarrow y = \frac{2x - 3}{3}$$

x	–3	0	3	6	9	…
y	–3	–1	1	3	5	…

$$5x + 3y = 18 \rightarrow y = \frac{18 - 5x}{3}$$

x	0	1	2	3	6	…
y	6	13/3	8/3	1	–4	…

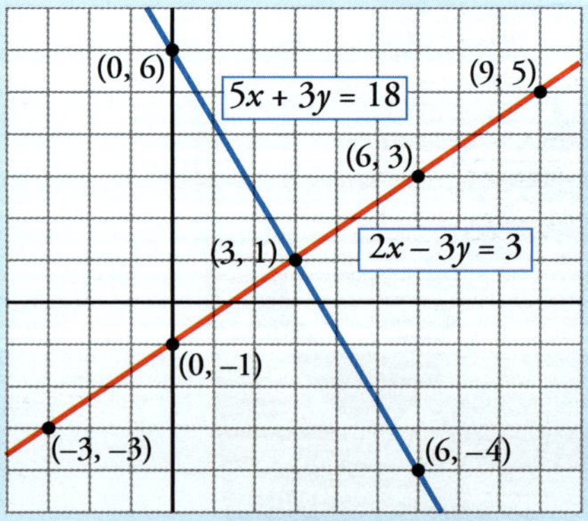

El punto donde se cortan las rectas, (3, 1), es la solución común de ambas ecuaciones: $x = 3$, $y = 1$.

Piensa y practica

1 Comprueba si cada uno de los pares de valores siguientes son solución de la ecuación $4x - 3y = 12$:

a) $x = 6$, $y = 4$ b) $x = 6$, $y = 12$ c) $x = 0$, $y = -4$

2 Representa las rectas de ecuaciones:

$$2x - y = 6 \qquad x + y = 0$$

¿Cuál es la solución común a ambas ecuaciones?

2 SISTEMAS DE ECUACIONES LINEALES

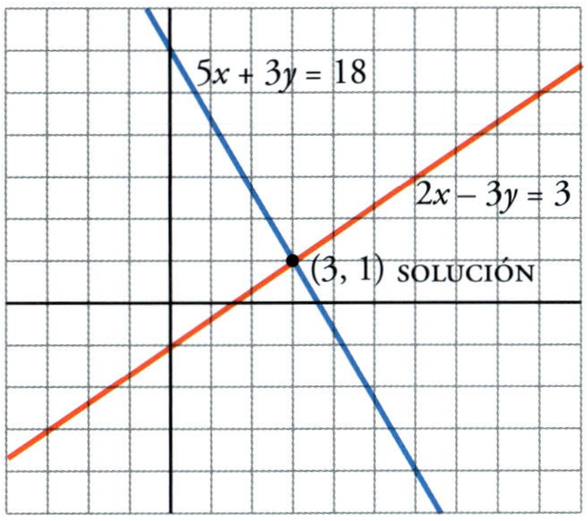

La solución de un sistema de ecuaciones lineales es el punto donde se cortan las dos rectas que lo forman.

Dos ecuaciones forman un **sistema de ecuaciones** cuando lo que pretendemos de ellas es encontrar su solución común.

Cuando dos ecuaciones forman un sistema, las ponemos de esta forma:

$$\begin{cases} ax + by = c \\ a'x + b'y = c' \end{cases}$$

Se llama **solución** de un sistema de ecuaciones a la solución común a ambas.

Si tomamos las dos ecuaciones del ejercicio resuelto de la página anterior como un sistema de ecuaciones, las pondremos del siguiente modo:

$$\begin{cases} 2x - 3y = 3 \\ 5x + 3y = 18 \end{cases}$$ La solución del sistema es $x = 3$, $y = 1$, porque es solución de ambas ecuaciones.

A veces, en lugar de decir **sistema de ecuaciones** diremos, simplemente, **sistema.** Si ambas ecuaciones del sistema son lineales, lo llamaremos **sistema lineal.** Ocasionalmente, encontraremos sistemas formados por más de dos ecuaciones.

Ejercicio resuelto

Estudiar si $x = -3$, $y = 5$ o $x = 2$, $y = \frac{1}{2}$ son solución de alguno de los siguientes sistemas:

a) $\begin{cases} 5x + 6y = 15 \\ 3x + 4y = 8 \end{cases}$

b) $\begin{cases} 3x - y = -14 \\ 9x + 10y = 23 \end{cases}$

c) $\begin{cases} 7x - 20y = 4 \\ 9x + 10y = 23 \end{cases}$

Recuerda que un par x e y es solución de un sistema cuando lo es de ambas ecuaciones.

a) $\begin{cases} 5x + 6y = 15 \\ 3x + 4y = 8 \end{cases}$

- $x = -3,\ y = 5$: $\begin{cases} -15 + 30 = 15 & \text{SÍ} \\ -9 + 20 = 11 & \text{NO} \end{cases}$ NO ES SOLUCIÓN.
- $x = 2,\ y = \frac{1}{2}$: $\begin{cases} 10 + 3 = 13 & \text{NO} \\ 6 + 2 = 8 & \text{SÍ} \end{cases}$ NO ES SOLUCIÓN.

b) $\begin{cases} 3x - y = -14 \\ 9x + 10y = 23 \end{cases}$

- $x = -3,\ y = 5$: $\begin{cases} -9 - 5 = -14 & \text{SÍ} \\ -27 + 50 = 23 & \text{SÍ} \end{cases}$ SÍ ES SOLUCIÓN.
- $x = 2,\ y = \frac{1}{2}$: $\begin{cases} 6 - (1/2) = 11/2 & \text{NO} \\ 18 + 5 = 23 & \text{SÍ} \end{cases}$ NO ES SOLUCIÓN.

c) $\begin{cases} 7x - 20y = 4 \\ 9x + 10y = 23 \end{cases}$

- $x = -3,\ y = 5$: $\begin{cases} -21 - 100 = -121 & \text{NO} \\ -27 + 50 = 23 & \text{SÍ} \end{cases}$ NO ES SOLUCIÓN.
- $x = 2,\ y = \frac{1}{2}$: $\begin{cases} 14 - 10 = 4 & \text{SÍ} \\ 18 + 5 = 23 & \text{SÍ} \end{cases}$ SÍ ES SOLUCIÓN.

El par (–3, 5) es solución de b) y el par $\left(2, \frac{1}{2}\right)$ es solución de c).

Piensa y practica

1 Di si los pares $x = -1$, $y = 4$ o $x = 7$, $y = 8$ son solución de alguno de los siguientes sistemas:

a) $\begin{cases} -6x + 5y = 26 \\ x - 2y = -9 \end{cases}$ b) $\begin{cases} -2x + 4y = 18 \\ 3x - 2y = 5 \end{cases}$ c) $\begin{cases} 5x + y = 43 \\ 3x + y = 1 \end{cases}$ d) $\begin{cases} x + y = 15 \\ x - y = -1 \end{cases}$

3 ▸ SISTEMAS EQUIVALENTES

Los sistemas de ecuaciones: a) $\begin{cases} 5x + 4y = 32 \\ x - y = 1 \end{cases}$ b) $\begin{cases} x - 4y = -8 \\ 3x + y = 15 \end{cases}$

tienen la misma solución: $x = 4$, $y = 3$. Compruébalo.

Por eso se dice que son equivalentes.

> Dos **sistemas** de ecuaciones son **equivalentes** cuando tienen la misma solución.

Veamos su interpretación gráfica:

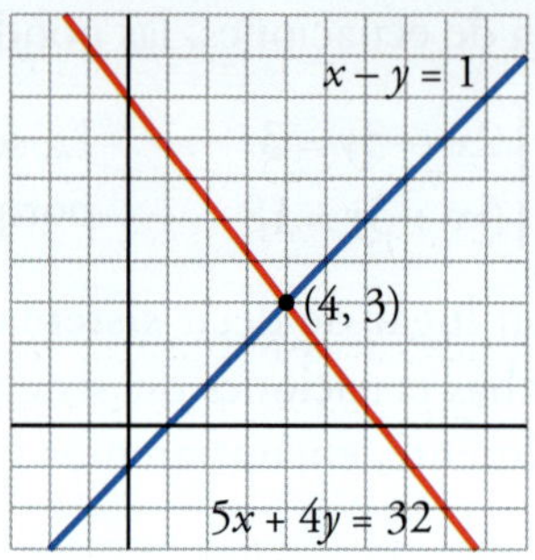

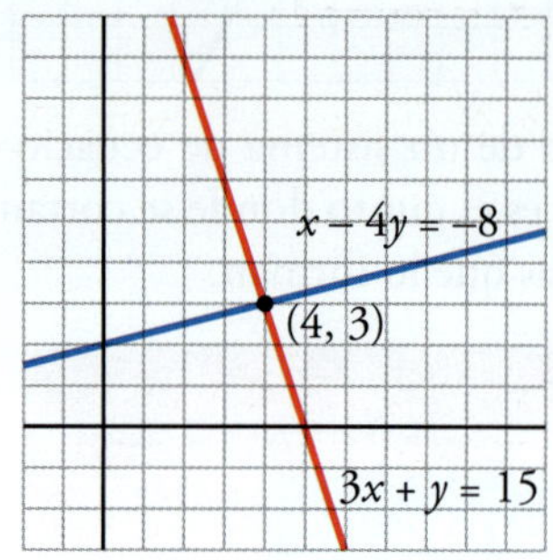

Observa

Las rectas que representan a los dos sistemas equivalentes son distintas, pero en ambos casos se cortan en el mismo punto (4, 3), que es la solución de ambos sistemas.

Para resolver un sistema, vamos obteniendo otros equivalentes al original, y cada vez más sencillos. Se llega así a uno de la forma:

$\begin{cases} x = a \\ y = b \end{cases}$ Esta es la solución del sistema.

En próximos apartados aprenderemos a resolver sistemas por métodos rápidos y eficaces.

Ejercicio resuelto

Interpretar gráficamente los pasos que se dan para resolver el sistema de la izquierda:

$\left.\begin{matrix} x + y = 5 \\ x - y = 1 \end{matrix}\right\} \rightarrow \left.\begin{matrix} x + y = 5 \\ 2x \quad = 6 \end{matrix}\right\} \rightarrow \left.\begin{matrix} x = 3 \\ y = 2 \end{matrix}\right\}$

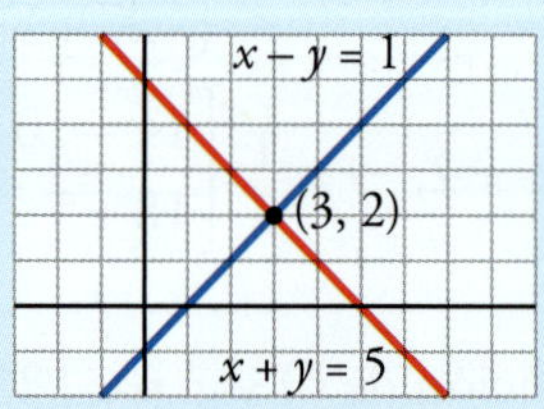

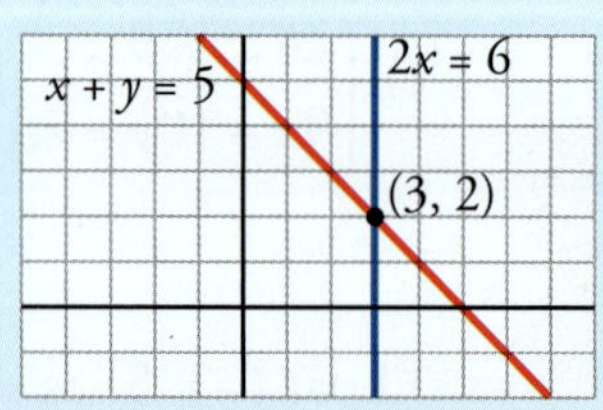

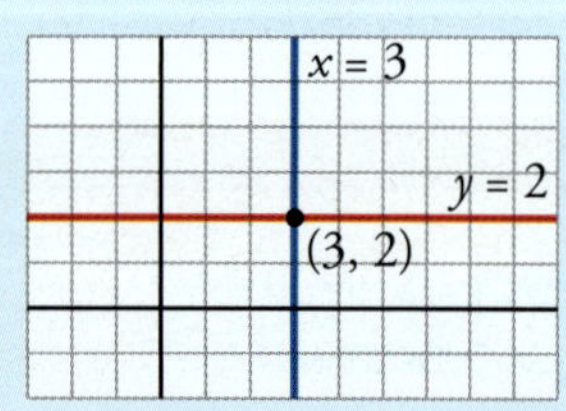

Notación

Observa que en estos sistemas la llave se ha puesto a la derecha. También se pueden poner de esta forma.

Piensa y practica

1 Representa estos tres sistemas equivalentes que se obtienen para resolver el primero de ellos:

$\begin{cases} x + y = 9 \\ x - y = 3 \end{cases} \rightarrow \begin{cases} x + y = 9 \\ 2x \quad = 12 \end{cases} \rightarrow \begin{cases} x = 6 \\ y = 3 \end{cases}$

2 Representa los pares de rectas correspondientes a cada sistema y di si son equivalentes:

a) $\begin{cases} x - 2y = -2 \\ 2x + 2y = 8 \end{cases}$ b) $\begin{cases} y - x = 0 \\ y \quad = 2 \end{cases}$

4 ▸ TIPOS DE SISTEMAS SEGÚN EL NÚMERO DE SOLUCIONES

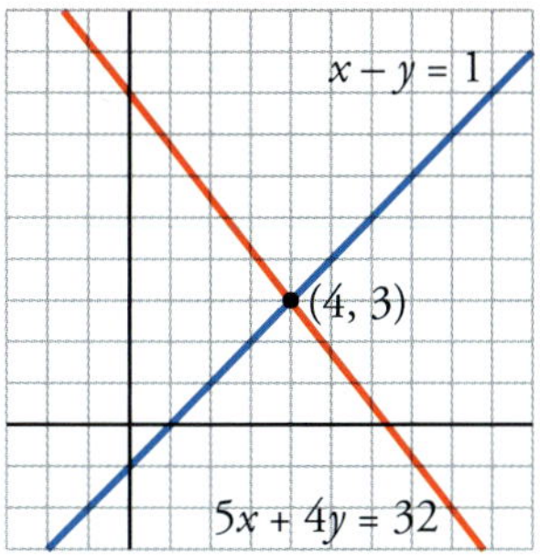

Sistema compatible determinado

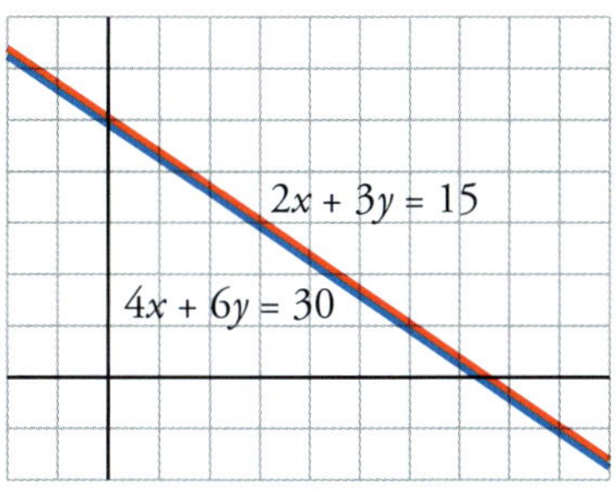

Sistema compatible indeterminado

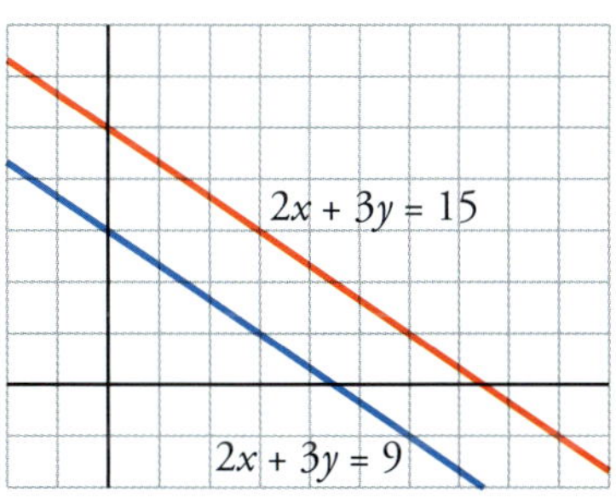

Sistema incompatible

Sistemas con una solución

En general, un sistema de dos ecuaciones lineales con dos incógnitas tiene una única solución, el punto de corte de las dos rectas, como los de la página anterior.

> Los sistemas que tienen una solución se llaman **compatibles determinados (SCD).** Gráficamente, son dos rectas que se cortan en un punto.

Sistemas con infinitas soluciones

Hay sistemas cuyas ecuaciones dicen lo mismo. Por ejemplo:

a) $\begin{cases} 2x + 3y = 15 \\ 2x + 3y = 15 \end{cases}$ b) $\begin{cases} 2x + 3y = 15 \\ 4x + 6y = 30 \end{cases}$

Las soluciones del sistema son las de cualquiera de las dos ecuaciones y, como sabemos, una ecuación con dos incógnitas tiene infinitas soluciones.

> Los sistemas que tienen infinitas soluciones se llaman **compatibles indeterminados (SCI).** Gráficamente, son dos rectas coincidentes: todos sus puntos son comunes.

Sistemas sin solución

Hay sistemas cuyas ecuaciones dicen cosas contradictorias. Por ejemplo:

a) $\begin{cases} 2x + 3y = 15 \\ 2x + 3y = 9 \end{cases}$ b) $\begin{cases} 2x + 3y = 15 \\ 4x + 6y = 18 \end{cases}$

En ambos casos, las dos igualdades no pueden ser ciertas a la vez:

En a), si $2x + 3y$ es igual a 15, no puede ser, a la vez, igual a 9.

En b), como $4x + 6y$ es el doble de $2x + 3y$, debería ser igual a 30 y no a 18.

> Los sistemas que no tienen solución se llaman **incompatibles (SI).** Gráficamente, son dos rectas paralelas: no tienen ningún punto en común.

Piensa y practica

1 Di cuál de estos sistemas es compatible determinado, cuál incompatible y cuál compatible indeterminado.

a) $\begin{cases} 2x + y = 7 \\ 2x + y = 0 \end{cases}$ b) $\begin{cases} 2x + y = 7 \\ -2x + 5y = 10 \end{cases}$

c) $\begin{cases} 2x + y = 7 \\ 4x + 2y = 14 \end{cases}$ d) $\begin{cases} 2x + y = 7 \\ 2x - y = 1 \end{cases}$

2 Completa los sistemas para que a) sea SCD con solución $x = 6$, $y = -1$; b) sea SI, y c) y d) sean SCI:

a) $\begin{cases} x - 4y = \dots \\ 2x \quad \dots = 13 \end{cases}$ b) $\begin{cases} 2x + y = 8 \\ 4x + 2y = \dots \end{cases}$

c) $\begin{cases} 2x + y = 8 \\ 4x \quad \dots = \dots \end{cases}$ d) $\begin{cases} 5x + 11y = \dots \\ \dots + 33y = 9 \end{cases}$

5 MÉTODOS DE RESOLUCIÓN DE SISTEMAS

Método de sustitución

Este método de resolución de un sistema de ecuaciones consiste en despejar una incógnita en una de las ecuaciones y «sustituirla» en la otra.

En la práctica, al aplicar este método, solo se escribe en cada paso la ecuación que se transforma, en lugar de escribir el sistema completo cada vez. Describamos los pasos que conviene dar para aplicar este método:

① Se despeja una incógnita en una de las ecuaciones.

② Se sustituye la expresión de esta incógnita en la otra ecuación, obteniendo una ecuación con una sola incógnita.

③ Se resuelve esta ecuación.

④ El valor obtenido se sustituye en la ecuación en la que aparecía la incógnita despejada.

⑤ Se obtiene, así, la solución del sistema.

Ejemplo

Resolver por sustitución el sistema:

$$\begin{cases} 3x + 2y = 18 \\ x - 3y = -5 \end{cases}$$

① Despejamos x en la 2.ª ecuación:

$$x = 3y - 5$$

② Sustituimos en la 1.ª ecuación:

$$3(3y - 5) + 2y = 18$$
$$\Downarrow$$

③ $9y - 15 + 2y = 18 \rightarrow y = 3$

$$\Downarrow$$

④ $x = 3 \cdot 3 - 5 = 4$

⑤ *Solución:* $x = 4$, $y = 3$

Ejercicio resuelto

Resolver por el método de sustitución el siguiente sistema:

$$\begin{cases} 5x + y = -2 \\ 3x + 2y = 3 \end{cases}$$

① Despejamos la y en la 1.ª ecuación:

$$y = -2 - 5x$$

② Sustituimos la expresión $-2 - 5x$ por la y en la 2.ª ecuación:

$$3x + 2(-2 - 5x) = 3$$

③ Resolvemos la ecuación resultante:

$$3x - 4 - 10x = 3 \rightarrow -7x = 7 \rightarrow x = -1$$

④ Sustituimos el valor de x en la ecuación con la y despejada:

$$y = -2 - 5x \rightarrow y = -2 - 5 \cdot (-1) = -2 + 5 = 3$$

⑤ Se ha obtenido la solución $x = -1$, $y = 3$.

Comprobamos que la solución es correcta sustituyendo en el sistema original la x y la y por los valores obtenidos:

$$\begin{cases} 5(-1) + 3 = -5 + 3 = -2 \\ 3(-1) + 2 \cdot 3 = -3 + 6 = 3 \end{cases}$$

anayaeducacion.es • Repasa la resolución de sistemas por el método de sustitución.

• Refuerza la resolución de sistemas por el método de sustitución.

Piensa y practica

1 Resuelve por el método de sustitución los siguientes sistemas. ¿Cuál de ellos crees que es más complicado de resolver por este método?

a) $\begin{cases} x + 3y = 5 \\ 5x + 7y = 13 \end{cases}$ b) $\begin{cases} 6x + 3y = 0 \\ 3x - y = 3 \end{cases}$ c) $\begin{cases} 3x + 9y = 4 \\ 2x + 3y = 1 \end{cases}$ d) $\begin{cases} x - 4y = 11 \\ 5x + 7y = 1 \end{cases}$

Método de igualación

Consiste en despejar la misma incógnita en ambas ecuaciones e «igualar» las expresiones resultantes.

Describamos, a continuación, los pasos que conviene dar para aplicar este método de resolución:

① Se despeja la misma incógnita en ambas ecuaciones.

② Se igualan las expresiones dando lugar a una ecuación con una sola incógnita.

③ Se resuelve esta ecuación.

④ El valor obtenido se sustituye en cualquiera de las dos expresiones en las que aparecía despejada la otra incógnita.

⑤ Se obtiene, así, la solución del sistema.

Ejemplo

Resolver por igualación el sistema:

$$\begin{cases} 3x + 2y = 18 \\ x - 3y = -5 \end{cases}$$

① Despejamos x en cada ecuación:

$$x = \frac{18 - 2y}{3}, \quad x = -5 + 3y$$

② Igualamos ambas expresiones:

$$\frac{18 - 2y}{3} = -5 + 3y$$

$$\Downarrow$$

③ $18 - 2y = 3(-5 + 3y) \rightarrow y = 3$

$$\Downarrow$$

④ $x = -5 + 3 \cdot 3 = 4$

⑤ *Solución:* $x = 4, \; y = 3$

Ejercicio resuelto

Resolver por el método de igualación el siguiente sistema:

$$\begin{cases} \boldsymbol{5x + 12y = 6} \\ \boldsymbol{3x + 2y = 2} \end{cases}$$

① Despejamos la x en cada una de las ecuaciones: $x = \dfrac{6 - 12y}{5}$, $x = \dfrac{2 - 2y}{3}$

② Igualamos ambas expresiones:

$$\frac{6 - 12y}{5} = \frac{2 - 2y}{3}$$

③ Resolvemos la ecuación resultante:

$$3(6 - 12y) = 5(2 - 2y) \rightarrow 18 - 36y = 10 - 10y \rightarrow$$

$$\rightarrow -36y + 10y = 10 - 18 \rightarrow -26y = -8 \rightarrow$$

$$\rightarrow y = \frac{-8}{-26} = \frac{4}{13}$$

④ Sustituimos el valor de y en cualquiera de las expresiones del primer paso:

$$x = \frac{2 - 2 \cdot \left(\frac{4}{13}\right)}{3} = \frac{6}{13}$$

⑤ Hemos obtenido la solución: $x = \dfrac{6}{13}$, $y = \dfrac{4}{13}$.

Puedes hacer la comprobación igual que en la página anterior.

anayaeducacion.es • Repasa la resolución de sistemas por el método de igualación.

• Refuerza la resolución de sistemas por el método de igualación.

Piensa y practica

2 Resuelve por el método de igualación los siguientes sistemas:

a) $\begin{cases} 3x + 8y = 5 \\ 2x - 2y = 7 \end{cases}$ b) $\begin{cases} 5x + 3y = 28 \\ 7x + 2y = -7 \end{cases}$ c) $\begin{cases} 3x - 5y = -1 \\ 7x + 10y = 2 \end{cases}$ d) $\begin{cases} 2x + 9y = -1 \\ 3x + 15y = -1 \end{cases}$

Método de reducción

Observa atentamente cómo resolvemos el sistema siguiente:

$$\begin{cases} 3x + 2y = 7 \\ 4x - 3y = 15 \end{cases} \begin{array}{c} \xrightarrow{\text{multiplicamos los dos miembros por 4}} \\ \xrightarrow{\text{multiplicamos los dos miembros por } -3} \end{array} \begin{array}{r} 12x + 8y = 28 \\ -12x + 9y = -45 \end{array}$$

Sumamos miembro a miembro las dos ecuaciones $\longrightarrow$ $17y = -17$

La incógnita y la tenemos despejada $\longrightarrow$ $y = -1$

Sustituimos el valor de y en una de las ecuaciones iniciales y resolvemos:

$$3x + 2 \cdot (-1) = 7 \rightarrow 3x = 7 + 2 \rightarrow x = 3 \rightarrow \textit{Solución: } x = 3,\ y = -1$$

En esencia, este método consiste en preparar las dos ecuaciones para que una de las incógnitas tenga el mismo coeficiente en ambas, pero con distinto signo. Sumando las ecuaciones resultantes, miembro a miembro, se obtiene una ecuación con solo una incógnita (se ha «reducido» el número de incógnitas). En resumen:

① Se preparan las dos ecuaciones (multiplicándolas por los números que convenga).

② Al sumarlas, desaparece una de las incógnitas.

③ Se resuelve la ecuación resultante.

④ El valor obtenido se sustituye en una de las ecuaciones iniciales y se resuelve.

⑤ Se obtiene, así, la solución del sistema.

Ten en cuenta

Hemos multiplicado:

- La 1.ª ecuación por el coeficiente de la x en la 2.ª.
- La 2.ª ecuación por el coeficiente de la x en la 1.ª cambiado de signo.

De ese modo se obtienen dos ecuaciones con el mismo coeficiente de la x, pero con distinto signo. Al sumarlas, desaparece esta incógnita.

anayaeducacion.es Refuerza la resolución de sistemas por el método de reducción.

anayaeducacion.es
GeoGebra. Practica el método de reducción.

Ejercicio resuelto

Resolver por el método de reducción estos sistemas:

a) $\begin{cases} 5x + 7y = -1 \\ 3x - 7y = 33 \end{cases}$

b) $\begin{cases} 2x + 5y = 10 \\ 7x + 10y = 20 \end{cases}$

a) Sumando ambas ecuaciones desaparece la y:

$$8x = 32 \rightarrow x = 4$$

Sustituimos el valor de x en la 1.ª ecuación: $5 \cdot 4 + 7y = -1 \rightarrow y = -3$

Solución: $x = 4,\ y = -3$

b) Multiplicando la 1.ª ecuación por -2 obtenemos los mismos coeficientes en la y, pero con distintos signos:

$$\begin{cases} -4x - 10y = -20 \\ 7x + 10y = 20 \end{cases}$$

Sumando: $3x = 0 \rightarrow x = 0$

Sustituyendo: $2 \cdot 0 + 5y = 10 \rightarrow y = 2$

Solución: $x = 0,\ y = 2$

Piensa y practica

3 Resuelve por el método de reducción los siguientes sistemas:

a) $\begin{cases} 3x + 5y = 11 \\ 4x - 5y = 38 \end{cases}$ b) $\begin{cases} x + 3y = 5 \\ 5x + 7y = 13 \end{cases}$ c) $\begin{cases} x - 4y = 11 \\ 5x + 7y = 1 \end{cases}$ d) $\begin{cases} 6x + 3y = 0 \\ 3x - y = 3 \end{cases}$

Resolución de sistemas lineales con calculadora

Para trabajar con sistemas, selecciona MENÚ. Con la flecha ▶ busca la opción **A:Ecuación/Func** y pulsa la tecla ⊜. A continuación, elige **1:Sist ec lineal** e introduce el número de incógnitas.

Al elegir 2 incógnitas, aparece un sistema como este:

$$\begin{cases} 0x + 0y = 0 \\ 0x - 0y = 0 \end{cases}$$

Introduce los coeficientes y los términos independientes y, a continuación, pulsa la tecla ⊜. Puede ocurrir lo siguiente:

- Si el sistema es compatible, aparece el valor de la x. Al volver a presionar ⊜ se obtiene el valor de la y.
- Si es incompatible, aparece el mensaje: *Sin solución.*
- Si es indeterminado, nos responde: *Infinitas soluciones.*

anayaeducacion.es Refuerza la resolución de sistemas por el método más adecuado.

Reglas prácticas para resolver sistemas lineales

Si una o las dos ecuaciones del sistema tienen un aspecto complicado, empieza por «arreglarlas» hasta llegar a la expresión $ax + by = c$.

Recordemos algunas ventajas de los métodos aprendidos:

- El método de sustitución es especialmente útil cuando una de las incógnitas tiene coeficiente 1 o –1 en alguna de las ecuaciones.
- El método de igualación es parecido al de sustitución y se suele utilizar en las mismas circunstancias que este.
- El método de reducción es muy cómodo de aplicar cuando una incógnita tiene el mismo coeficiente en las dos ecuaciones o bien sus coeficientes son uno múltiplo del otro.

Ejercicios resueltos

1 ***Resolver este sistema:***

$$\begin{cases} \dfrac{x-1}{5} - \dfrac{x-y}{3} = \dfrac{2x+9y}{15} - 5 \\ -5(x+y-8) + 13 = -3y - 7 \end{cases} \qquad \begin{cases} 3(x-1) - 5(x-y) = 2x + 9y - 15 \cdot 5 \\ -5(x+y-8) + 13 = -3y - 7 \end{cases}$$

SUPRIMIMOS PARÉNTESIS — AGRUPAMOS TÉRMINOS Y SIMPLIFICAMOS

$$\begin{cases} 3x - 3 - 5x + 5y = 2x + 9y - 75 \\ -5x - 5y + 40 + 13 = -3y - 7 \end{cases} \qquad \begin{cases} x + y = 18 \\ 5x + 2y = 60 \end{cases}$$

Finalmente, resolvemos por cualquier método.

Solución: $x = 8,\ y = 10$

2 ***Resolver por reducción:***

$$\begin{cases} 3x + 7y = 14 \\ 5x - 8y = -9 \end{cases}$$

Podemos evitar las operaciones con fracciones aplicando dos veces el método de reducción para despejar una y otra incógnitas. Esto es muy útil cuando los coeficientes de las incógnitas son números grandes.

Para despejar la x:

(1.ª) · 8, (2.ª) · 7

$$\begin{cases} 24x + 56y = 112 \\ 35x - 56y = -63 \end{cases}$$

Sumamos: $59x = 49$

Para despejar la y:

(1.ª) · 5, (2.ª) · (–3)

$$\begin{cases} 15x + 35y = 70 \\ -15x + 24y = 27 \end{cases}$$

Sumamos: $59y = 97$

La solución, ahora, es inmediata: $x = \dfrac{49}{59},\ y = \dfrac{97}{59}$

Piensa y practica

4 Resuelve este sistema simplificando previamente:

$$\begin{cases} 5(x+3) - 2(y-1) = 3(5x-y) - 8x \\ \dfrac{x+1}{7} - \dfrac{y}{5} = 2 \end{cases}$$

5 Resuelve este sistema aplicando dos veces el método de reducción:

$$\begin{cases} 7x + 5y = 11 \\ 35x - 12y = 129 \end{cases}$$

6 ▸ SISTEMAS DE ECUACIONES NO LINEALES

Cuando alguna de las ecuaciones de un sistema no es lineal, se dice que el **sistema de ecuaciones** es **no lineal.**

Estos son algunos ejemplos de sistemas no lineales:

$$\begin{cases} x + y = 5 \\ x^2 + y^2 = 12 \end{cases} \qquad \begin{cases} x = 2y + 1 \\ \sqrt{x+1} - \sqrt{x-y} = 2 \end{cases} \qquad \begin{cases} \dfrac{1}{x} + \dfrac{1}{y} = 1 - \dfrac{1}{xy} \\ xy = 6 \end{cases}$$

En este curso solo resolveremos en esta unidad sistemas no lineales con ecuaciones cuadráticas (de segundo grado). A estos sistemas los llamaremos **sistemas cuadráticos.**

Los métodos que has estudiado para resolver sistemas lineales nos permitirán, casi sin esfuerzo adicional, resolver sistemas cuadráticos. Veamos dos ejemplos:

Ejercicios resueltos

1 ***Resolver por el método más conveniente:***

$$\begin{cases} y - x = 1 \\ x^2 + y^2 = 5 \end{cases}$$

Utilizamos el método de sustitución.

Despejamos y en la 1.ª ecuación: $y = x + 1$

Sustituimos en la 2.ª ecuación: $x^2 + (x + 1)^2 = 5$

Desarrollamos el paréntesis: $x^2 + x^2 + 2x + 1 - 5 = 0$

Agrupamos y simplificamos: $2x^2 + 2x - 4 = 0 \to x^2 + x - 2 = 0$

Resolvemos: $x = \dfrac{-1 \pm \sqrt{1+8}}{2} = \dfrac{-1 \pm 3}{2}$ $\begin{cases} x = 1 \\ x = -2 \end{cases}$

Si $x = 1$, entonces: $y = 1 + 1 = 2$

Si $x = -2$, entonces: $y = -2 + 1 = -1$

Solución: $\begin{cases} x_1 = 1, \ y_1 = 2 \\ x_2 = -2, \ y_2 = -1 \end{cases}$

2 ***Resolver este sistema:***

$$\begin{cases} x^2 + y^2 = 58 \\ x^2 - y^2 = 40 \end{cases}$$

Utilizamos el método de reducción.

Sumamos las dos ecuaciones: $2x^2 = 98 \to x^2 = 49 \to x = 7, \ x = -7$

Si $x = 7$, entonces: $y^2 = 58 - 7^2 = 9 \to y = 3, \ y = -3$

Si $x = -7$, entonces: $y^2 = 58 - (-7)^2 = 9 \to y = 3, \ y = -3$

Solución: $\begin{cases} x_1 = 7, \ y_1 = 3 \\ x_2 = 7, \ y_2 = -3 \\ x_3 = -7, \ y_3 = 3 \\ x_4 = -7, \ y_4 = -3 \end{cases}$

Piensa y practica

1 Resuelve estos sistemas dando su solución o señalando que no la tienen:

a) $\begin{cases} x + y = 6 \\ x^2 + y^2 - 20 \end{cases}$ b) $\begin{cases} x^2 + y^2 = 41 \\ x^2 - y^2 = 9 \end{cases}$ c) $\begin{cases} x + y = 16 \\ x^2 + y^2 = 64 \end{cases}$ d) $\begin{cases} x - y = 4 \\ x^2 - y^2 = 64 \end{cases}$

7 RESOLUCIÓN DE PROBLEMAS MEDIANTE SISTEMAS

Ten en cuenta

Un buen esquema sirve para relacionar los datos y las incógnitas.

Refuerza la traducción de enunciados.

Al traducir a lenguaje algebraico un problema algo complejo, suele ser más sencillo recurrir a un sistema de ecuaciones que a una única ecuación con una incógnita. Veamos los pasos que conviene dar:

① Identificar los elementos que intervienen y nombrar las incógnitas.

② Expresar mediante ecuaciones las relaciones existentes.

③ Resolver el sistema de ecuaciones resultante.

④ Interpretar la solución ajustándola al enunciado.

Problemas resueltos

1 ***Si a un determinado número de dos cifras se le resta el número que resulta de invertir su orden, se obtiene el triple de las decenas del número original. Si la suma de sus cifras es 15, ¿de qué número se trata?***

① Identificamos los elementos y nombramos las incógnitas. Queremos hallar las dos cifras de un número:

Cifra de las unidades → x

Cifra de las decenas → y

Es importante escribir bien el número original y el que resulta de invertir el orden de sus cifras:

Número original → $10y + x$

Número con las cifras invertidas → $10x + y$

② Expresamos mediante ecuaciones las relaciones entre las incógnitas.

$$\begin{cases} (10y + x) - (10x + y) = 3y \\ x + y = 15 \end{cases}$$

③ Resolvemos el sistema de ecuaciones. Para ello, «arreglamos» antes la primera ecuación:

$$(10y + x) - (10x + y) = 3y \to 10y + x - 10x - y - 3y = 0 \to -9x + 6y = 0 \to$$
$$\to 3x - 2y = 0$$

El sistema, por tanto, queda así:

$$\begin{cases} 3x - 2y = 0 \\ x + y = 15 \end{cases}$$

Sumando la primera más dos veces la segunda, se obtiene: $5x = 30 \to x = 6$

Sustituyendo en la segunda ecuación original: $6 + y = 15 \to y = 9$

④ *Solución:* El número buscado es el 96.

Piensa y practica

anayaeducacion.es GeoGebra. Resuelve los problemas «Las latas» y «Las mezclas».

1 Si al doble de un número de dos cifras se le resta el resultado de invertir el orden de las cifras del número original, se obtiene 31. Si la resta de las unidades menos las decenas es 3, ¿de qué número se trata?

2 Ayer, en una clase, había 10 chicos más que chicas. Hoy, que ha entrado una chica nueva, el número de chicos es el doble que de chicas. ¿Cuántos chicos y chicas había ayer en la clase?

7 RESOLUCIÓN DE PROBLEMAS MEDIANTE SISTEMAS

Problemas resueltos

2 ***Un bodeguero ha mezclado dos garrafas de vino, la primera, de mejor calidad, a 3 €/L y la segunda, de calidad inferior, a 2,20 €/L. De esta forma ha obtenido 16 L de un vino de calidad intermedia que sale a 2,50 €/L. ¿Qué cantidad de vino había en cada garrafa?***

Sean x los litros de vino de mejor calidad e y los de calidad inferior.

- Como hay 16 L de mezcla: $x + y = 16$
- Como la mezcla sale a 2,50 €/L, entonces: $3x + 2{,}20y = 2{,}50 \cdot 16$

Resolvemos el sistema: $\begin{cases} x + y = 16 \\ 3x + 2{,}20y = 40 \end{cases} \rightarrow \begin{cases} x = 16 - y \\ 3x + 2{,}20y = 40 \end{cases} \rightarrow$

$\rightarrow 3(16 - y) + 2{,}20y = 40 \rightarrow 48 - 3y + 2{,}20y = 40 \rightarrow 0{,}8y = 8 \rightarrow y = 10$

Sustituimos el valor de y en la 1.ª ecuación: $x = 16 - 10 = 6$

Había 6 L de vino en la primera garrafa y 10 L en la segunda.

3 ***Mariluz ha comprado un abrigo que estaba rebajado un 15 %. Jorge ha comprado otro abrigo 25 € más caro, pero ha conseguido una rebaja del 20 %, con lo que solo ha pagado 8 € más que Mariluz. ¿Cuál era el precio original de cada abrigo?***

Llamamos x al precio sin rebajar del abrigo de Mariluz e y al del abrigo de Jorge sin rebajar.

- Como el abrigo de Jorge es 25 € más caro que el de Mariluz: $y = x + 25$
- Como ha pagado 8 € más que Mariluz: $0{,}80y = 0{,}85x + 8$

Resolvemos el sistema: $\begin{cases} y = x + 25 \\ 0{,}80y = 0{,}85x + 8 \end{cases} \rightarrow 0{,}80(x + 25) = 0{,}85x + 8 \rightarrow$

$\rightarrow 0{,}80x + 20 = 0{,}85x + 8 \rightarrow 0{,}05x = 12 \rightarrow x = 240$

Sustituimos el valor de x en la 1.ª ecuación: $y = 240 + 25 = 265$

El abrigo de Mariluz costaba 240 €, y el de Jorge, 265 €.

4 ***La diagonal de un rectángulo mide 26 m, y el perímetro, 68 m. Calcular la medida de sus lados.***

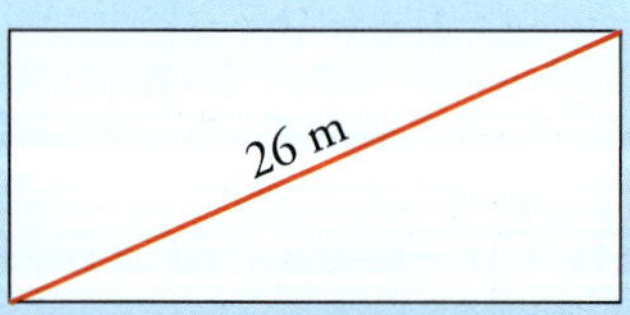

Llamamos x a la base del rectángulo e y a la altura.

- Como la diagonal mide 26 m, por el teorema de Pitágoras, $x^2 + y^2 = 26^2$.
- Como el perímetro mide 68 m, entonces $2x + 2y = 68 \rightarrow x + y = 34$

Resolvemos el sistema: $\begin{cases} x^2 + y^2 = 26^2 \\ x + y = 34 \end{cases} \rightarrow \begin{cases} x^2 + y^2 = 26^2 \\ x = 34 - y \end{cases} \rightarrow$

$\rightarrow (34 - y)^2 + y^2 = 26^2 \rightarrow 2y^2 - 68y + 480 = 0 \rightarrow y = 24,\ y = 10$

Sustituimos estos valores de y en la 2.ª ecuación:

Si $y = 24 \rightarrow x = 34 - 24 = 10$
Si $y = 10 \rightarrow x = 34 - 10 = 24$
Aunque haya dos soluciones, en realidad se trata de la misma.

Los lados del rectángulo miden 24 m y 10 m.

Piensa y practica

3 Hemos mezclado aceite de oliva de 3,50 €/L con aceite de girasol de 2 €/L para obtener 50 L de mezcla a 3,08 €/L. Calcula la cantidad de aceite de oliva y de aceite de girasol que hemos mezclado.

4 He pagado 90,50 € por una camisa y un jersey que costaban, entre los dos, 110 €. En la camisa me han rebajado un 20 %, y en el jersey, un 15 %. ¿Cuál era el precio original de cada artículo?

5 El perímetro de un triángulo isósceles es de 36 cm. La altura relativa al lado desigual mide 12 cm. Calcula la medida de los lados iguales.

Si llamas x a la mitad de la base, se simplifican mucho los cálculos.

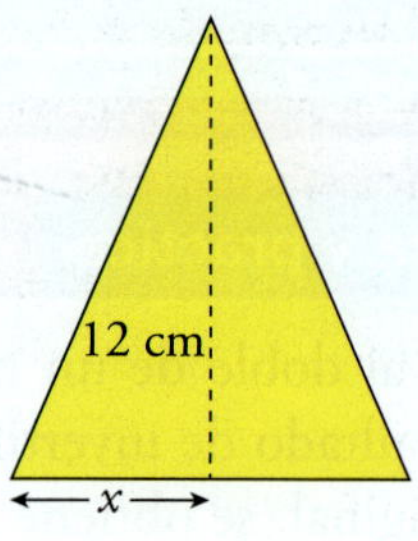

EJERCICIOS Y PROBLEMAS RESUELTOS

1 ¿Cuánto cuesta alquilar un coche?

El precio del alquiler de un coche depende del número de días que se alquila y de los kilómetros recorridos. Por 4 días y 580 km, pagué 151 €. Otra vez, por 3 días y 650 km, pagué 145,50 €. ¿Cuánto pagaré por 6 días y 350 km?

Llamamos x al precio por día de alquiler e y al precio por kilómetro recorrido.

- Por 4 días y 580 km pago 151 € $\rightarrow$ $4x + 580y = 151$
- Por 3 días y 650 km pago 145,50 € $\rightarrow$ $3x + 650y = 145{,}50$

Resolvemos el sistema por reducción:

$$\left.\begin{matrix} 4x + 580y = 151 \\ 3x + 650y = 145{,}50 \end{matrix}\right\} \xrightarrow[\times 4]{\times(-3)} \left.\begin{matrix} -12x - 1\,740y = -453 \\ 12x + 2\,600y = 582 \end{matrix}\right\}$$

$$860y = 129 \rightarrow y = 0{,}15 \rightarrow x = 16$$

El precio es 16 €/día y 0,15 €/km. Por 6 días y 350 km pagaré 148,50 €.

2 ¿Cuántos amigos son?

Un grupo de amigos quieren comprar un regalo a Ana por 12 € cada uno. Se suman tres amigos más, y poniendo 2 € menos, pueden comprar un regalo que es 14 € más caro. ¿Cuántos amigos son en total? ¿Cuánto ha costado el regalo?

Al principio son x amigos y el regalo que eligen cuesta y euros.

- Si cada uno pone 12 €, entonces: $12x = y$
- Después son $x + 3$ amigos, ponen 10 € cada uno y compran un regalo de $y + 14$ €. Por tanto: $10(x + 3) = y + 14$

Resolvemos el sistema por igualación:

$$\begin{cases} 12x = y \\ 10(x+3) = y + 14 \end{cases} \rightarrow \begin{cases} y = 12x \\ y = 10x + 16 \end{cases} \rightarrow 12x = 10x + 16 \rightarrow x = 8;\ y = 96$$

En total son 11 amigos y el regalo ha costado 110 €.

3 Dimensiones de un rectángulo

Un rectángulo tiene 44 m de perímetro. Si la base aumenta 3 m y la altura se reduce 2 m, su área no varía. ¿Cuáles son las dimensiones del rectángulo?

Hazlo tú El perímetro de un rectángulo es 24 cm. Si la base disminuye 2 cm y la altura aumenta 1 cm, el área disminuye 5 cm^2. Halla sus dimensiones.

Si llamamos x a la base e y a la altura, el perímetro del rectángulo es $2x + 2y$, y su área, xy. Al aumentar 3 m la base y disminuir 2 m la altura, las nuevas dimensiones son $(x + 3) \times (y - 2)$, y su área, $(x + 3)(y - 2)$.

El enunciado del problema nos lleva al siguiente sistema de ecuaciones:

$$\begin{cases} 2x + 2y = 44 \\ (x+3)(y-2) = xy \end{cases} \rightarrow \begin{cases} x + y = 22 \\ xy + 3y - 2x - 6 = xy \end{cases} \rightarrow \begin{cases} y = 22 - x \\ 3y - 2x = 6 \end{cases} \rightarrow$$

$$\rightarrow 3(22 - x) - 2x = 6 \rightarrow 66 - 3x - 2x = 6 \rightarrow 5x = 60 \rightarrow x = 12;\ y = 10$$

La base mide 12 m, y la altura, 10 m.

4 Trapecio

En un trapecio rectángulo, el lado oblicuo es igual a la diagonal menor, la base menor mide 3 m y el perímetro es de 18 m. Halla el lado oblicuo y la altura.

Hazlo tú Las diagonales de un rombo de 10 cm de lado suman 28 cm. ¿Cuánto mide cada diagonal?

Al trazar la diagonal menor, BD, obtenemos un triángulo isósceles, $\overline{BD} = \overline{CD} = x$. Su altura, $\overline{DH} = \overline{AB} = \text{h}$, divide a la base BC en dos partes iguales, $\overline{BH} = \overline{HC} = \overline{AD} = 3$ m.

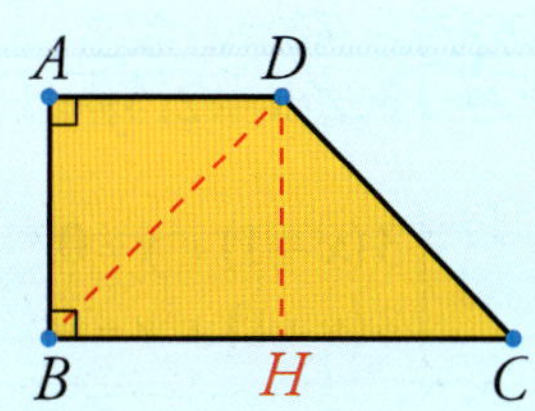

Perímetro = 18 $\rightarrow$ $3 + \text{h} + 6 + x = 18$. La altura, DH, es un cateto del triángulo rectángulo DBH, por tanto, $\text{h}^2 = x^2 - 3^2$. Resolvemos.

$$\begin{cases} \text{h} + x = 9 \\ \text{h}^2 = x^2 - 3^2 \end{cases} \rightarrow \begin{cases} \text{h} = 9 - x \\ \text{h}^2 = x^2 - 9 \end{cases} \rightarrow (9 - x)^2 = x^2 - 9 \rightarrow x = 5;\ \text{h} = 4$$

El lado oblicuo mide 5 m, y la altura, 4 m.

Recuerda seleccionar el material de trabajo de esta unidad para tu **portfolio**.

EJERCICIOS Y PROBLEMAS

Practica

1 Resuelve gráficamente los siguientes sistemas de ecuaciones:

a) $\begin{cases} 3x - y = 1 \\ x + 2y = 5 \end{cases}$ b) $\begin{cases} 3x - y = 0 \\ 3x + y = -6 \end{cases}$

c) $\begin{cases} x + 3y = -5 \\ 2x - y = 4 \end{cases}$ d) $\begin{cases} 2x - 3y = -4 \\ x + 8y = -2 \end{cases}$

2 Resuelve por sustitución.

a) $\begin{cases} x + 3y = 0 \\ 2x + y = -5 \end{cases}$ b) $\begin{cases} 8x - 3y = -25 \\ x - 5y = -17 \end{cases}$

c) $\begin{cases} 7x - y = -6 \\ 4x + 3y = 3 \end{cases}$ d) $\begin{cases} 2x + 16 = 2y \\ 2y - 3x = 16 \end{cases}$

3 Resuelve por igualación.

a) $\begin{cases} 3x - y = 1 \\ 2x + y = -1 \end{cases}$ b) $\begin{cases} x + 3y = -4 \\ x - 2y = 6 \end{cases}$

c) $\begin{cases} y = 6x \\ 7x = 2y - 5 \end{cases}$ d) $\begin{cases} 3x - 4y = -4 \\ 2x + y = -1 \end{cases}$

4 Resuelve por reducción.

a) $\begin{cases} 4x - 3y = 2 \\ 2x + y = -4 \end{cases}$ b) $\begin{cases} x + 2y = 1 \\ 3x - y = 7 \end{cases}$

c) $\begin{cases} 2x + 3y = 1 \\ 4x - 5y = -9 \end{cases}$ d) $\begin{cases} 3x - 2y = 19 \\ 4x + 3y = -3 \end{cases}$

5 Resuelve los siguientes sistemas. Indica si alguno de ellos es incompatible o indeterminado:

a) $\begin{cases} 2x - 5y = -2 \\ 3{,}25x - 2{,}5y = 8 \end{cases}$ b) $\begin{cases} 0{,}2x - 1{,}7y = 6{,}1 \\ 1{,}23x + 0{,}8y = 3{,}75 \end{cases}$

c) $\begin{cases} 3(x-1) + y = 0 \\ 3(x+1) + y = -5 \end{cases}$ d) $\begin{cases} x + y = 4 - y \\ 3x - 5 = 7 - 6y \end{cases}$

6 Resuelve los siguientes sistemas de ecuaciones aplicando dos veces el método de reducción para despejar cada una de las incógnitas:

a) $\begin{cases} 3x + 2y = 10 \\ 2x + 3y = 5 \end{cases}$ b) $\begin{cases} -4x + 5y = -14 \\ 3x + 7y = -11 \end{cases}$

7 Observa y compara las ecuaciones que forman estos sistemas y di cuál de ellos tiene una única solución, cuál no tiene solución y cuál tiene infinitas soluciones. Compruébalo representando las rectas que los forman:

a) $\begin{cases} 2x - y = 1 \\ 4x - 2y = 8 \end{cases}$ b) $\begin{cases} x - 2y = 5 \\ 2x - 4y = 10 \end{cases}$

c) $\begin{cases} 5x + 2y = -1 \\ 4x - y = 7 \end{cases}$ d) $\begin{cases} x - 2y = 5 \\ 2x - 4y = -3 \end{cases}$

8 Simplifica y resuelve.

a) $\begin{cases} 2x + y = 0 \\ 5x - 3 = 9y - 3 \end{cases}$ b) $\begin{cases} 2(3x - 2) = y - 1 \\ 3(x + y) + 2(x - y) = 8 \end{cases}$

c) $\begin{cases} \dfrac{x}{3} - \dfrac{y}{2} = 4 \\ \dfrac{x}{2} + \dfrac{y}{4} = 2 \end{cases}$ d) $\begin{cases} 3(x+1) + 2(y-3) = 8 \\ 4(7 - 2x) - (2y - 5) = -3 \end{cases}$

9 Simplifica y elige el método más adecuado para su resolución.

a) $\begin{cases} \dfrac{x}{7} = \dfrac{y}{5} \\ 3x - y = 24 \end{cases}$ b) $\begin{cases} \dfrac{2x}{3} = \dfrac{3y}{4} \\ x + 2y = 50 \end{cases}$

c) $\begin{cases} \dfrac{2-x}{3} + \dfrac{3+y}{6} = 2 \\ \dfrac{8-3x}{6} - \dfrac{2+y}{9} = 2 \end{cases}$ d) $\begin{cases} \dfrac{x-1}{2} + \dfrac{y+1}{4} = 1 \\ \dfrac{2x-1}{2} - \dfrac{2y+1}{6} = 1 \end{cases}$

10 Resuelve.

a) $\begin{cases} \dfrac{7}{3}x + \dfrac{3}{4}y = 41 \\ -\dfrac{3}{5}x + \dfrac{5}{2}y = 11 \end{cases}$ b) $\begin{cases} \dfrac{1}{5}x - 0{,}3y = \dfrac{6}{5} \\ 0{,}4x + \dfrac{7}{5}y = -1{,}6 \end{cases}$

c) $\begin{cases} \dfrac{x+15}{8} + \dfrac{3(y+1)}{16} = 3 \\ \dfrac{7-x}{2} - \dfrac{1+y}{12} = 3 \end{cases}$ d) $\begin{cases} \dfrac{3x+11}{4} - \dfrac{y+1}{3} = \dfrac{23}{6} \\ \dfrac{2x-1}{2} - \dfrac{y+3}{4} = \dfrac{1}{4} \end{cases}$

11 Resuelve por sustitución.

a) $\begin{cases} x - y = 2 \\ x^2 - y^2 = 16 \end{cases}$ b) $\begin{cases} x + y = 1 \\ 2x^2 - y^2 = 2 \end{cases}$

c) $\begin{cases} x - y = 5 \\ (x-3)^2 + 2y^2 = 11 \end{cases}$ d) $\begin{cases} x + y = 9 \\ x^2 + y^2 = 41 \end{cases}$

12 Resuelve por sustitución.

a) $\begin{cases} x + y = 8 \\ xy + x^2 = 24 \end{cases}$ b) $\begin{cases} 2x + y = 1 \\ xy = -3 \end{cases}$

c) $\begin{cases} 2x - 3y = 1 \\ 2xy = 24 \end{cases}$ d) $\begin{cases} 3x - 2y = 0 \\ xy = 24 \end{cases}$

13 Resuelve por reducción.

a) $\begin{cases} 2x^2 - y^2 = 2 \\ x^2 + y^2 = 25 \end{cases}$ b) $\begin{cases} x^2 + 3y^2 = 13 \\ 2x^2 - y^2 = -2 \end{cases}$

c) $\begin{cases} 3x^2 - 2y^2 = -2 \\ 2x^2 + 3y^2 = 3 \end{cases}$ d) $\begin{cases} x^2 + y^2 = 17 \\ x^2 - y^2 = -25 \end{cases}$

Resuelve problemas

14 La diferencia de dos números es 24. Si le sumamos 8 a cada uno, se obtienen otros dos tales que el mayor es triple del menor. ¿De qué números se trata?

15 El precio de un museo es 7 € la entrada adulta y 3 € la infantil. El martes visitaron el museo 235 personas y se recaudaron 1 485 €. ¿Cuántas entradas adultas y cuántas infantiles se vendieron?

16 En una panadería, Alicia compra 4 bollos y 3 chocolatinas por 8,75 €. Si Pedro paga lo mismo por 3 bollos y 4 chocolatinas, ¿cuánto cuesta un bollo? ¿Y una chocolatina?

17 El presupuesto de una biblioteca es de 100 € para libros y discos. Si compran 3 libros y 4 discos, sobran 5 €, y si compran 4 libros y 4 discos, faltan 10 €. Halla el precio de un libro y el de un disco.

18 De los 1 200 estudiantes de un centro escolar, un grupo de 333 participan en una actividad deportiva. Ese grupo está compuesto por el 30 % de las chicas y el 25 % de los chicos del centro. ¿Cuántas chicas y cuántos chicos hay en ese centro?

19 En un test de 50 preguntas, por cada una acertada te dan 4 puntos y por cada una errónea o no contestada te restan 3 puntos. Si mi nota ha sido el 58 % de la puntuación máxima que se puede obtener, ¿cuántos aciertos y cuántos fallos he tenido?

20 El área de un trapecio es 64 cm^2. Si sus bases se diferencian en 4 cm y tiene 6 cm de altura, ¿cuánto miden sus bases?

21 Halla una fracción tal que si se le suma una unidad al numerador y se deja el mismo denominador la fracción es igual a 1/2. Y si se mantiene el numerador inicial y se suman 3 unidades al denominador, la fracción es igual a 1/3.

22 Sabemos que dos números suman 34. Si al mayor lo dividimos entre 3 y al menor entre 4, los resultados obtenidos se diferencian en 2 unidades. Halla dichos números.

23 La edad de Carmen es el triple de la de su hija Maite. Pero dentro de 15 años será el doble de la que entonces tenga su hija. ¿Cuál es la edad de cada una?

24 Hace tres años, la edad de Rubén era el doble de la de Marta. Dentro de 7 años, será de 4/3 de la que entonces tenga Marta. Calcula sus edades.

25 He cambiado un montón de monedas de 20 céntimos por monedas de 1 €, de manera que ahora tengo 24 monedas menos que antes. ¿Cuántas monedas de 20 céntimos tenía?

26 Tengo dos tabletas de chocolate, una contiene el 60 % de cacao, y la otra, el 85 %. ¿Qué cantidad tendré que fundir de cada tableta para obtener una mezcla de 300 g con un 75 % de cacao?

27 Hemos mezclado aceite de oliva de 3,50 €/L con aceite de girasol de 2 €/L para obtener 50 L de mezcla a 3,08 €/L. Calcula la cantidad de aceite de oliva y de aceite de girasol que hemos mezclado.

28 Entre dos autobuses viajan 120 personas. Si del más lleno se trasladan los 2/5 al otro, los dos llevarán el mismo número de personas. ¿Cuántas personas llevaba cada autobús?

29 Una empresa recibe el encargo de fabricar cierto número de macetas para una fecha determinada. Al planificar la producción, la gerente advierte que si se fabricasen 250 macetas diarias, faltarían 150 macetas al concluir el plazo. Pero que si se fabricasen 260 macetas diarias, sobrarían 80. ¿Cuántos días de plazo tenían y cuántas macetas les encargaron?

30 Por un pantalón y unos zapatos, he pagado 126 €. Si el precio del pantalón aumentara en un 14 %, entonces sería el 75 % del precio de los zapatos. ¿Cuánto pagué por cada uno?

31 Si te doy 4 de mis libros, tú tendrás el doble que yo. Si tú me das 6 de los tuyos, yo tendré el doble que tú. ¿Cuántos libros tenemos cada uno?

32 Un autobús sale de A a 90 km/h. Cuando ha recorrido 25 km, sale de A un coche a 110 km/h que quiere alcanzar al autobús. ¿Cuánto tiempo tarda en hacerlo y qué distancia recorre hasta conseguirlo?

33 Dos ciudades, A y B, distan 234 km. De A sale un autobús en dirección a B y simultáneamente sale de B un tren en dirección a A. Tardan en cruzarse 1 h y 30 min. ¿Cuál es la velocidad de cada uno si la del autobús supera a la del tren en 5 km/h?

34 Un autobús escolar hace la ruta entre dos pueblos, A y B. Cuando va lleno lleva una velocidad media de 60 km/h y tarda 15 min más que si va vacío. Si cuando va vacío va a 100 km/h, ¿cuál es la distancia entre A y B?

35 Una empresa alquila dos tipos de coches: de 7 plazas y de 5 plazas. Un día se alquilan 11 coches en los que viajan 65 personas con todas las plazas ocupadas. ¿Cuántos coches de cada tipo alquiló?

Si otro día también se alquilaron 11 coches con todas las plazas ocupadas en los que viajaron 2 personas menos, ¿hubo el mismo número de coches de cada tipo que la vez anterior?

36 El perímetro de un rectángulo es 43,4 cm y su área, 112,2 cm^2. Halla sus dimensiones.

37 La diferencia de dos números es 2, y la de sus cuadrados, 20. Halla esos números.

38 La diagonal de un rectángulo mide 15 cm, y su perímetro, 42 cm. Calcula sus lados.

39 El perímetro de un rectángulo es 18 cm. Si cada uno de sus lados aumenta 1 cm, su área aumenta 10 cm^2. ¿Cuántos rectángulos cumplen esta condición?

40 Las diagonales de un rombo están en proporción 4 a 3. Si su área es 216 cm^2, ¿cuánto mide su lado?

41 Si a un número de dos cifras le restamos el que resulta de invertir el orden de estas, obtenemos el doble de la cifra de las decenas del número inicial.

Hállalo sabiendo que sus cifras suman 16.

42 Halla un número de dos cifras tal que la suma de sus cifras sea 9 y que su triple sea 9 unidades mayor que el número que se obtiene al invertir sus cifras.

43 El perímetro de este triángulo mide 50 cm. Halla la longitud de sus lados.

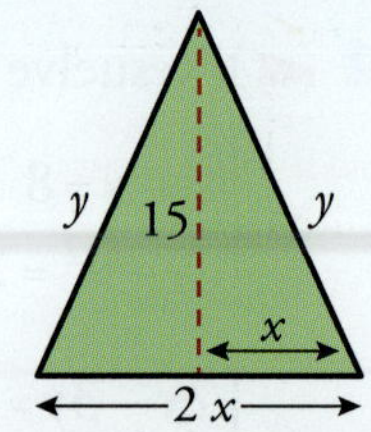

44 Observa la siguiente figura:

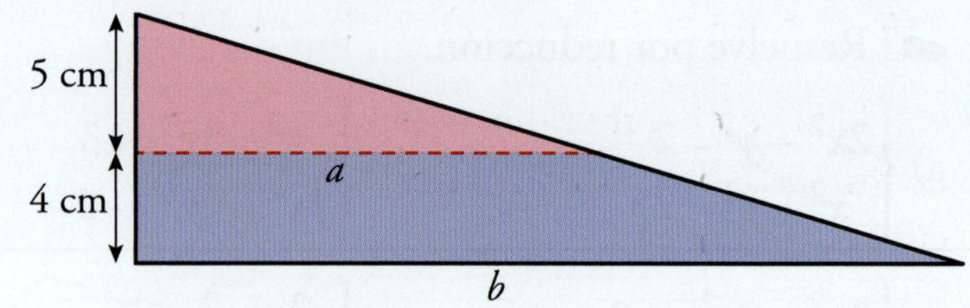

a) Utiliza el teorema de Tales para expresar la relación entre a y b.

b) Calcula a y b para que el trapecio tenga 56 cm^2 de superficie.

Resuelve: un poco más difícil

45 Si la base de un rectángulo disminuye 80 cm y su altura aumenta 20 cm, se convierte en un cuadrado. Y si la base disminuye 60 cm y la altura aumenta 20 cm, su área disminuye 400 cm^2. Halla las dimensiones del rectángulo.

46 Los cuatro primeros términos de una progresión aritmética son a, 9, $3a - b$ y $3a + b$. ¿Cuál es el término que ocupa el lugar 187 en esta progresión?

47 ¿Cuánto mide la altura del triángulo que parte de B? Todas las medidas están dadas en centímetros.

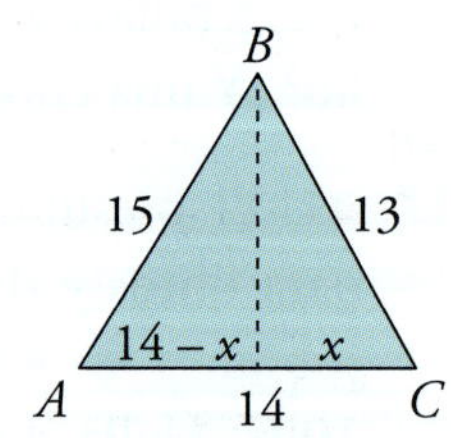

48 Seis personas a, b, c, d, e y f, están sentadas en una mesa redonda. Cada una de ellas escribe un número y se lo enseña a las dos que tiene a su lado. Después, cada una dice en voz alta la media de los dos números que le han enseñado. Si los resultados fueron 5, 6, 7, 8, 9 y 10, ¿cuáles fueron los números que escribieron?

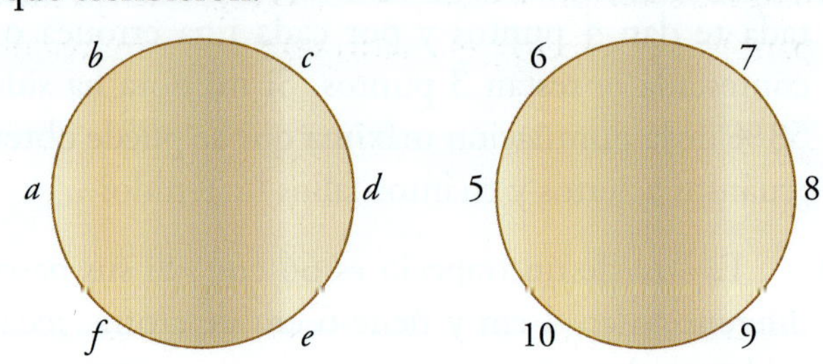

49 Resuelve los sistemas de ecuaciones siguientes:

a) $\begin{cases} x - 3 = 0 \\ 2x - 3y = 9 \\ x + y - z = 1 \end{cases}$ b) $\begin{cases} 3x - 2y + z = 4 \\ x + y = 5 \\ z - 3 = 1 \end{cases}$

c) $\begin{cases} x + y = z \\ x - y = z \\ x + z = -4 \end{cases}$ d) $\begin{cases} x + y = 5 \\ x + y + z = 3 \\ y + z = 2 \end{cases}$

50 Una pieza mecánica está formada por tres cilindros, cuyas secciones se ven en esta figura.

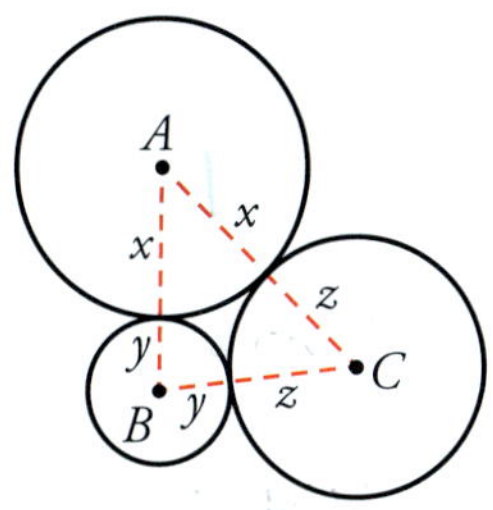

Las distancias entre los centros de las bases de los cilindros son: $\overline{AB} = 14$ cm; $\overline{AC} = 17$ cm; $\overline{BC} = 13$ cm.

¿Cuál es el radio de cada cilindro?

51 Si multiplicamos por 8 la suma de las dos cifras de un número, obtenemos dicho número. Hállalo.

Reflexiona

52 a) Busca tres soluciones de $2x - y = 3$.

b) Dibuja en los mismos ejes $2x - y = 3$ y $x + y = 0$, y di cuál es la solución del sistema que forman.

53 Escribe un sistema de dos ecuaciones con dos incógnitas cuya única solución sea $x = 2$, $y = -1$.

54 ¿Cuál debe ser el valor de m para que los sistemas a) y b) sean equivalentes?

a) $\begin{cases} 2x - 3y = 1 \\ x + y = 8 \end{cases}$ b) $\begin{cases} x - y = m \\ y = 3 \end{cases}$

55 ¿Es $x = 3$, $y = 1$ solución de alguno de estos sistemas?

a) $\begin{cases} x + y = 4 \\ x - 2y = 1 \\ 2x - 6y = 0 \end{cases}$ b) $\begin{cases} x - y = 2 \\ 2x - 3y = 3 \\ x + y = 5 \end{cases}$

56 Completa estos sistemas de modo que el primero tenga la solución $x = 3$, $y = -2$; el segundo sea incompatible, y el tercero y el cuarto sean indeterminados:

a) $\begin{cases} 3x + 2y = \ldots \\ \ldots - y = 8 \end{cases}$ b) $\begin{cases} x + y = 5 \\ 2x + 2y = \ldots \end{cases}$

c) $\begin{cases} 3x - 2y = 4 \\ 6x - 4y = \ldots \end{cases}$ d) $\begin{cases} -x + 2y = 7 \\ \ldots - 4y = \ldots \end{cases}$

57 ¿Verdadero o falso? Justifica tus respuestas.

a) La ecuación $\frac{x}{3} - \frac{1}{x} = 1$ es una ecuación lineal.

b) El sistema $\begin{cases} 3x - y = 5 \\ -6x + 2y = -10 \end{cases}$ es indeterminado.

c) Los sistemas S_1: $\begin{cases} x + y = 3 \\ x - 2y = 6 \end{cases}$ y S_2: $\begin{cases} x + y = 3 \\ 2x - y = 9 \end{cases}$ son equivalentes.

d) La ecuación $5x + 3y = 18$ no tiene solución.

58 Observa la representación de las rectas r_1, r_2, r_3 y r_4 y responde sin resolver.

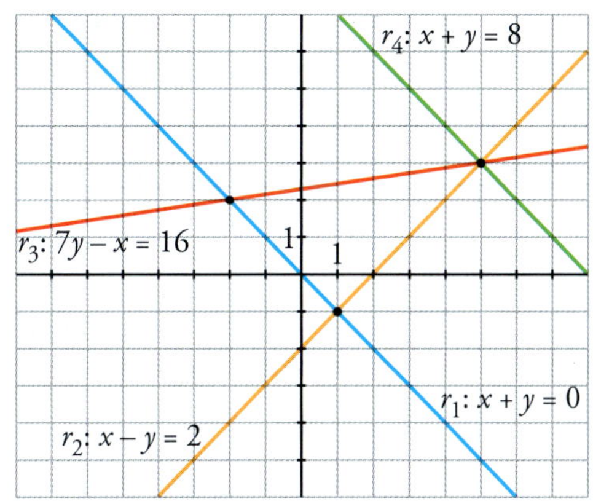

a) ¿Cuál es la solución de los siguientes sistemas de ecuaciones? ¿Alguno es incompatible o indeterminado?

i) $\begin{cases} x + y = 0 \\ x - y = 2 \end{cases}$ ii) $\begin{cases} x - y = 2 \\ 7y - x = 16 \end{cases}$ iii) $\begin{cases} x + y = 0 \\ x + y = 8 \end{cases}$

b) ¿Alguno de estos sistemas tiene solución?

I) $\begin{cases} x + y = 0 \\ x - y = 2 \\ 7y - x = 16 \end{cases}$ II) $\begin{cases} x + y = 8 \\ x - y = 2 \\ 7y - x = 16 \end{cases}$

59 ¿Qué valores deben tomar a y b para que el siguiente sistema tenga infinitas soluciones?

$$\begin{cases} 3x + 2y = 5 \\ ax + by = 15 \end{cases}$$

Escribe tres soluciones del sistema.

60 ¿Qué condición deben cumplir c y d para que este sistema no tenga solución?

$$\begin{cases} 3x + 2y = c \\ 6x + 4y = d \end{cases}$$

UTILIZA EL LENGUAJE ALGEBRAICO

Peaje solo para algunos

Hace muchos, muchos años, allá en el tiempo de las espadas, había un poderoso señor cuyo castillo dominaba el único puente sobre el río del lugar.

Un buen día colocó en la entrada del puente el cartel de la derecha.

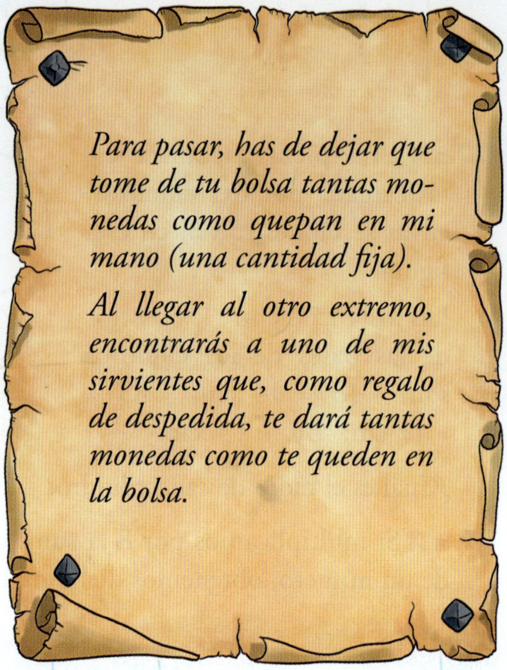

Un campesino, algo ambicioso, reunió sus ahorros y se empeñó en pasar varias veces por el puente. Pero a la tercera se encontró con la bolsa vacía.

Sin embargo, un rico comerciante intentó hacer lo mismo pero el señor del castillo, al ver su bolsa, le dijo que el trato era solo para campesinos. Que los ricos comerciantes debían pagar tres doblones y marchar, sin más.

Sabiendo que el campesino reunió más de 10 pero menos de 20 doblones:

- ¿Cuántas monedas tomaba cada vez el señor del castillo?
- ¿Cuántas monedas llevaba, al menos, el rico comerciante?

Quizá te resulte más fácil si utilizas el lenguaje algebraico.

	ENTRA CON...	PEAJE	TRAS EL PEAJE	SALE CON...
PRIMERA VEZ	x	a	$x - a$	$2x - 2a$
SEGUNDA VEZ	$2x - 2a$	a	$2x - 3a$	?
TERCERA VEZ	?	?	?	0

INVESTIGA

Cuadrado mágico

Ya sabes que en un cuadrado mágico, filas, columnas y diagonales suman lo mismo. Trata ahora de completar las casillas vacías para que el cuadrado de la derecha resulte mágico.

3		
		1
	5	

Ayuda:

3		
	a	1
	5	b

→

3	$b - 2$	$a + 2$
$b + 2$	a	1
$a - 2$	5	b

→ $3 + a + b = (a - 2) + a + (a + 2)$

Si profundizas en el problema, descubrirás la relación que debe existir entre a *y* b*. Y eso te permitirá encontrarle muchas soluciones.*

ENTRÉNATE RESOLVIENDO OTROS PROBLEMAS

- En un salón de té solo se sirve té y tarta. Cada té vale 1,10 € y cada ración de tarta 2,10 €. Varias personas realizan, todas ellas, la misma consumición. La cuenta asciende a un total de 30,10 €. ¿Cuántas eran? ¿Qué tomó cada una?
- Un hacendado contrata a un sirviente por un sueldo anual de una capa y 25 monedas de oro. A los cinco meses se despide, y recibe como pago la capa y cuatro monedas de oro. ¿En cuántas monedas está valorada la capa?
- Estas nueve bolas de billar tienen exactamente el mismo tamaño y todas pesan lo mismo salvo una que pesa un poco más.

¿Cuántas pesadas necesitarías hacer para descubrir, con absoluta seguridad, cuál es la bola que pesa más?

AUTOEVALUACIÓN

anayaeducacion.es Resoluciones de estos ejercicios.

1 Di cuál de los siguientes sistemas tiene una solución, cuál es incompatible y cuál es indeterminado:

a) $\begin{cases} 6x - 3y = 9 \\ 2x - y = 3 \end{cases}$ b) $\begin{cases} x - y = 2 \\ 2x + y = 7 \end{cases}$

c) $\begin{cases} x + 3 = 0 \\ 2y + 6 = 0 \end{cases}$ d) $\begin{cases} 2x + y = 5 \\ 4x + 2y = 9 \end{cases}$

2 Resuelve los siguientes sistemas:

a) $\begin{cases} \dfrac{x+1}{3} + y = 1 \\ \dfrac{x-3}{4} + 2y = 1 \end{cases}$ b) $\begin{cases} 1,5x + 0,25y = -2 \\ 2x - 0,5y = -6 \end{cases}$

c) $\begin{cases} x^2 - y^2 = 0 \\ 3x - y = 4 \end{cases}$ d) $\begin{cases} x + y = 13 \\ xy - x^2 = 15 \end{cases}$

3 Aplica el método de reducción para resolver el sistema siguiente:

$$\begin{cases} 7x + 2y = 12 \\ 11x - 3y = -61 \end{cases}$$

4 La diferencia entre las longitudes de las bases de un trapecio isósceles es de 4 cm; su altura mide 9 cm y su área es de 72 cm^2. Calcula la medida de las bases.

5 Una agricultora comprueba que en el segundo de sus dos depósitos de agua para riego hay 10 litros más que en el primero. Traspasa 18 litros del segundo al primero y así este se queda con el doble que el segundo. Calcula la cantidad de agua que tenía cada depósito.

6 Al mezclar un bote de un café de 7,50 €/kg con un saco de otro de 2,50 €/kg, se obtienen 16 kg de un café de 3,75 €/kg. ¿Qué cantidad de cada café se ha mezclado?

7 He pagado 83 € por una cazadora y unos deportivos. En la cazadora me han rebajado el 20 % y en los deportivos el 10 %, y así me he ahorrado 17 €. ¿Cuáles eran los precios sin rebajar?

8 Las medidas de las diagonales de un rombo suman 68 cm y su lado mide 26 cm. Halla las medidas de las diagonales de este rombo.

Compromiso ODS Visualiza el vídeo Meta 5.8, piensa en una acción con la que podrías contribuir al logro de esa meta y comprométete a llevarla a cabo.

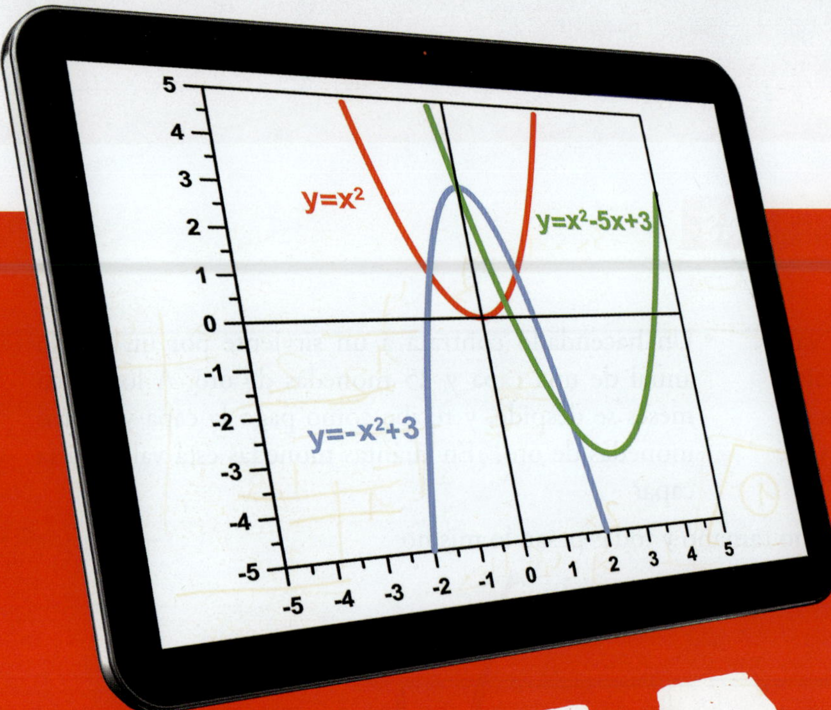

FUNCI

BLOQUE 3

ONES

8

FUNCIONES. CARACTERÍSTICAS

Primeros acercamientos a la noción de función

Las primeras referencias conocidas que se acercan algo a la idea de función vienen de la Antigüedad y están relacionadas con la astronomía.

En Babilonia manejaban tablas con las que trataban de predecir fenómenos que se repetían periódicamente, como los movimientos lunares y planetarios.

En el siglo II a. C., el matemático griego **Ptolomeo** estudió también relaciones entre algunas variables, pero su concepción distaba mucho del concepto de función.

Antecedentes de las funciones

Podemos atribuir a **Nicolás de Oresme** (1323-1382) la primera aproximación al concepto de función. Fue el primero que describió las leyes de la naturaleza como relaciones de dependencia entre dos magnitudes.

A finales del siglo XVI, el italiano **Galileo** dio un paso más: consideró imprescindible medir, valorar cuantitativamente causas y efectos, y buscar alguna relación matemática que describiera con sencillez un fenómeno. Desarrolló de manera sistemática esta actitud experimental y supo exponerla y transmitirla con gran elocuencia.

Un experimento de Galileo

Galileo, con 17 años, mientras asistía a misa en la catedral de Pisa, se distrajo observando las oscilaciones de una inmensa lámpara que colgaba del techo. Intentó cuantificar el tiempo de cada oscilación tomando sus pulsaciones como unidad de medida. Más tarde, en su casa, completó la experimentación con péndulos de distintas longitudes.

Aparición de las funciones

Las investigaciones de Galileo sobre las relaciones matemáticas entre dos variables (x e y, causas y efectos) son un antecedente del concepto de función que, como objeto de estudio independiente, fue tomando forma a lo largo del siglo XVII de la mano de grandes matemáticos como **Descartes, Newton** y **Leibniz.** Finalmente, en el siglo XVIII, el matemático suizo **Euler** presentó una definición rigurosa similar a la que se utiliza actualmente.

Galileo Galilei (1564-1642)

Resuelve

1 El matemático que introdujo la notación $f(x)$, que utilizamos hoy en día para el manejo de funciones, fue Leonhard Euler. Busca información de su vida y de sus logros en el campo de las matemáticas.

2 Supón que realizamos un experimento similar al del joven Galileo, con el péndulo, y obtenemos los siguientes resultados (siendo «l» la longitud del péndulo (en m) y «n» el número de oscilaciones por minuto):

l	2	1,50	1,20	1	0,80	0,60	0,40	0,20
n	21	24,5	27,5	30	33,5	38,5	47,5	67

Representa estos datos en tu cuaderno elaborando un sistema de referencia como el que te presentamos a continuación. Comprueba que los valores de la tabla responden bastante bien a la relación: $n = \dfrac{30}{\sqrt{l}}$

1 LAS FUNCIONES Y SUS GRÁFICAS

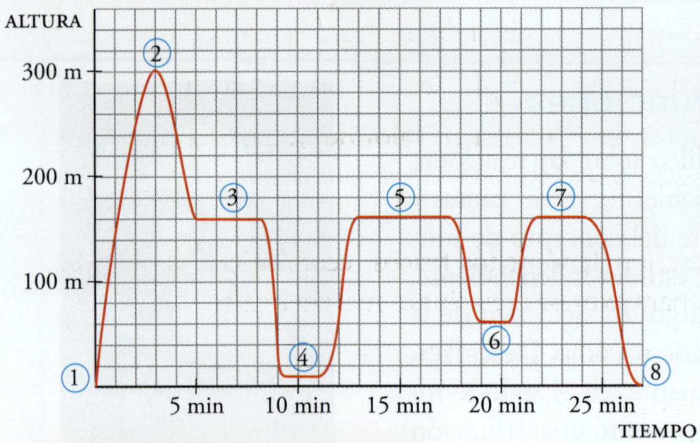

En la extinción de un incendio, un helicóptero realiza los siguientes movimientos: ① Sale de la base. ② Sube a una cierta altura para tomar perspectiva. ③ Baja a altura de crucero y viaja hasta el embalse. ④ Baja al embalse a llenar los tanques de agua. ⑤ Sube a altura de crucero y viaja hasta el incendio. ⑥ Baja a apagar el fuego. ⑦ Sube a altura de crucero y viaja de vuelta a la base. ⑧ Desciende a la base.

La gráfica que describe el vuelo del helicóptero relaciona dos variables: el tiempo, t, que ha transcurrido desde que salió de la base, y la altura, a, a la que se encuentra el aparato.

$$\text{tiempo } (t) \rightarrow \text{altura } (a)$$

Observa

Analizando la gráfica, apreciamos las subidas y bajadas del aparato en su vuelo, y podríamos describirlas con cierto detalle.

No lo olvides

En la **descripción cualitativa** se atiende a **cómo** varía una variable respecto a la otra.

En la **descripción cuantitativa** se puede precisar **cuánto** varía.

→ DOS VARIABLES, DOS EJES

La representación se ha hecho en un diagrama cartesiano:

- En el **eje horizontal,** el tiempo, t.
- En el **eje vertical,** la altura, a.

Cada punto de la gráfica representa un *tiempo* y una *altura,* y significa que en ese instante el helicóptero está a esa altura.

→ ESCALA

En cada eje de la gráfica hay una **escala:**

- En el eje horizontal, un cuadradito significa 1 minuto.
- En el eje vertical, un cuadradito significa 20 metros.

Las escalas de los ejes nos permiten no solo describir cualitativamente el vuelo, sino también cuantificarlo. Por ejemplo: la altura máxima alcanzada por el helicóptero durante la misión es de 300 m, y la alcanza a los 3 minutos.

→ DOMINIO DE DEFINICIÓN Y RECORRIDO

Solo tenemos información del vuelo del helicóptero desde el minuto 0 al 27. El intervalo 0-27 se llama **dominio de definición** de la función.

La altura a la que se encuentra el helicóptero oscila entre 0 m y 320 m. Al tramo 0-320 se le llama **recorrido** de la función.

Piensa y practica

1 Observa la gráfica del helicóptero y responde:

a) ¿Cuánto tiempo ha empleado en realizar la misión?

b) ¿A qué altura estaba a los 20 min? ¿A qué altura baja a coger agua? ¿Y para apagar el fuego?

c) ¿Cuánto tiempo necesita para llenar de agua el depósito? ¿Y para soltarla sobre el fuego?

d) ¿A qué velocidad media (en m/min) sube desde que sale de la base hasta que llega a 300 m de altura?

2 Representa en unos ejes cartesianos los 30 minutos que ha estado en inmersión un buceador: sale del barco; baja hasta 36 m; se queda un rato recreándose con los corales; sube un poco y juega con unos delfines; vuelve a bajar porque ha visto una morena y, por último, se queda 2 min a 10 m de profundidad, antes de volver al barco, para realizar la descompresión.

En el eje horizontal, da 2 min a cada cuadradito. En el vertical (solo la parte negativa), 5 m por cuadradito.

Definiciones

Una **función** es una relación entre dos variables a las que, en general, llamaremos x e y.

- x es la **variable independiente** (en el ejemplo del helicóptero, el tiempo).
- y es la **variable dependiente** (en el ejemplo del helicóptero, la altura).
- La función asocia a cada valor de x **un único** valor de y. Se dice que y es función de x y se representa $\boldsymbol{y = f(x)}$**.**

Las funciones sirven para describir fenómenos físicos, económicos, biológicos, sociológicos o, simplemente, para expresar relaciones matemáticas:

— La *distancia recorrida* por un móvil al pasar el *tiempo*.

— La *temperatura* del aire al variar la *altura*.

— El *área* de un cuadrado al variar la *longitud de su lado*.

Función de...

La expresión «es función de…» significa «depende de…».

- La distancia recorrida **es función** del tiempo (depende del tiempo).

  tiempo (t) → distancia (d)
- La temperatura del aire **es función** de la altura (depende de la altura).

  altura (a) → temperatura (t)
- El área de un cuadrado **es función** de su lado (depende del lado).

  lado (l) → área (A)

Representación gráfica

Visualizamos el comportamiento de una función con su representación gráfica:

- Sobre unos **ejes cartesianos** representamos las dos variables:

  — La x sobre el eje horizontal (eje de **abscisas**).

  — La y sobre el eje vertical (eje de **ordenadas**).
- Cada punto de la gráfica tiene dos **coordenadas,** su abscisa x y su ordenada y.
- El tramo de valores de x para los cuales hay valores de y se llama **dominio de definición** de la función. Y el conjunto de los valores y que toma la función se llama **recorrido.**
- Los ejes deben estar graduados en sendas escalas, de modo que se puedan cuantificar los valores de las dos variables.

anayaeducacion.es Refuerza: funciones e interpretación de sus gráficas.

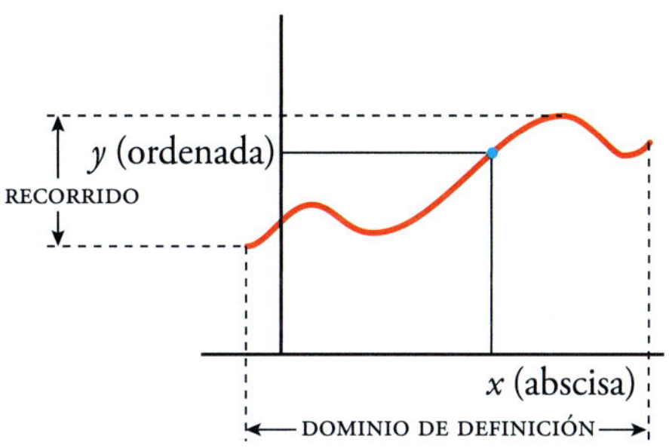

Piensa y practica

3 Dos hermanas y dos hermanos de una familia van al mismo centro de estudios. Observa la gráfica distancia (d) - tiempo (t) de cada uno:

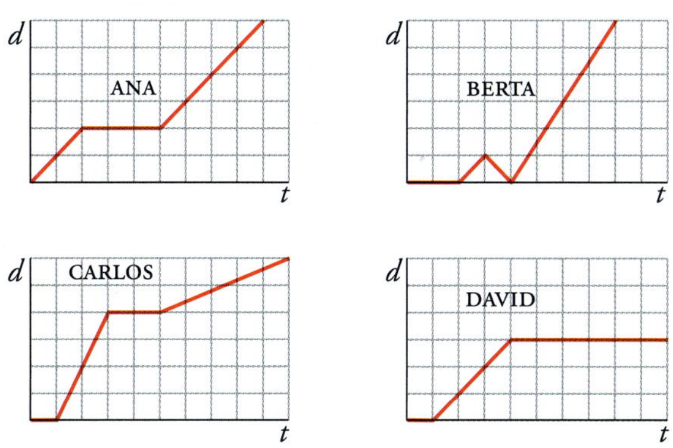

A la vista de las gráficas, contesta a las siguientes preguntas:

a) ¿Quién ha salido antes?

b) ¿Quién ha llegado más tarde?

c) Dos han ido a buscar a sus amigos para ir a clase. ¿Quiénes son?

d) ¿A cuál se le ha olvidado algo en casa?

e) ¿Cuál no ha ido hoy a clase?

f) ¿Quién ha andado más lento en algún momento?

g) ¿Quién ha ido más rápido?

h) ¿Quién ha estado más tiempo sin moverse?

2 ASPECTOS RELEVANTES DE UNA FUNCIÓN

Crecimiento y decrecimiento

- Al sumergirnos en agua, la presión aumenta de manera uniforme. En la superficie, la presión es la atmosférica (1 atm). Por cada 10 m que profundizamos, la presión aumenta una atmósfera (1 atm).

  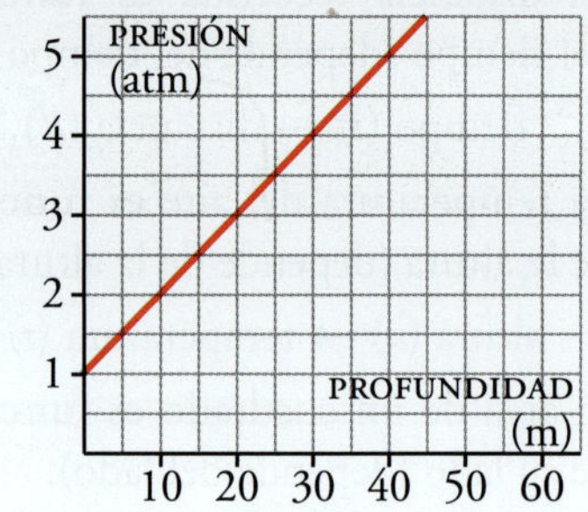

  Esta gráfica corresponde a la función:

  profundidad dentro del agua → *presión*

  Esta función es *creciente*, pues a más profundidad, más presión.

- La presión atmosférica disminuye al aumentar la altura a la que nos encontremos sobre el nivel del mar, aunque no lo hace uniformemente: al principio disminuye más rápidamente que después.

  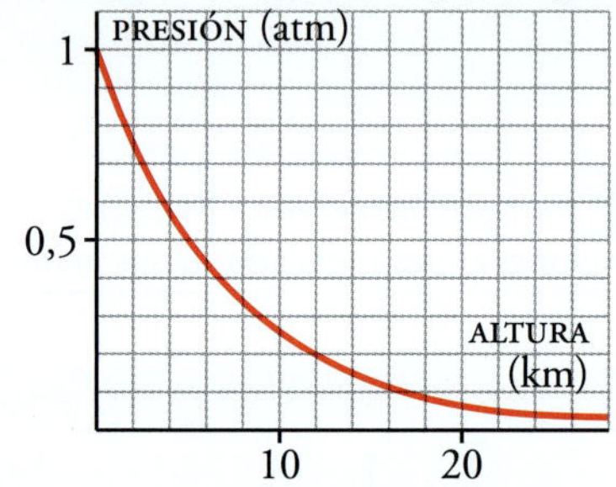

  Esta gráfica corresponde a la función:

  altura sobre el nivel del mar → *presión*

  Es una función *decreciente*, pues a más altura, menos presión.

- La variación de la presión atmosférica es un indicio importante de cambios en el tiempo meteorológico. La gráfica de la izquierda nos da la presión atmosférica en un cierto lugar durante 15 días. Corresponde a la función:

  instante de tiempo → *presión*

  Presenta tramos en los que es *creciente* y tramos en los que es *decreciente*.

Como la parte interesante empieza sobre el valor 920, nos saltamos los anteriores. El corte del eje lo representamos con este símbolo.

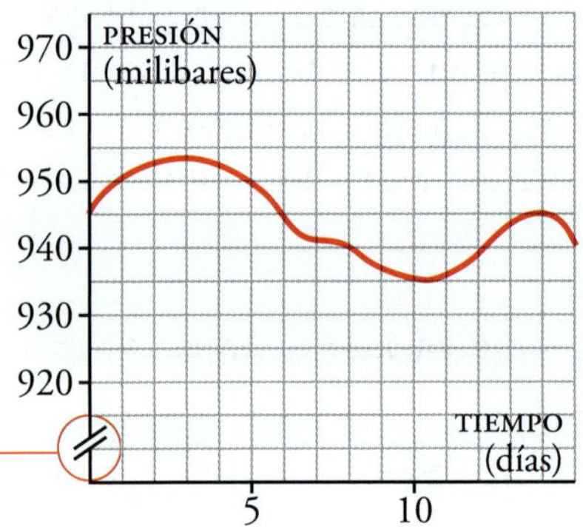

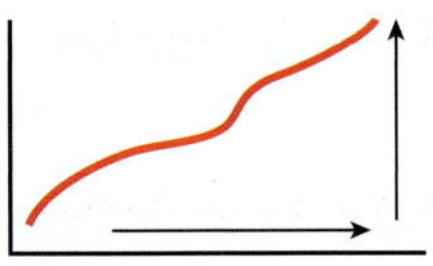

CRECIENTE

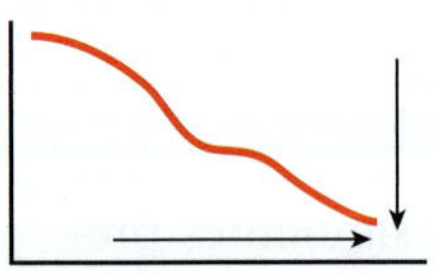

DECRECIENTE

> Para estudiar las variaciones de una función, hemos de mirar su gráfica de izquierda a derecha, es decir, hemos de ver cómo varía y cuando x aumenta.
>
> Una función es **creciente** cuando al aumentar la variable independiente, x, aumenta la variable dependiente, y.
>
> Una función es **decreciente** cuando al aumentar x disminuye y.
>
> Una misma función puede tener **tramos crecientes** y tramos **decrecientes.**

Piensa y practica

1 La gráfica de la derecha da la temperatura en Jaca a lo largo de un día.

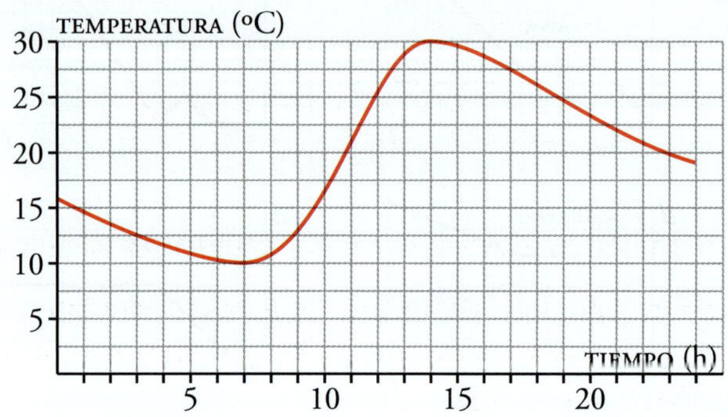

a) Indica los intervalos de tiempo en los que crece la temperatura y aquellos en los que decrece.

b) ¿Por qué crees que se producen esos aumentos y disminuciones de temperatura en esos tramos?

c) ¿Crees que en la ciudad es verano o invierno? Justifícalo.

Máximos y mínimos relativos

Vamos a analizar ahora la gráfica que refleja el perfil de una etapa de la Vuelta a España. Corresponde a la función *distancia* → *altura.*

La altura a la que ruedan los ciclistas es función del kilómetro por el que van.

La gráfica presenta un tramo creciente desde la salida hasta el Alto de la Almudaina (1 300 m). A partir de ahí hay un tramo decreciente hasta el Valle de la Luna (1 000 m), donde vuelve a crecer hasta el Puerto del Chorrillo (1 400 m). Desde este puerto, en el siguiente tramo, que llega hasta la meta, la gráfica es decreciente.

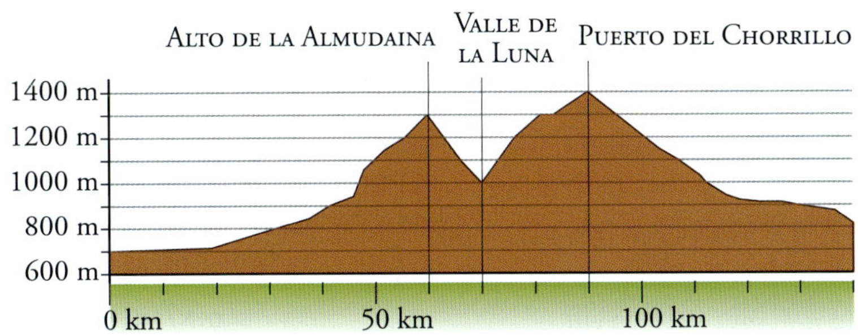

En el perfil de la etapa se aprecian claramente dos máximos relativos (en el kilómetro 60 con altura 1 300 y en el kilómetro 90 con altura 1 400) y un mínimo relativo (en el kilómetro 70 con altura 1 000). La altura crece hasta llegar al máximo relativo y decrece a partir de este. La altura decrece hasta llegar al mínimo relativo y crece a partir de este.

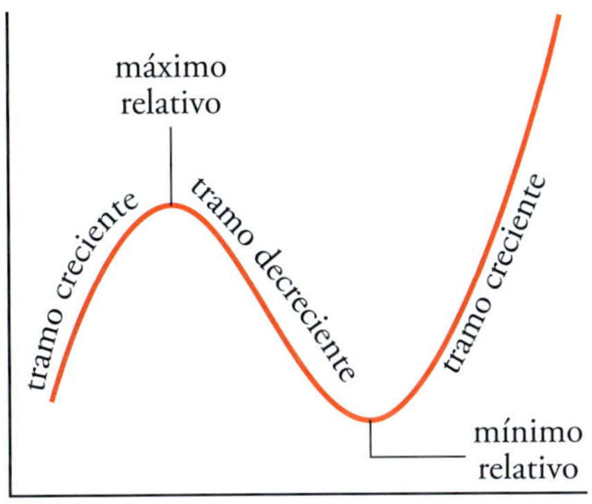

Una función tiene un **máximo relativo** en un punto cuando su ordenada es mayor que la ordenada de los puntos que lo rodean.

A la izquierda del máximo relativo, la función es creciente, y a su derecha es decreciente.

Una función presenta un **mínimo relativo** en un punto cuando su ordenada es menor que la de los puntos que lo rodean.

A la izquierda del mínimo relativo, la función es decreciente, y a su derecha, creciente.

Piensa y practica

2 a) Indica en qué puntos de la gráfica hay máximos y mínimos relativos.

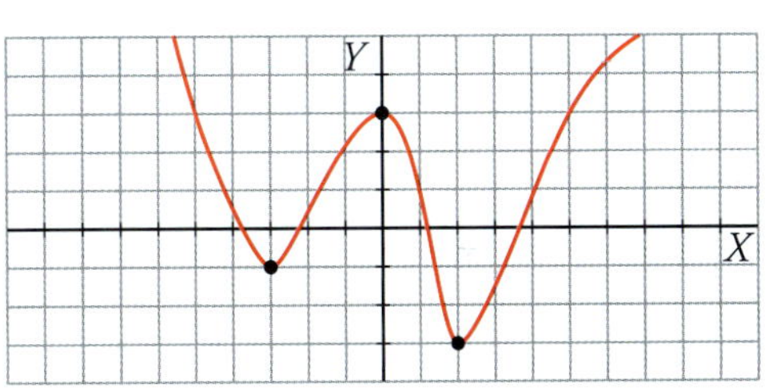

b) Indica los intervalos de crecimiento y decrecimiento.

3 Sobre unos ejes, dibuja una gráfica creciente que tenga dos máximos relativos en (–2, 4) y (4, 5) y un mínimo relativo en (1, –3).

4 ODS Meta. 8.5. La siguiente gráfica muestra la tasa de paro en un cierto país en 2020:

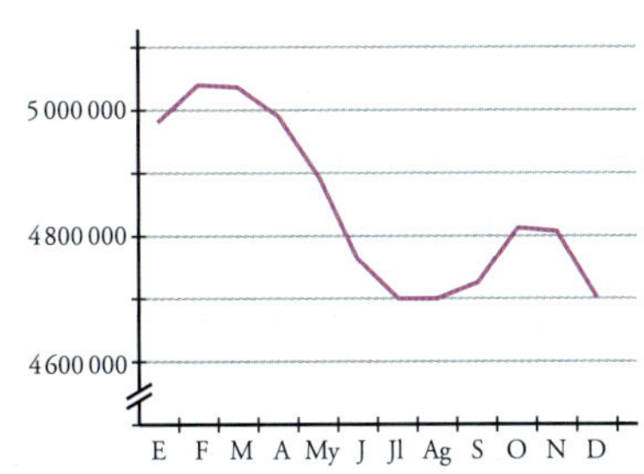

a) ¿En qué meses se encuentran los máximos y mínimos relativos?

b) ¿Qué crees que causa estas fluctuaciones en la tasa de paro?

c) ¿Has oído hablar del empleo estacional? Búscalo en Internet y relaciónalo con lo que ocurre en la gráfica.

2 ASPECTOS RELEVANTES DE UNA FUNCIÓN

Discontinuidades. Continuidad

- Por el alquiler de un autobús nos cobran 200 € fijos más 20 € por persona. La gráfica de la derecha muestra la función:

número de personas → coste

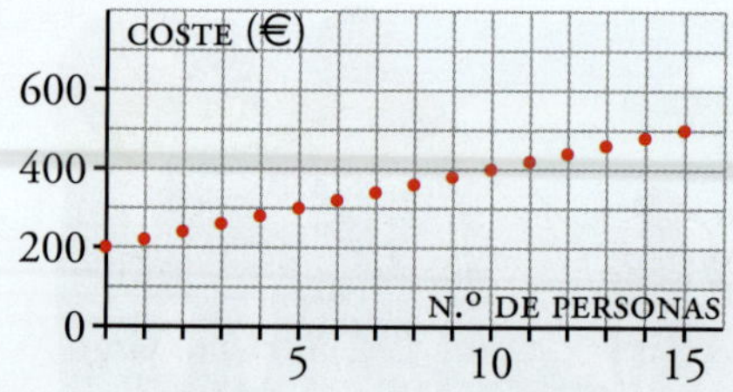

La variable independiente solo puede tomar los valores 0, 1, 2, 3, 4, … y no los intermedios, ya que no tiene sentido un número fraccionario de personas. La gráfica es **discontinua** porque la variable independiente se mueve a saltos.

- Cierta llamada telefónica cuesta 30 céntimos de euro para comenzar, y con ellos se puede hablar 3 minutos. A partir de ese momento, cada minuto cuesta 10 céntimos. Esta es la función:

duración → coste

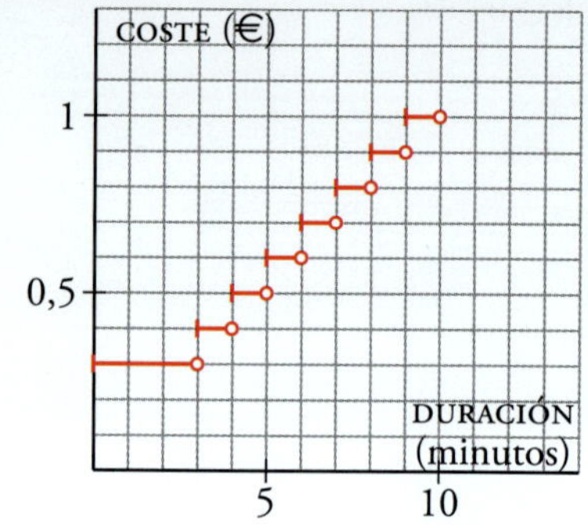

Los saltos bruscos que presenta la gráfica se llaman **discontinuidades** de la función.

- La siguiente gráfica describe la distancia recorrida por una velocista con el paso del tiempo. Se trata de la función:

tiempo → distancia

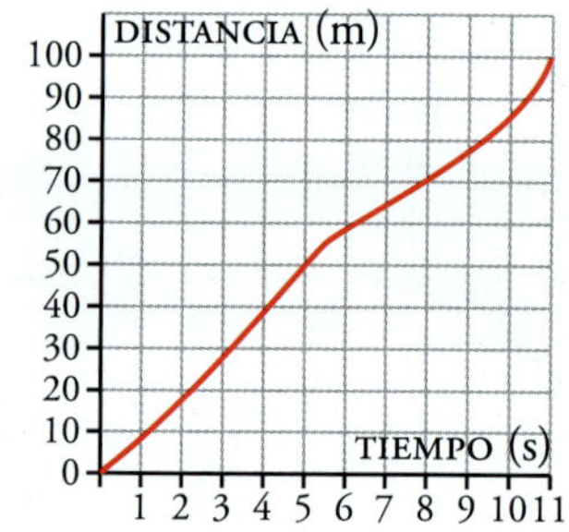

La variación de la distancia es suave, sin saltos bruscos. Es una función **continua.**

Observa

En las funciones, como la de la llamada telefónica, en cuyas gráficas aparece algún salto, hay que dejar muy claro cuál es el valor de la función en esos puntos.

Para ello, usamos un redondelito hueco que indica que ahí no llega la gráfica. Según esto, en la siguiente gráfica, $f(1) = 1$, $f(2) = 2$, mientras que $f(3) = 4$.

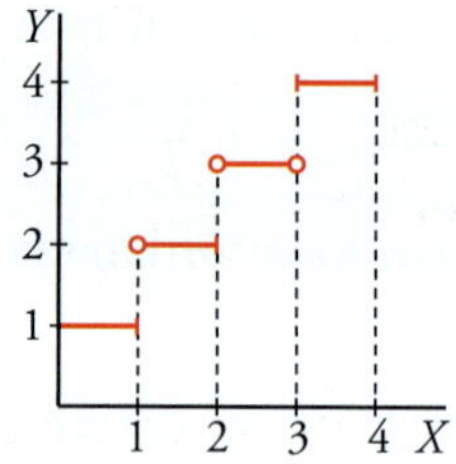

Una función se llama **continua** cuando no presenta discontinuidad de ningún tipo. Por tanto, su gráfica se puede trazar sin levantar el lápiz del papel.

También se puede decir de una función que es **continua en un tramo,** aunque tenga discontinuidades en otros lugares.

Piensa y practica

5 La entrada al parque de atracciones vale 5 €, y por cada atracción hay que pagar 1 €.

a) Representa esta función:

atracciones en las que se monta → coste

b) ¿Se pueden unir los puntos de la gráfica?

c) ¿Cuánto costará subir a 12 atracciones? ¿Y a 20?

6 La gráfica de la derecha muestra el sueldo mensual de una persona en una empresa a lo largo de su vida.

a) ¿Cuánto tiempo lleva la persona en la empresa cuando le suben el sueldo por primera vez?

b) ¿Cuánto gana a los 12 años de entrar? Suponiendo que se sigue la tendencia, ¿cuánto gana a los 20 años?

c) ¿Es una función continua?

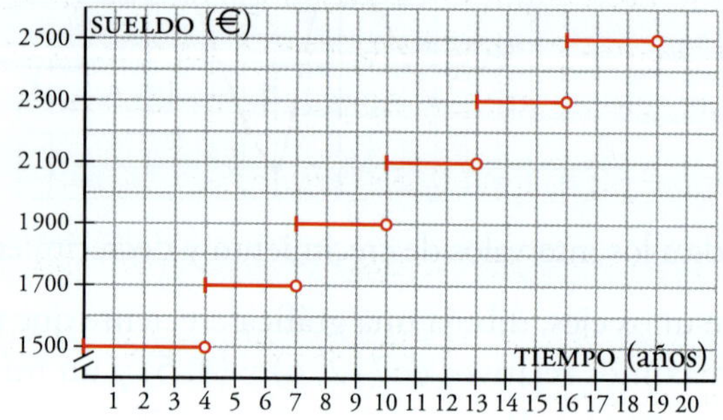

Comportamiento a largo plazo

TENDENCIA

Cuanto más alto te encuentras sobre el nivel del mar, con más dificultad respiras. Las expediciones al monte Everest se suelen hacer con botellas de oxígeno, ya que a estas alturas hay aproximadamente el 35 % del oxígeno que hay a nivel del mar. La gráfica muestra el porcentaje de oxígeno del aire que respiramos en función de la altura.

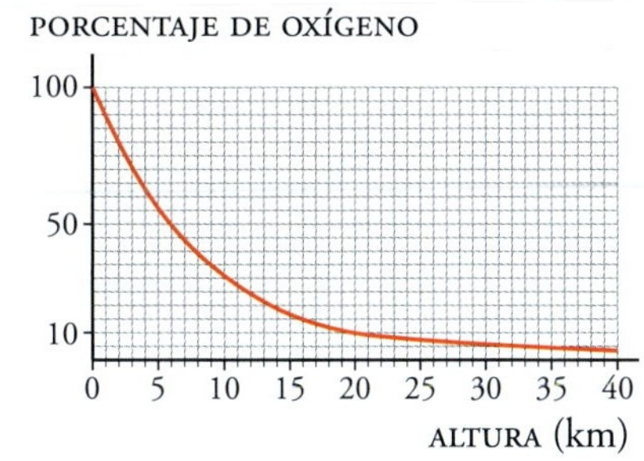

Como ves, cuanto más ascendemos, el porcentaje de oxígeno disminuye. Decimos, entonces, que el oxígeno **tiende** a cero según aumenta la altura.

Hay funciones en las que, aunque solo conozcamos un trozo de ellas, podemos predecir cómo se comportarían lejos del intervalo en que han sido estudiadas, porque tienen **ramas** con una **tendencia** muy clara.

Ejemplos

Otros ejemplos en los que la gráfica de la función tiende a estabilizarse son:

- La altura de un eucaliptus: a lo largo del tiempo, tiende a unos 30 m.
- La temperatura de un vaso de agua al sacarlo de la nevera: a lo largo del tiempo, tiende a la temperatura de la habitación.

PERIODICIDAD

Un tren de juguete se mueve a velocidad constante alrededor de una pista circular. La distancia de la locomotora a la estación a lo largo del tiempo viene dada por la gráfica del margen.

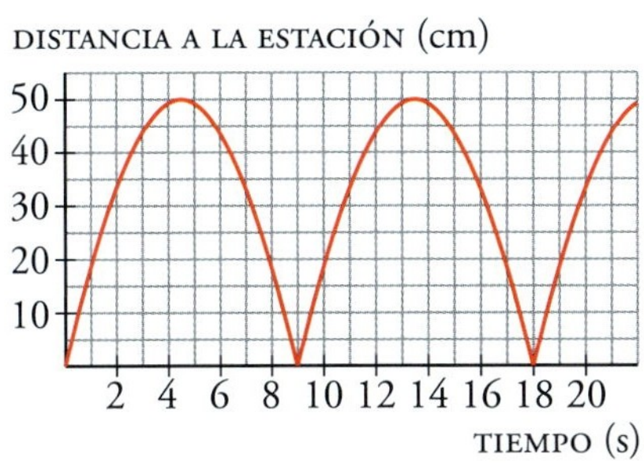

Como el recorrido se repite cada vez que pasa por la estación (cada 9 s), decimos que es una *función periódica de periodo* 9 s.

Funciones periódicas son aquellas cuyo comportamiento se va repitiendo cada vez que la variable independiente recorre un cierto intervalo. A la longitud de ese intervalo se le llama **periodo.**

Una función periódica queda perfectamente determinada conociendo su comportamiento en un periodo.

Otros ejemplos de funciones periódicas son la altura a la que se encuentra una cesta de una noria en funcionamiento o la distancia al Sol del cometa Halley.

Piensa y practica

7 A un depósito cilíndrico de 2 m de alto lleno de agua se le hace un pequeño agujero a una distancia de 0,5 m de su base. El agua sale al principio con mucha presión, pero según se va vaciando el depósito, el agua va perdiendo presión hasta que, a las 4 h, el agujero rezuma solo un hilillo y no para hasta las 5 h.

a) Representa la gráfica de la función:

tiempo transcurrido ⟶ *altura del agua*

b) ¿A cuánto tiende la función? ¿En qué se traduce dicha tendencia?

8 Esta gráfica muestra las horas de sol que hay a lo largo del año en Oslo (Noruega).

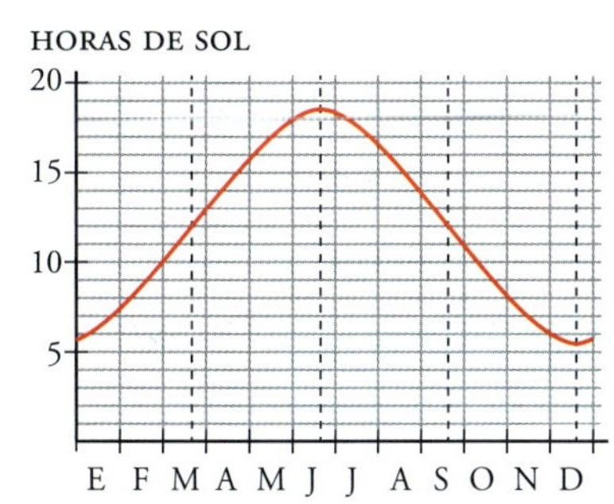

a) ¿Es una función periódica? ¿Cuál es su periodo?

b) ¿Cuántas horas de sol hay en el solsticio de invierno? ¿Y en el de verano?

c) ¿Aproximadamente en qué momentos del año hay 14 horas de sol?

3 EXPRESIÓN ANALÍTICA DE UNA FUNCIÓN

Casi todas las funciones que hemos visto hasta ahora nos han venido dadas, o bien por su *gráfica*, o bien por un *enunciado* que, de forma aproximada, nos ha permitido conocer algunas características del fenómeno descrito. Hay, sin embargo, una gran cantidad de funciones que pueden darse mediante una *fórmula* con la que se relacionan de forma exacta las dos variables. Veamos un ejemplo.

Disponemos de un hilo de 80 cm unido por sus extremos y deseamos formar con él rectángulos distintos, como se muestra en estas figuras:

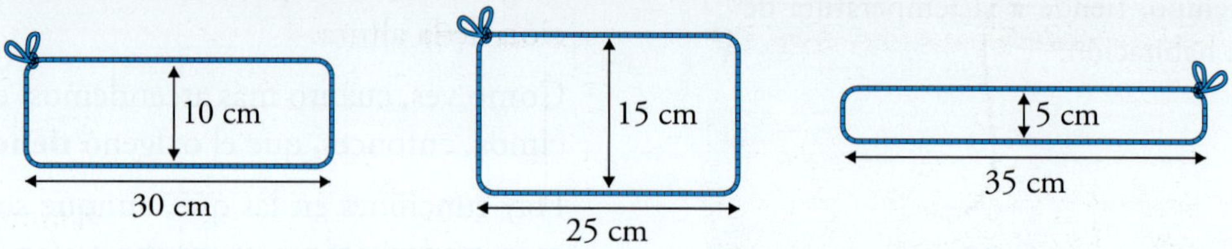

El área de cada rectángulo dependerá de su base, x, y de su altura, $40 - x$. Por ejemplo, si la base es $x = 30$ cm, la altura será $40 - 30 = 10$ cm y el área:

$$A = 30 \cdot 10 = 300 \text{ cm}^2$$

Construimos una tabla de valores para representar la función:

BASE (cm)	10	15	20	35	x
ALTURA (cm)	30	25	20	5	$40 - x$
ÁREA (cm^2)	300	375	400	175	$x(40 - x)$

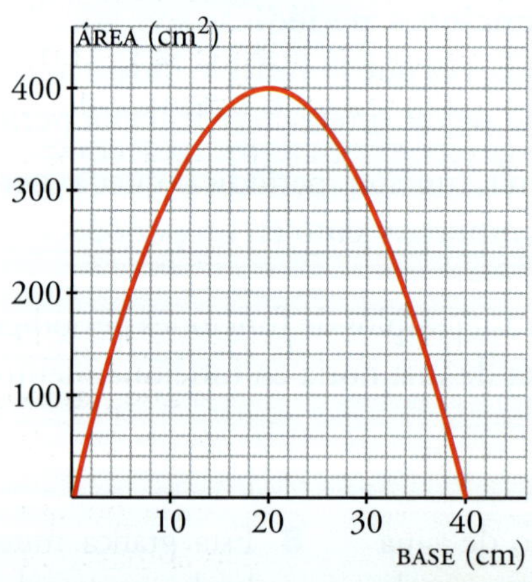

La función que relaciona la medida de la base, x, con el área del rectángulo viene dada por la fórmula:

$$A = x(40 - x) \quad \text{con} \quad 0 < x < 40$$

Esta fórmula es su *expresión analítica*. Para cada valor de x comprendido entre 0 y 40, obtenemos un valor de A.

anayaeducacion.es
GeoGebra. Expresión analítica a partir de una tabla de valores.

La **expresión analítica de una función** es una ecuación que relaciona algebraicamente las dos variables que intervienen.

Piensa y practica

1 Indica cuáles de los siguientes pares de valores corresponden a la base y al área de algún rectángulo del ejemplo anterior:

a) Base: $x = 1$ cm $\rightarrow$ Área: $A = 39$ cm^2

b) $x = 5 \rightarrow A = 35$

c) $x = 22 \rightarrow A = 396$

d) $x = 42 \rightarrow A = -84$

Otras funciones dadas por su expresión analítica

Conocemos muchas funciones dadas por su expresión analítica. Por ejemplo:

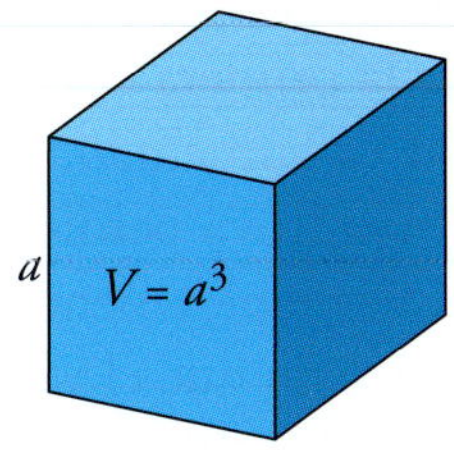

El volumen de un cubo en función de su arista, a.

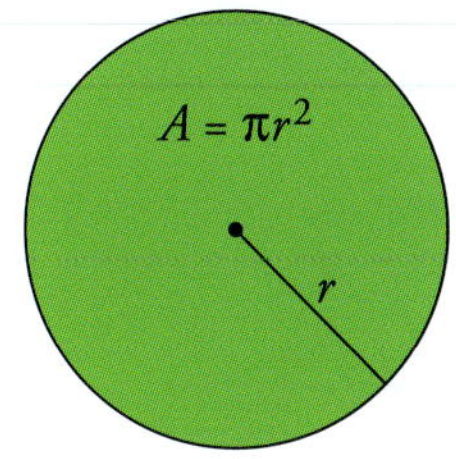

El área de un círculo en función de su radio, r.

Podemos obtener la expresión analítica de otras muchas funciones. Observa esta:

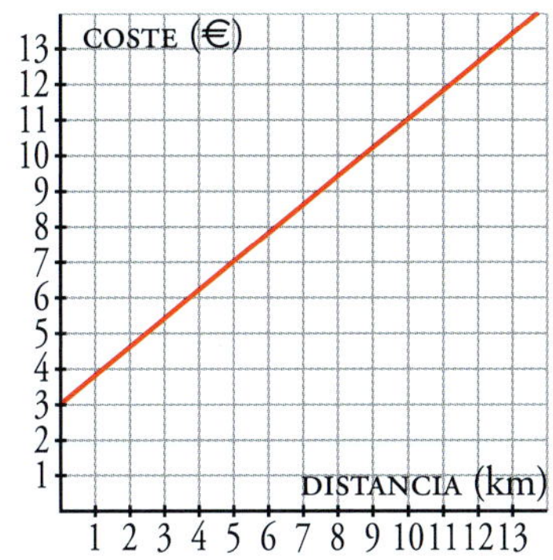

La gráfica nos muestra lo que cuesta un taxi que nos lleva a otra ciudad: nos cobra 3 € fijos, por bajada de bandera, más 0,80 € por kilómetro recorrido.

La función que relaciona la distancia recorrida, d, con el coste de la carrera, C, es:

$$C = 3 + 0{,}8 \cdot d$$

La expresión analítica tiene dos grandes ventajas sobre la representación gráfica:

- Resulta muy cómodo y breve dar la función de este modo.
- Con ella se pueden obtener, con toda precisión, los valores de la función a partir de la variable independiente.

Y tiene un inconveniente: la fórmula, en principio, nos dice poco sobre el comportamiento de la función. Hay que efectuar cálculos, trabajarla y representarla para ver claro cómo se comporta globalmente.

anayaeducacion.es Refuerza: expresión analítica de una función.

Piensa y practica

2 Imagina un cilindro cuya altura, x, sea igual al radio de su base.

a) ¿Cuál es la expresión analítica de su volumen?

Recuerda que el volumen de un cilindro es el área de la base por la altura.

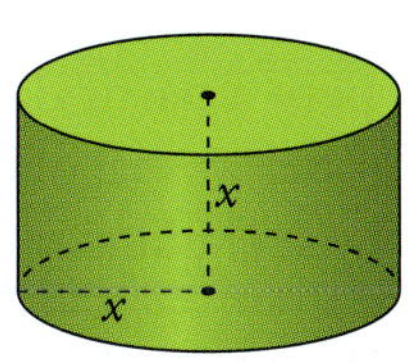

b) Obtén la expresión analítica del área del cilindro.

3 Indica cuál es la expresión analítica del volumen de un cono sabiendo que su altura son 6 cm y el radio de su base es variable.

Recuerda que el volumen de un cono es 1/3 del área de la base por la altura.

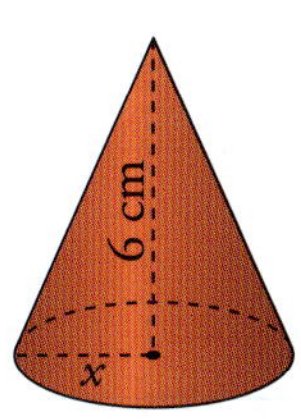

4 Un muelle mide 30 cm y se alarga otros 10 cm por cada kilogramo que se cuelga de él. Pero no se pueden colgar más de 7,5 kg.

La función que relaciona la longitud, L, del muelle con la masa, m, que soporta es: $L = 30 + 10m$.

Represéntala en tu cuaderno en unos ejes cartesianos como estos:

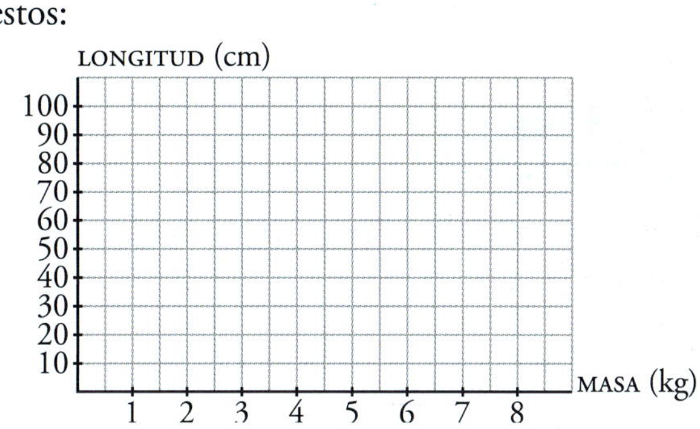

EJERCICIOS Y PROBLEMAS RESUELTOS

1 Construcción de gráficas

Carla y Lucas han montado en un vagón de una montaña rusa como esta:

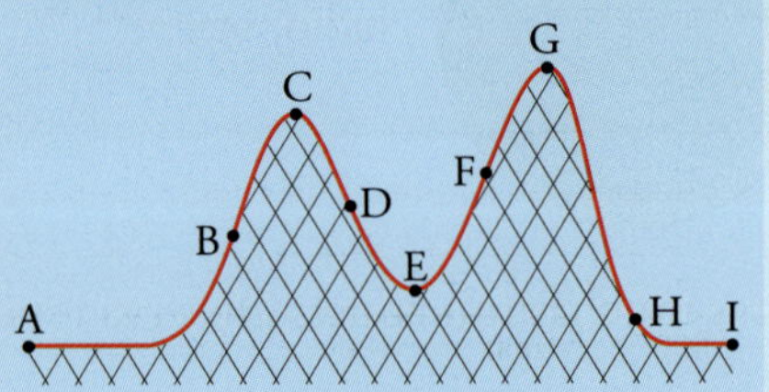

Dibujar la gráfica de la función que relaciona la velocidad con la distancia recorrida a lo largo de la vía, teniendo en cuenta que entre A y C el vagón está impulsado por un motor y entre H e I se activa un freno para parar el vagón.

En A están parados. El vagón empieza a moverse y mantiene una velocidad constante hasta llegar a la primera cima, C. Justo en ese punto empieza a caer, por lo que la velocidad va aumentando hasta llegar a la parte más baja, E. A partir de ese punto, el vagón va perdiendo velocidad hasta llegar a la segunda cima, G, desde donde cae y rápidamente vuelve a coger velocidad. Cuando llega a H se activan los frenos para que el vagón no salga despedido hasta que frena del todo, I.

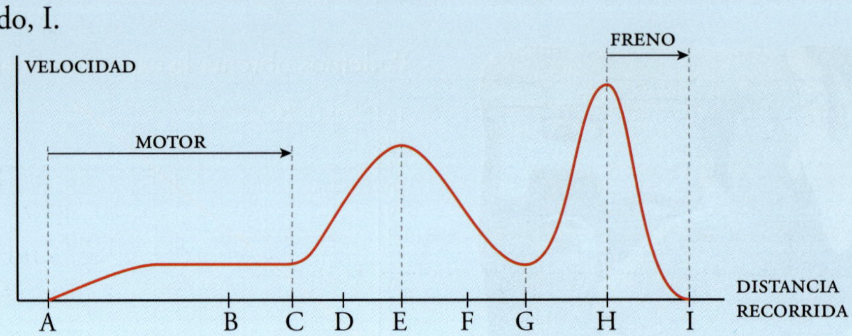

Hazlo tú

Dibuja, de forma aproximada, la gráfica de la función *distancia recorrida - velocidad* para la montaña rusa de la derecha.

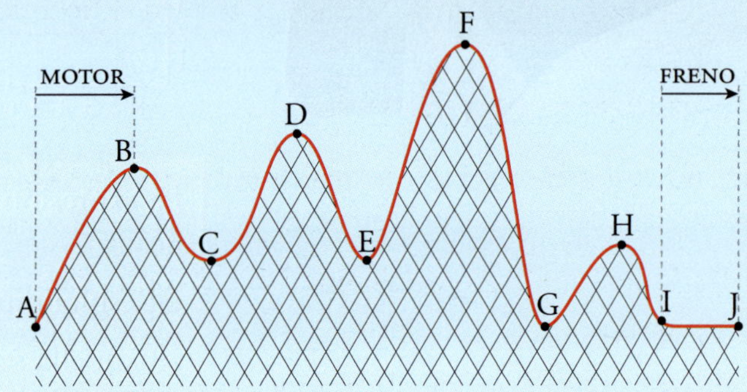

2 Interpretación de dos gráficas sobre la misma cuadrícula

Estas gráficas muestran el número de contratos prepago (azul) y pospago (rojo) a lo largo de los años en un cierto país:

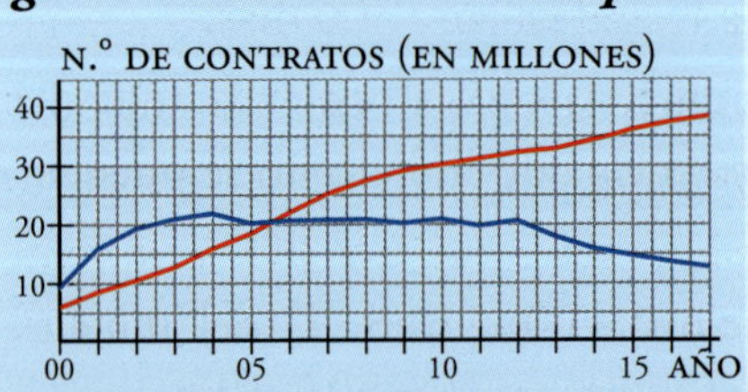

a) ¿En qué año se hacen los mismos contratos prepago y pospago?

b) ¿Cómo evoluciona la diferencia entre prepago y pospago?

c) Analiza las dos gráficas conjuntamente.

a) Coinciden en la abscisa del punto de corte de las dos gráficas; es decir, a mitad de 2005 hubo aproximadamente los mismos contratos prepago que pospago.

b) La diferencia entre el pospago y el prepago se hace cada vez mayor en el tiempo, ya que el prepago tiende a desaparecer mientras que el pospago va creciendo a lo largo de los años.

c) En 2000 había más contratos prepago. A lo largo de los tres siguientes años, aumentó la diferencia, pero a partir de 2004 empezó a estabilizarse mientras el ritmo de crecimiento del pospago se mantenía constante. Esta tendencia se mantiene hasta 2012, en el que el prepago empieza su declive y decrece de manera constante hasta 2017. Mientras tanto, el pospago sigue creciendo sin grandes variaciones.

Hazlo tú Las siguientes gráficas muestran la evolución de los medios de comunicación.

a) ¿En qué años coincide Internet con los demás?

b) Indica cómo ha evolucionado Internet con respecto a los demás.

Penetración de medios de comunicación en España (1998-2016) (% de población)

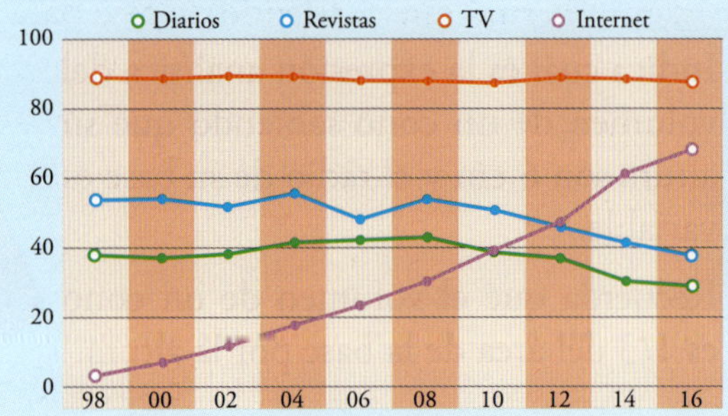

EJERCICIOS Y PROBLEMAS

Practica

Interpretación de gráficas

1 Ana sale a las 10:00 con la intención de subir una montaña para luego volver por el mismo camino hasta llegar al punto de partida. Esta gráfica muestra la distancia recorrida a lo largo de su caminata:

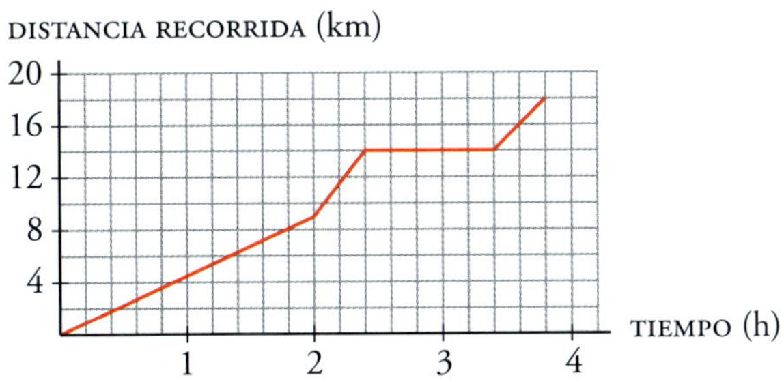

a) ¿Cuánto tiempo dura la caminata? ¿A qué hora acaba de andar?

b) ¿Cuándo ha llegado a la cima?

c) ¿Qué distancia ha recorrido antes de parar a descansar? ¿Cuánto tiempo descansa?

d) ¿En qué intervalo de tiempo baja la cuesta más empinada?

e) Explica por qué la gráfica nunca es decreciente.

2 La luz de un faro que se enciende y se apaga varias veces en una secuencia de tiempo única (cada faro tiene la suya propia) se muestra en esta gráfica:

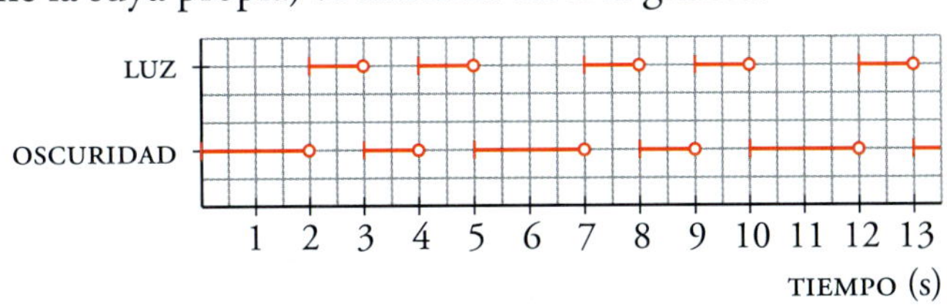

a) ¿Cada cuánto tiempo se repite, es decir, cuál es el periodo de esta función?

b) La luz a los 6 s, ¿está encendida o apagada? ¿Y a los 7 s?

c) ¿Cómo estará la luz a los 15 s? ¿Y al minuto?

3 Guillermo sale corriendo de casa para no llegar tarde a clase. A medio camino para un rato a descansar y continúa andando tranquilamente hasta que llega. Indica qué gráfica muestra la distancia que recorre.

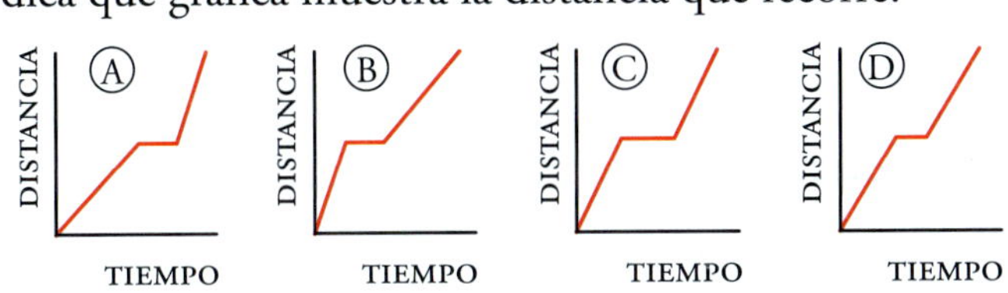

4 La temperatura de la Tierra va aumentando en función de la profundidad. Al principio aumenta de manera constante y poco a poco se estabiliza. La gráfica muestra una estimación de dicha variación:

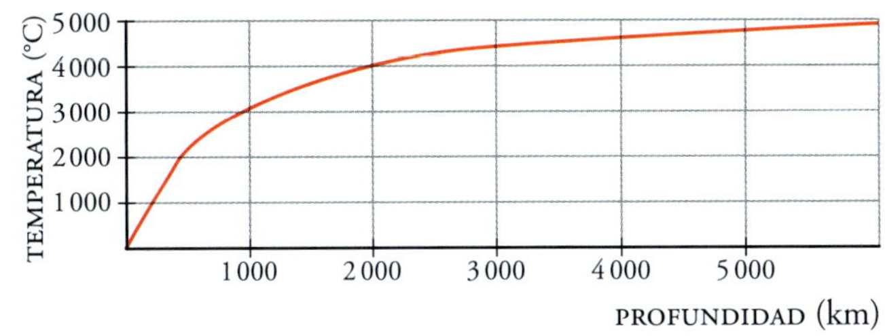

a) ¿Qué temperatura hay a 1 500 km de profundidad, aproximadamente? ¿Y a 3 000 km?

b) Estima la temperatura en el centro de la Tierra (6 371 km).

c) Suponiendo que en el primer tramo la temperatura crece de forma constante unos 20 °C/km, ¿a qué profundidad se alcanzan 1 000 °C? ¿Y 2 000 °C?

d) El punto de fusión del hierro es de 1 538 °C. ¿Desde qué profundidad podemos asegurar que el hierro se encuentra en estado líquido?

5 Mercurio tarda 88 días en completar su órbita alrededor del Sol. Su distancia al Sol oscila entre 70 y 46 millones de kilómetros. Esta gráfica muestra su distancia al Sol:

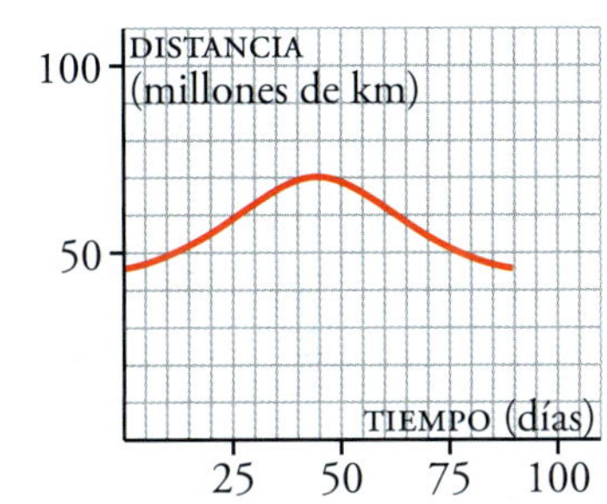

a) Copia y completa la gráfica para 300 días.

b) Estima su distancia al Sol dentro de dos años terrestres.

c) Cuando comienza la gráfica, Mercurio se encuentra a 46 millones de kilómetros del Sol. ¿Cuánto tiempo pasa hasta que está a 60 millones de kilómetros?

6 La siguiente gráfica muestra la distancia que recorre un vehículo desde que presiona el freno hasta que para, en función de la velocidad que lleva:

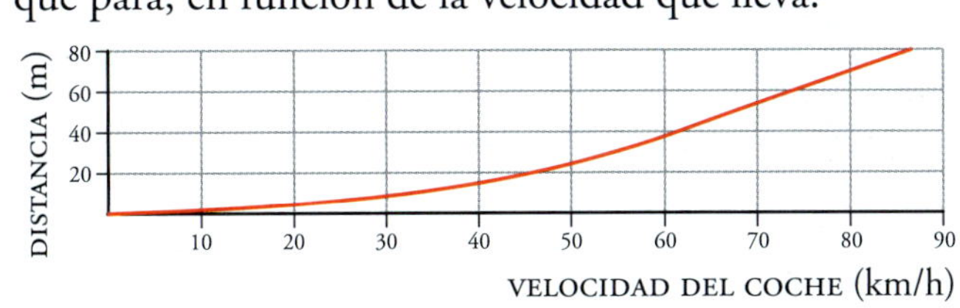

a) Aproximadamente, ¿cuántos metros recorre un vehículo al frenar si va a 55 km/h?

b) ¿A qué velocidad iba un vehículo que ha necesitado 50 m para frenar?

7 Las siguientes gráficas nos muestran la distancia recorrida por cuatro senderistas en función del tiempo que dura su marcha:

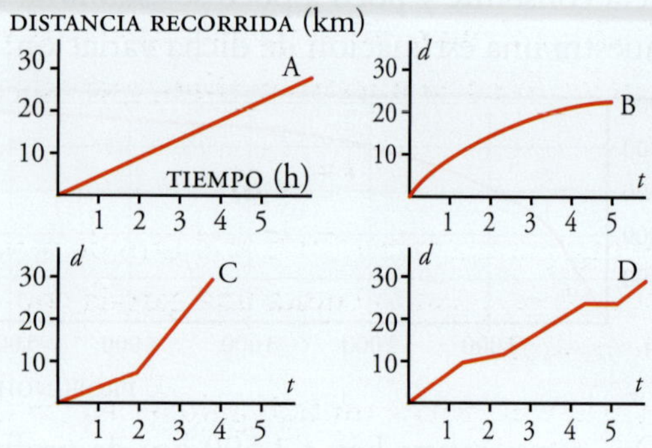

a) Describe el ritmo de cada senderista.

b) ¿Quién recorre menos camino?

c) ¿Quién camina durante menos tiempo?

d) ¿Quién alcanza más velocidad?

e) Inventa una gráfica correspondiente a una senderista que tarda lo mismo que B, recorre la misma distancia que C y descansa durante una hora a mitad de camino.

8 La entrada a un parque de atracciones cuesta 2 €, y la pulsera para subir a todas las atracciones, 4 € cada hora o fracción (es decir, que te cobran la hora completa aunque la uses solo un rato).

a) ¿Cuál de estas gráficas representa mejor el coste de entrar y montar en las atracciones?

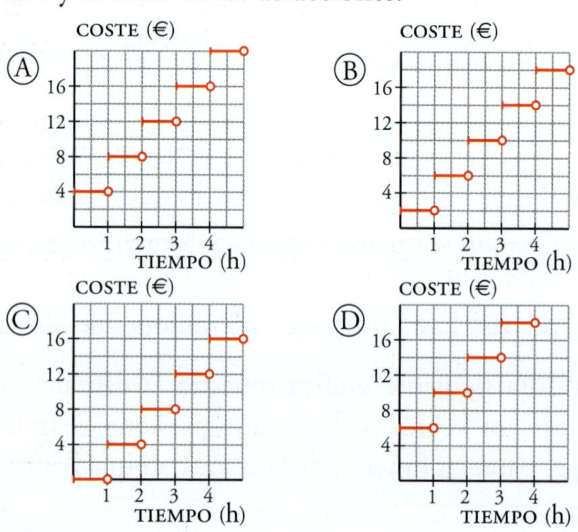

b) Dibuja en tu cuaderno una gráfica que represente el coste si cobran exactamente por el tiempo que has utilizado la pulsera.

c) Dibuja otra que represente el coste de un bono en el que pagas 16 € para entrar y montarte en todas las atracciones el tiempo que quieras hasta que cierre el parque.

9 Estas cuatro gráficas representan la temperatura máxima diaria (T) de cuatro ciudades, a lo largo del tiempo (t), durante un cierto año:

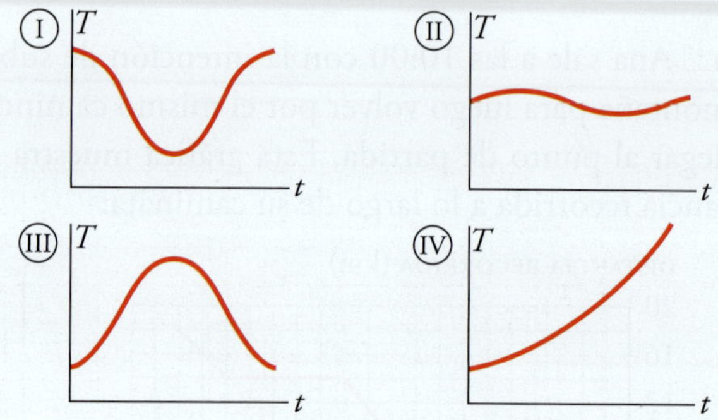

a) A la vista de las gráficas, ¿en cuál de estas cuatro ciudades oscila en menor medida la temperatura?

b) Una gráfica corresponde a una ciudad de nuestro país, y otra, a una ciudad de nuestras antípodas. ¿Qué gráficas son? Razona tu respuesta.

c) Una gráfica es absurda. ¿Cuál es? ¿Por qué?

d) Elige una escala adecuada para cada variable y gradúa cada uno de los ejes en tu cuaderno.

e) ¿Cuál es el dominio de las cuatro gráficas? A la vista de los recorridos de Ⓘ y Ⓘ, ¿qué puedes decir del clima de estas ciudades?

f) Dibuja una gráfica correspondiente a un lugar en el desierto del Sahara y otra a uno en la Antártida.

10 Arancha dedica demasiado tiempo a mirar el móvil. Para controlarse, decide anotar minuciosamente durante una semana el número de sus horas de estudio y del tiempo que está con el móvil. Estos son los resultados:

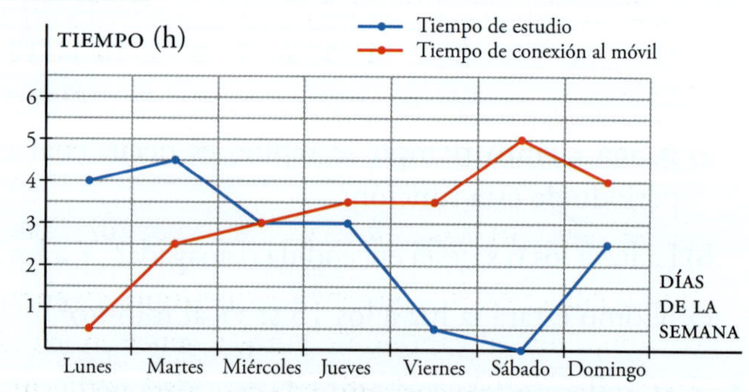

a) ¿Qué día ha estudiado más? ¿Y menos?

b) ¿Cuándo ha pasado más tiempo con el móvil?

c) ¿Qué día hay más diferencia entre los tiempos dedicados a cada actividad?

d) ¿Algún día ha estado con el móvil el mismo tiempo que estudiando? ¿Cuándo?

e) ¿Qué día ocupa más tiempo entre ambas actividades?

Relaciones gráficas y expresiones analíticas

11 Relaciona cada gráfica con una de estas expresiones analíticas:

i) $y = x + 1$ ii) $y = 1 - x^2$

iii) $y = x^2 - 1$ iv) $y = -x + 1$

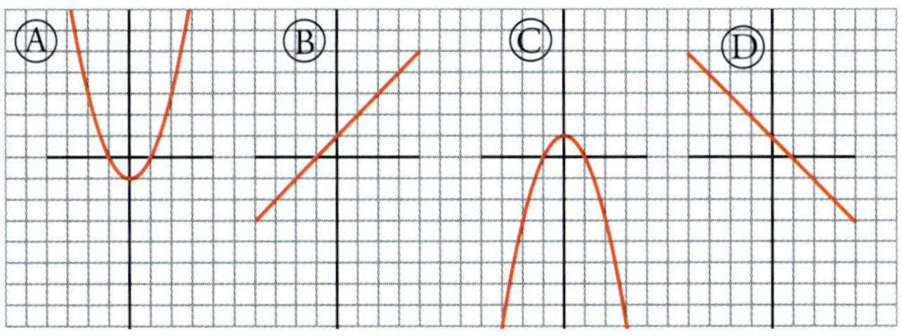

12 a) Sabiendo que la libra es una unidad de peso que equivale a 0,45 kg, copia y completa esta tabla:

x (LIBRAS)	0,5	1	1,5	2	3	4
y (KILOS)		0,45				

b) Escribe la expresión analítica que convierte libras en kilos.

c) Escribe la que convierte kilos en libras.

d) Representa en unos ejes coordenados las dos expresiones analíticas anteriores.

13 La siguiente gráfica muestra la evolución del precio del yen (moneda japonesa) en el primer día de los años desde 1999 a 2008:

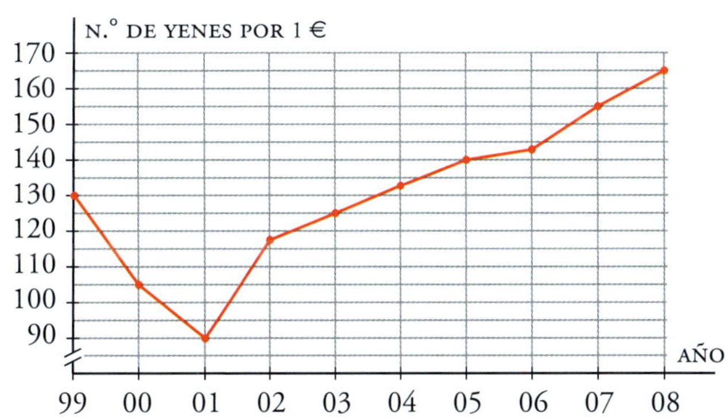

Indica cuáles de las siguientes expresiones algebraicas corresponden al cambio de euros a yenes en los años 1999, 2003, 2005 y 2008. Es decir, dado un número de euros (*e*), obtener directamente el número de yenes (*y*) correspondiente.

a) $y = \frac{e}{130}$ b) $y = 125e$ c) $y = 140e$

d) $y = \frac{e}{90}$ e) $y = 130e$ f) $y = e - 155$

g) $y = 165e$ h) $y - e = 90$ i) $y = 90e$

14 Indica, como se hace en el ejemplo, la expresión analítica que corresponde a cada una de las siguientes situaciones:

- **¿Cuánto tiempo de viaje nos queda si vamos a 120 km/h hacia nuestro destino, que está a *x* km?**

$$t = \frac{x}{120}$$

a) Si una garrafa vale 1,30 € y el litro de mosto cuesta 0,90 €, ¿cuánto cuesta una garrafa con x litros de mosto?

b) ¿Cuál es el área de un triángulo de 10 cm de base y x cm de altura?

c) Si una botella de 5 litros tiene 1,5 litros de agua en su interior, ¿cuántos litros caben todavía después de echar x litros?

d) En una carrera de 10 km, ¿a qué distancia me encontraré de la meta después de correr a 8 km/h durante x horas?

e) ¿Cuál es el volumen de un ortoedro de base cuadrada de lado x cm y 20 cm de altura?

f) Si la temperatura de un líquido desciende 3 °C cada dos minutos, ¿qué temperatura tendrá un café t min después de sacarlo del microondas a 70 °C?

g) Si 60 folios tienen 1,2 cm de grosor, ¿qué grosor tiene una pila de x folios?

15 El área de la parte coloreada de las siguientes figuras se puede escribir en función del parámetro x:

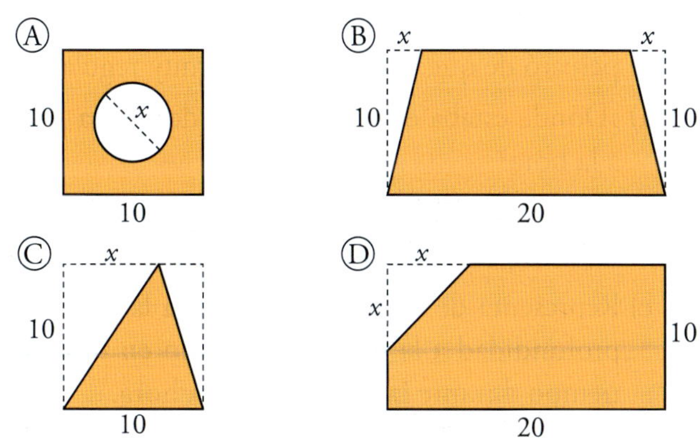

¿Cuál de estas expresiones analíticas corresponde al área de cada una de ellas?

a) $A = 100 - x^2$ b) $A = \frac{10x}{2}$

c) $A = 200 - \frac{x^2}{2}$ d) $A = 100 - \left(\frac{x}{2}\right)^2 \pi$

e) $A = 200 - 10x$ f) $A = 200 - 5x$

g) $A = 50$ h) $A = (10 - x)(20 - x)$ i) $A = 200 - x^2$

Resuelve problemas

16 En esta gráfica se muestra la duración del día (en horas) según la latitud:

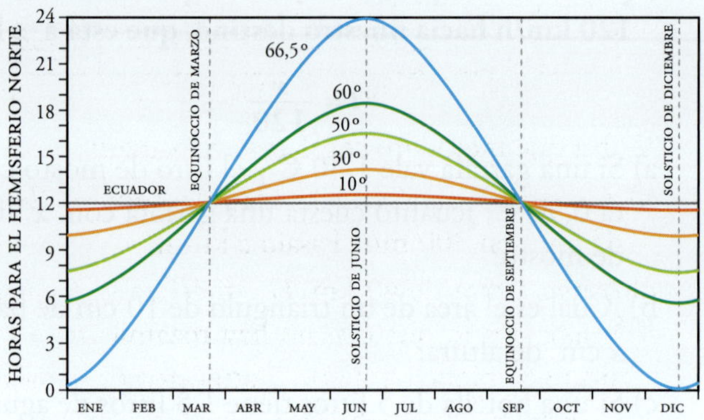

a) ¿Cuántas horas de sol tiene como máximo una persona que vive en el paralelo 60°? ¿Y como mínimo?

b) En el ecuador, ¿varían las horas de sol según el mes?

c) ¿Qué ocurre en el paralelo 66,5° el 21 de junio? ¿Y el 21 de diciembre? Busca una ciudad que se encuentre más o menos en ese paralelo.

d) ¿Cuántas horas de sol tienen en cualquier lugar del planeta en los equinoccios de primavera y otoño?

e) Busca información sobre el número de horas de sol en el Polo Norte a lo largo del año.

17 Lucía observó un delfín durante un rato. Al principio, el delfín estaba en la superficie tomando aire. Luego se sumergió hasta el fondo. Desde el fondo invirtió 8 min en subir para tomar aire otra vez. Tres minutos después estaba de nuevo en el fondo. Lucía se percató de que este proceso era muy regular.

a) ¿Dónde estaba el delfín al cabo de media hora? ¿Y a la hora?

b) Si una de cada tres veces que desciende al fondo caza un pez, ¿cuántos habrá cazado en 1 hora?

c) Representa de manera aproximada la gráfica de la profundidad a la que está el delfín en función del tiempo durante la primera media hora.

18 En la factura mensual del gas de una ciudad se paga una cantidad fija de 15 € y 0,75 € más por cada metro cúbico consumido.

a) ¿Cuánto se paga por consumir 15 m^3 en un mes?

b) Dibuja la función: *metros cúbicos consumidos-coste*.

c) Escribe la expresión analítica que indique el importe de la factura en función del volumen de gas consumido.

19 La tabla recoge el perímetro craneal de un bebé:

TIEMPO (meses)	0	3	9	15	21	27	33
PERÍMETRO (cm)	34	40	44	46	47	48	49

a) Haz una gráfica relacionando estas dos variables.

b) ¿Qué tendencia se observa?

c) Estima el perímetro craneal de un niño de 3 años.

20 Los cestillos de una noria suben y bajan a medida que la noria gira. Estos son los datos de una cesta que sube desde el punto más bajo al más alto:

TIEMPO (s)	0	4	8	12	16	20
ALTURA (m)	0	1,2	4,1	7,9	10,8	12

a) Representa la gráfica de la función *tiempo-altura* de uno de los cestillos a lo largo de 80 segundos.

b) ¿Es una función periódica? ¿A qué tiempos corresponden sus máximos y mínimos relativos?

c) ¿A qué altura estará la cesta a los 150 segundos?

21 Cuando nieva, se echa sal en las calles. Al echarle sal, el hielo se derrite a menor temperatura (a unos –6 °C). Hasta que un bloque de hielo no está derretido completamente, no empieza a aumentar su temperatura. Estas son las gráficas *tiempo-tempertura* de un bloque de hielo (luego agua) con sal y de otro sin sal:

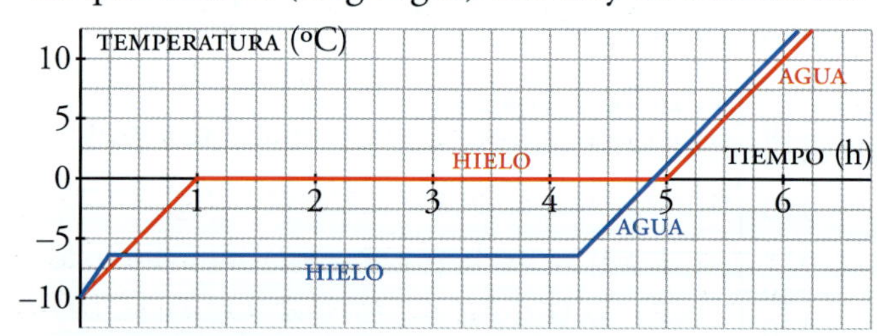

a) ¿Cuál corresponde a cada uno?

b) ¿Cuánto tiempo tarda cada uno en derretirse?

c) ¿Tendría sentido echar sal a la nieve con una temperatura ambiente de –12 °C? ¿Por qué?

22 Ana camina sobre el pasillo móvil de un aeropuerto y Marcos prefiere ir andando sobre el suelo. El siguiente gráfico permite comparar sus movimientos:

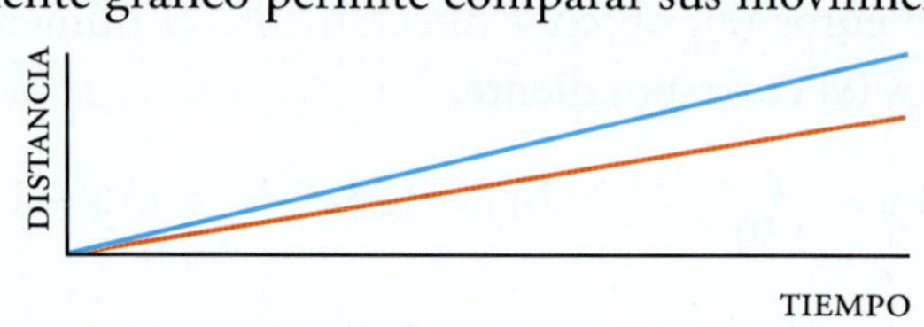

Si ambos caminan igual de rápido, representa otra recta que muestre a Ana quieta sobre el pasillo móvil.

Resuelve: un poco más difícil

23 Para hallar la distancia aproximada necesaria para detener un vehículo en movimiento, se suman:

— La que recorre hasta que el conductor comienza a frenar (distancia de tiempo de reacción).

— La que recorre mientras frena (distancia de frenado).

Esto se refleja en el siguiente diagrama de caracol.

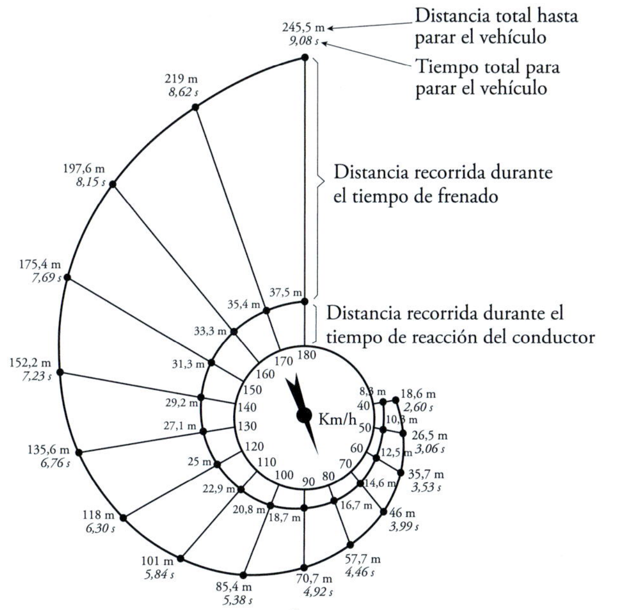

Fuente: La Preventión Routière. Ministère de l'Éducation de la Recherche de la Technologie. Francia.

a) Represente en tu cuaderno, sobre los mismos ejes de coordenadas, las siguientes funciones:

- Velocidad - Distancia de reacción (en verde)
- Velocidad - Distancia de frenado (en azul)
- Velocidad - Distancia total recorrida (en rojo)

b) Halla, a partir de la gráfica roja, la velocidad que llevaba un coche que recorrió 160 m en su frenada.

c) ¿A qué velocidad iba un coche cuya distancia recorrida durante el tiempo de frenado fue de 150 m?

24 En 2012, Felix Baumgartner batió el récord de velocidad en caída libre, lanzándose desde 39 000 m de altura. Estas son las gráficas de la velocidad y de la altura, respectivamente, que llevó durante los 250 primeros segundos desde que inició el descenso:

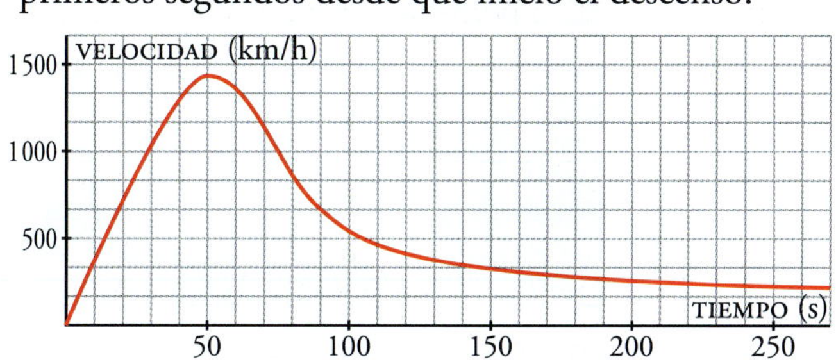

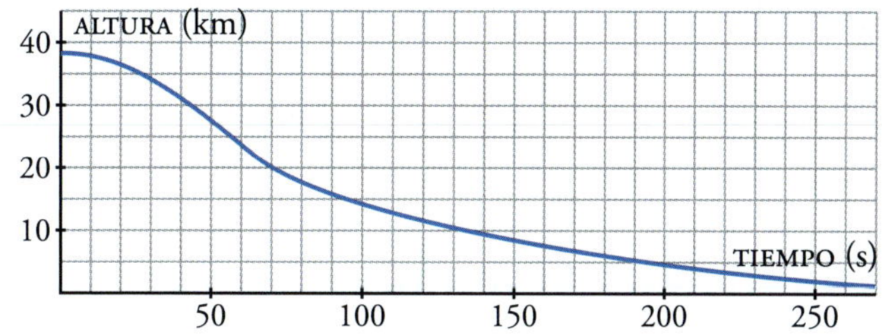

a) ¿En qué momento cogió más velocidad?

b) ¿Cuándo rompió la velocidad del sonido? Recuerda que son 300 m/s. Pásalo a km/h.

c) A una altura de 40 km, la atmósfera es muy poco densa, por lo que casi no hay rozamiento. ¿A qué altura empieza a frenarle la atmósfera? ¿A qué altura se empieza a estabilizar?

d) ¿Cómo es la gráfica de la altura cuando la velocidad se estabiliza, más recta o más curva?

25 La gráfica muestra cómo varía la velocidad de un coche al recorrer uno de los circuitos dibujados abajo:

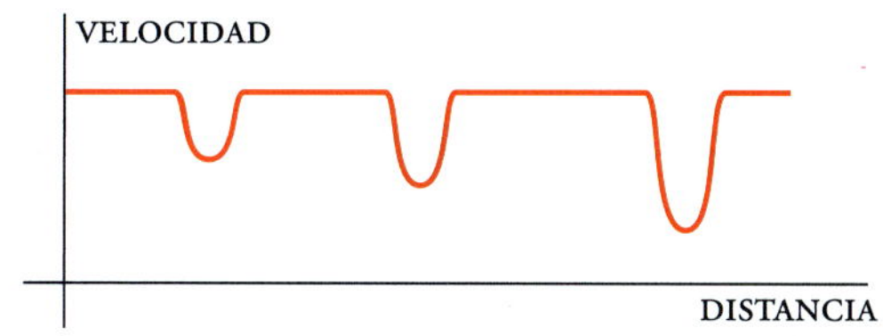

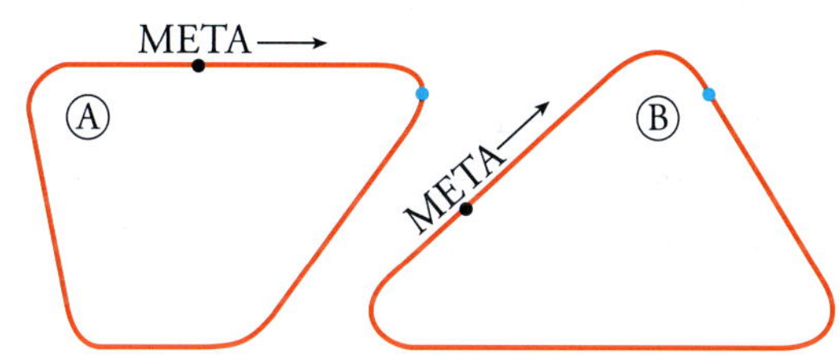

¿A cuál corresponde? Haz la gráfica del otro.

26 Mira el problema 22 anterior y representa la recta que muestre a Marcos andando en sentido contrario sobre el pasillo móvil. ¿Avanzaría o retrocedería?

Reflexiona

27 ¿Verdadero o falso?

a) En una función puede haber dos puntos distintos con la misma ordenada.

b) En una función puede haber dos puntos distintos con la misma abscisa.

c) Una función periódica de periodo T también tiene periodo $2T$.

d) Una función periódica y continua no puede ser siempre creciente.

e) Si una función es creciente, necesariamente es continua.

REFLEXIONA Y DECIDE

En función del tiempo

Al abrir un grifo sobre un recipiente, la altura (*a*) que alcanza el líquido está en función (depende) del tiempo transcurrido (*t*).

Y al representar esa función vemos que cada recipiente tiene una gráfica característica.

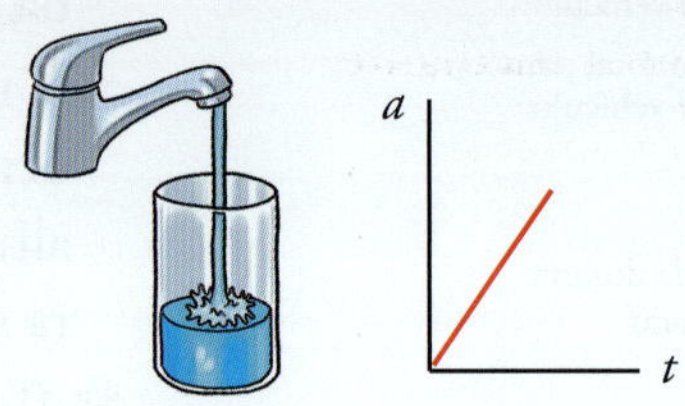

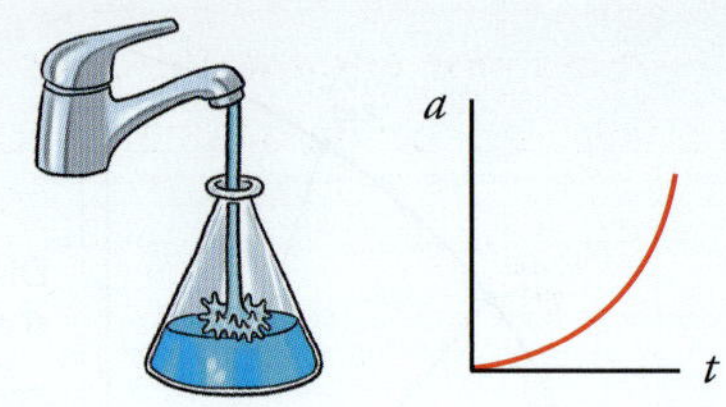

— En los dos primeros recipientes, el nivel sube uniformemente, aunque en el segundo más rápido que en el primero.

— En el tercer recipiente, el nivel sube despacio al principio y rápido al final.

• Asocia cada uno de estos recipientes con su gráfica:

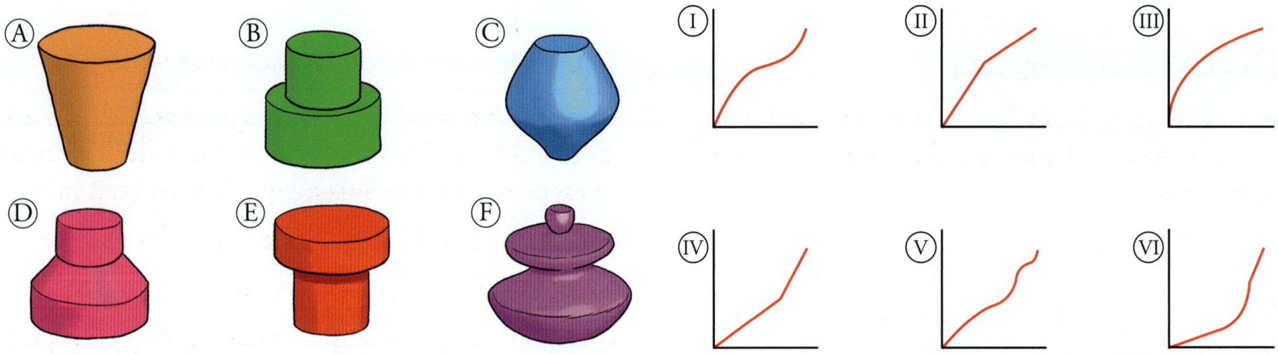

OBSERVA Y REPRESENTA

Fuente vauclusiana

Dibuja, en cada caso, la gráfica que relaciona la altura que alcanza el agua en el recipiente con el tiempo transcurrido:

a)

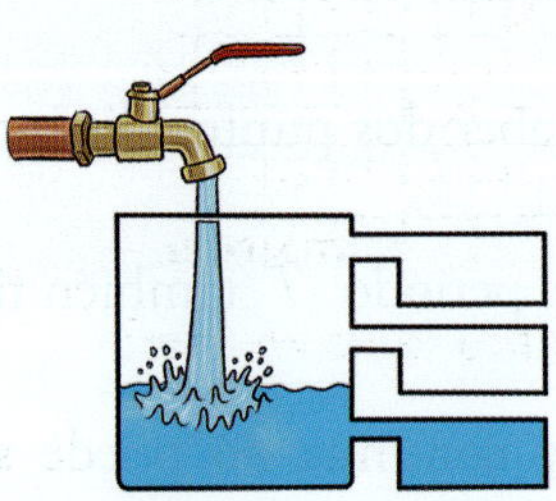

b)

Surgencia de agua en Fontaine de Vaucluse.

NOTA: Antes de afrontar el apartado b), infórmate: ¿qué es una fuente vauclusiana?

ENTRÉNATE RESOLVIENDO OTROS PROBLEMAS

- Dos hermanos rancheros se reparten una herencia a partes iguales. Nuria invierte su parte en la compra de una manada de 80 caballos. Carlos invierte la suya en un rebaño de 100 vacas. Si un caballo cuesta 150 € más que una vaca, ¿a cuánto ascendía la herencia?
- Pasa por encima de estos nueve puntos mediante una línea quebrada de cuatro segmentos.

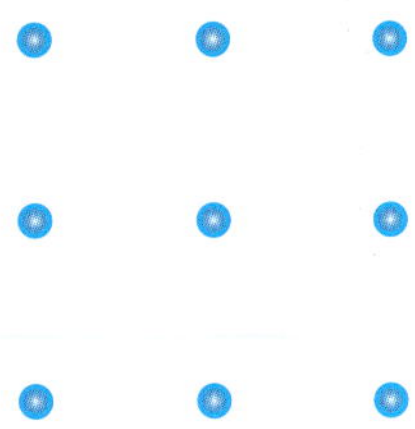

- a) Estás junto a una fuente y dispones de una jarra de 5 litros y de otra de 3 litros. ¿Cómo te las arreglarías para medir exactamente un litro de agua?

b) Si ahora dispones de dos cántaros, uno de 7 litros y otro de 5, ¿cómo harías para medir 4 litros de agua?

c) ¿Y cómo medirías 3 litros de agua si tuvieras un cántaro de 9 litros y otro de 5 litros?

AUTOEVALUACIÓN

anayaeducacion.es Resoluciones de estos ejercicios.

1 Esta gráfica muestra la altura sobre el nivel del mar alcanzada por Ana y Miguel al realizar una ascensión a una montaña:

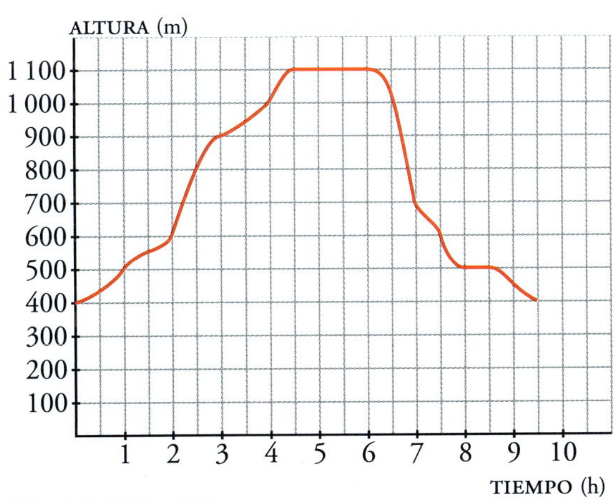

a) ¿Qué variables intervienen? ¿Qué escala se utiliza para cada variable? ¿Cuál es el dominio de definición de esta función?

b) ¿Cuánto ha durado la marcha? ¿Desde qué altura empiezan a andar? ¿Qué altura máxima han alcanzado? ¿Cuándo han parado a comer?

c) ¿En qué intervalo de tiempo suben más rápido? ¿En cuál bajan más rápido?

d) Haz una descripción del transcurso de la marcha.

2 Una cisterna contiene 5 L de agua para pulverizarla en una terraza. Tarda 10 min en vaciarse. En cuanto se vacía, hay un mecanismo que la llena en 2 min.

a) Representa la función *tiempo-cantidad de agua*.

b) Explica si la función es periódica.

c) Durante la primera media hora, ¿en qué momentos está llena? ¿Y vacía?

3 Una de estas ecuaciones, que se corresponde con la gráfica, expresa la relación entre la altura, h, alcanzada por una pelota que se lanza hacia arriba, y el tiempo, t. ¿Cuál de ellas es?

Ⓐ $h = 8t - t^2$ Ⓑ $h = 40t - 5t^2$ Ⓒ $h = -4t^2 + 80t$

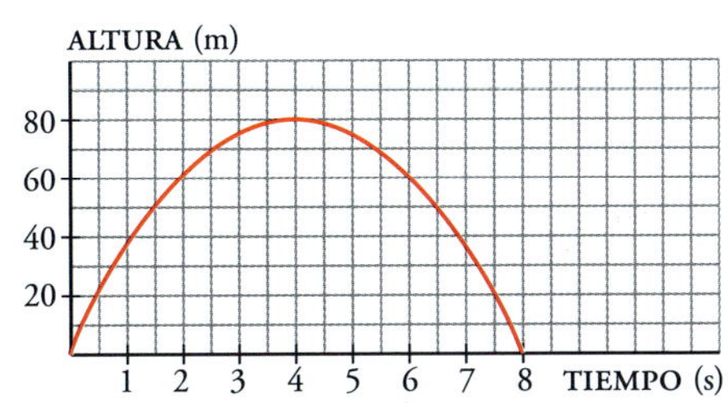

a) ¿Qué altura alcanza? ¿Cuánto tarda en caer?

b) Di la altura de la pelota a los 5 segundos:

— De forma aproximada, mirando la gráfica.

— Utilizando la expresión analítica.

Compromiso ODS Visualiza el vídeo Meta 15.c, piensa en una acción con la que podrías contribuir al logro de esa meta y comprométete a llevarla a cabo.

9

FUNCIONES LINEALES Y CUADRÁTICAS

Un gran científico del siglo XVII

René Descartes (1596-1650) filósofo y matemático francés, influyó notablemente en el pensamiento de su época y en el de siglos posteriores.

Durante toda su vida tuvo una salud delicada. Por eso, de colegial, se le permitió estudiar acostado. Esto se convirtió en hábito, de modo que una gran parte de su obra la elaboró en la cama.

Una idea genial

Y en la cama se le ocurrió su sistema de coordenadas: un día se entretuvo siguiendo el vuelo de una mosca e imaginó cómo se designaría su posición en cada instante mediante la distancia a la que se encontrara de cada pared.

Aunque esta idea no era del todo original, pues ya para entonces se manejaban las coordenadas geográficas, longitud y latitud, la invención de Descartes le permitió expresar las curvas mediante ecuaciones que ligan sus coordenadas. Esta ha sido una de las mayores aportaciones al mundo de la ciencia.

Una curiosa función lineal

Las funciones lineales responden a ecuaciones de primer grado con dos incógnitas y se representan por una recta.

Supón que la mosca de Descartes ha acabado posándose en un cuadro. Una araña la ve y va a por ella en línea recta.

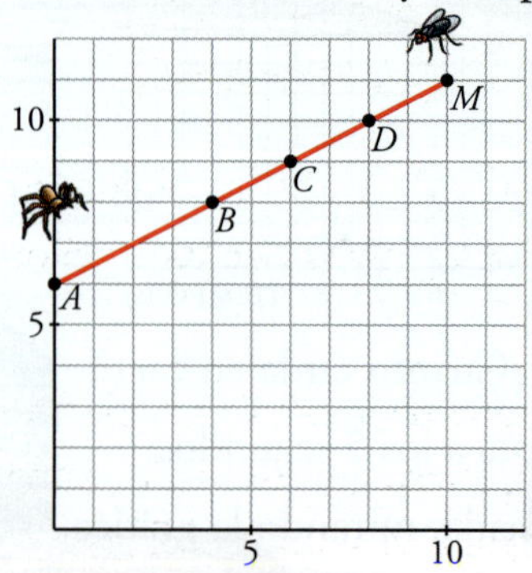

Los puntos por los que pasa la araña (los puntos de su trayectoria) responden a la ecuación $y = \frac{x}{2} + 6$.

Otra función lineal

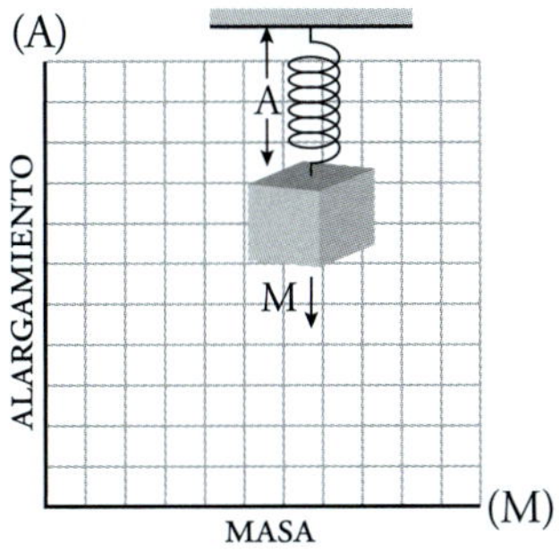

De un muelle colgamos pesas. Cuanto mayor sea la pesa, más se estira el muelle.

La siguiente tabla nos da los pesos colgados (M) y los correspondientes alargamientos (A) del muelle:

M (g)	2	30	60	90	120	150	180	210	240	270
A (cm)	0	9	17	26	35	43	52	61	70	79

Esta relación entre la masa que se cuelga de un muelle y su alargamiento se llama *ley de Hooke*.

¿De dónde viene la palabra «cartesiano»?

Como en aquella época en el mundo de la ciencia se escribía en latín, Descartes era conocido por la forma latina de su nombre: Cartesius. De ahí vienen las expresiones *pensamiento cartesiano* o *coordenadas cartesianas*.

Resuelve

1 Infórmate y resume, en unas pocas líneas, los datos más relevantes en la vida de René Descartes.

2 ¿Cuántos ejes de coordenadas tiene un sistema cartesiano capaz de fijar la posición de una araña que camina por una pared? ¿Y para fijar la posición de una mosca que vuela por la habitación?

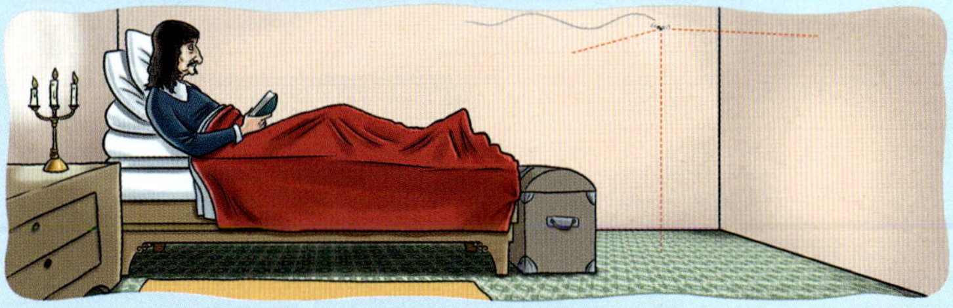

3 Indica las coordenadas de los puntos A, B, C, D y M en el cuadro de la araña y la mosca de la página anterior. Comprueba que todos ellos responden a la ecuación mencionada.

4 Representa sobre unos ejes cartesianos los valores de la tabla que relaciona la masa y el alargamiento del muelle. Comprueba que están alineados y que responden, aproximadamente, a la fórmula $A = 0{,}29 \cdot M$.

1 FUNCIÓN DE PROPORCIONALIDAD $y = mx$

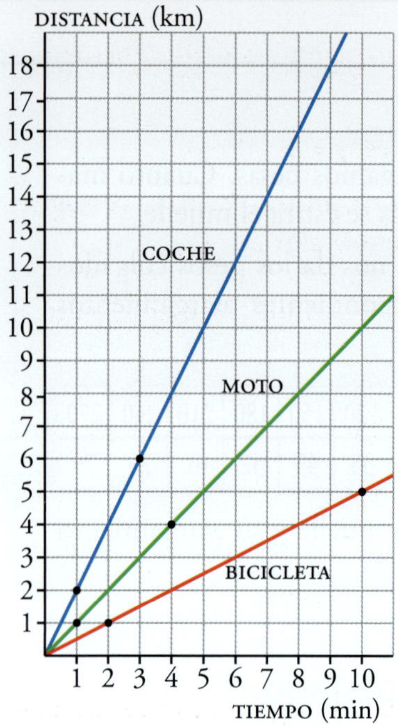

En este apartado vamos a estudiar funciones en las que las dos variables son proporcionales. Por ejemplo:

tiempo que marcha un móvil a velocidad constante → *distancia que recorre*

Son funciones que se representan mediante rectas que pasan por el origen de coordenadas y tienen una expresión analítica similar: $y = mx$

Analicemos tres funciones que responden al modelo *tiempo* → *distancia.*

- MOTOCICLETA: su velocidad es de 1 km cada minuto. La recta verde describe la distancia recorrida a lo largo del tiempo.

  1 min → 1 km Pasa por el punto (1, 1).
  4 min → 4 km Pasa por el punto (4, 4).
  La y (distancia) es igual a la x (tiempo).
  } Ecuación: $y = x$

- COCHE: su velocidad es de 2 km cada minuto. La recta azul describe la distancia recorrida a lo largo del tiempo.

  1 min → 2 km Pasa por el punto (1, 2).
  3 min → 6 km Pasa por el punto (3, 6).
  La y (distancia) es igual al doble de x (tiempo).
  } Ecuación: $y = 2x$

- BICICLETA: su velocidad es de 0,5 km cada minuto. La recta roja describe la distancia recorrida a lo largo del tiempo.

  2 min → 1 km Pasa por el punto (2, 1).
  10 min → 5 km Pasa por el punto (10, 5).
  La y (distancia) es igual a la mitad de x (tiempo).
  } Ecuación: $y = \frac{1}{2}x$

No lo olvides

Cuanto mayor sea la constante de proporcionalidad, mayor pendiente tiene la recta, es decir, más inclinada está respecto al eje X.

La **función de proporcionalidad** tiene por ecuación $y = mx$.

Se representa mediante **una recta** que pasa por (0, 0).

La constante de proporcionalidad, m (que puede ser positiva o negativa), se llama **pendiente** de la recta y tiene que ver con su inclinación.

De aquí en adelante, en las gráficas en las que no veas escala, como esta de abajo, cada cuadradito corresponde a una unidad.

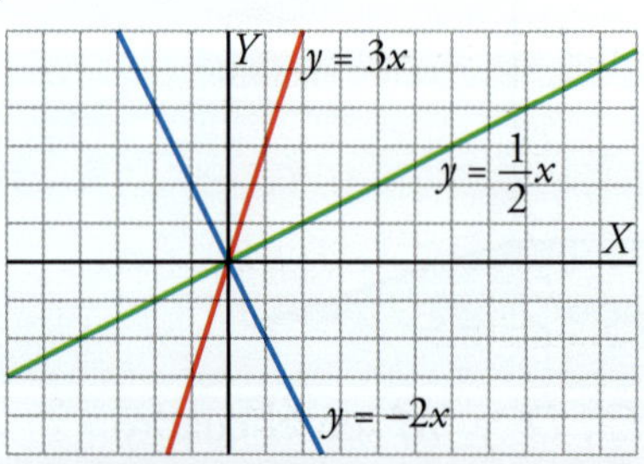

Ejercicio resuelto

Indicar la pendiente de cada una de las rectas representadas al margen.

Sus pendientes son, respectivamente, 3, $\frac{1}{2}$ y –2. Observamos que cuanto mayor es la pendiente, mayor es la inclinación. Si la pendiente es positiva, la recta es creciente, y si es negativa, la recta es decreciente.

Piensa y practica

1 Dibuja sobre unos ejes cartesianos, en papel cuadriculado, dos rectas que pasen por el origen y que tengan pendientes positivas y otras dos con pendientes negativas.

Representación de la gráfica a partir de su ecuación

Para representar una función de proporcionalidad, $y = mx$, tendremos en cuenta lo siguiente:

— **Es una recta,** pues a variaciones iguales de x corresponden variaciones iguales de y.

— **Pasa por el punto (0, 0),** pues si $x = 0$, entonces $y = m \cdot 0 = 0$.

Por tanto, para representarla solo falta **obtener otro punto.** Esto se consigue dándole un valor a x y obteniendo el correspondiente valor de y.

Por ejemplo, para representar $y = \frac{3}{5}x$, obtenemos el punto correspondiente a $x = 5$:

$$\text{Si } x = 5, \text{ entonces } y = \frac{3}{5} \cdot 5 = 3$$

Es una recta que pasa por (0, 0) y (5, 3).

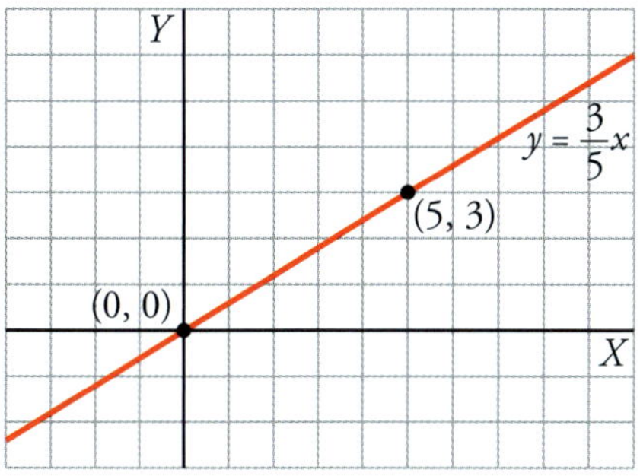

Ecuación a partir de la gráfica. Obtención de la pendiente

Si la gráfica de una función es una recta que pasa por el origen, entonces es una función de proporcionalidad, $y = mx$. Para determinar su ecuación, solo falta averiguar el valor de m (la pendiente).

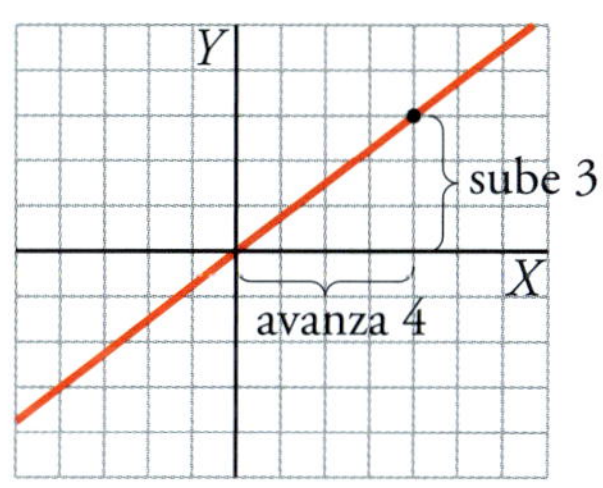

Pendiente $m = \frac{3}{4}$

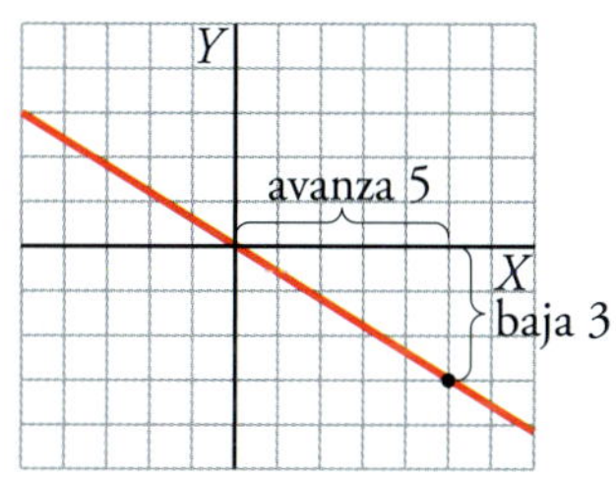

Pendiente $m = -\frac{3}{5}$

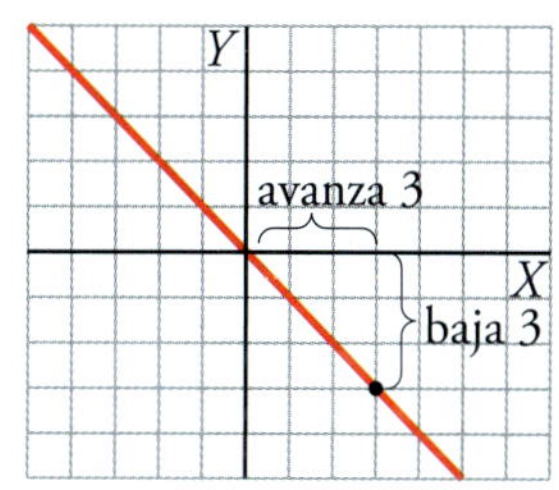

Pendiente $m = \frac{-3}{3} = -1$

La **pendiente** (coeficiente de la x) es la variación (positiva o negativa) que experimenta la y cuando la x aumenta una unidad. Para hallarla, se divide la variación de la y por la variación de la x entre dos de sus puntos.

anayaeducacion.es Refuerza: función de proporcionalidad $y = mx$.

Importante

La pendiente de una recta

$$y = mx$$

es el coeficiente de la x cuando está despejada la y.

La función $y = 0$ es, también, de proporcionalidad. Su pendiente es 0.

Piensa y practica

2 Representa las funciones siguientes:

a) $y = x$ b) $y = 2x$ c) $y = -x$

d) $y = -2x$ e) $y = \frac{1}{3}x$ f) $y = -\frac{1}{3}x$

g) $y = \frac{3}{2}x$ h) $y = \frac{-3}{2}x$ i) $y = \frac{2}{3}x$

3 Relaciona cada recta con su ecuación:

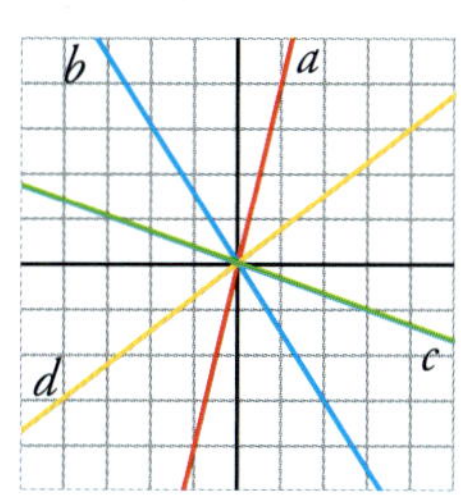

i) $y = 4x$

ii) $y = \frac{3}{4}x$

iii) $y = -\frac{3}{2}x$

iv) $y = -\frac{1}{3}x$

2 FUNCIÓN LINEAL $y = mx + n$

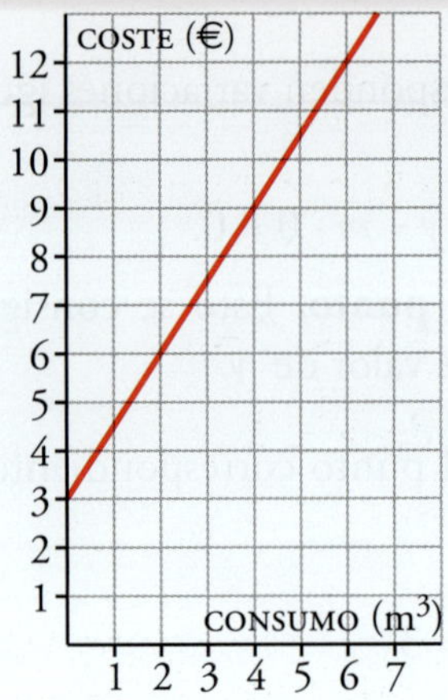

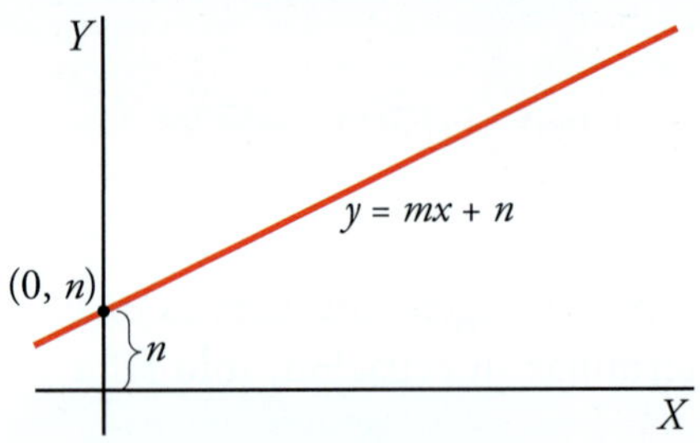

En la factura de agua de una ciudad se paga una cantidad fija de 3 € más 1,50 € por metro cúbico de consumo.

En este enunciado vemos que, una vez pagada la cantidad inicial, 3 €, el coste añadido es proporcional al consumo (en m^3) de agua que hagamos.

La función *consumo* → *coste* tiene esta ecuación: $y = 3 + 1{,}5x$

Su gráfica, en el margen, es la recta cuya pendiente es 1,5 (lo que aumenta el coste cuando el consumo de agua aumenta 1 m^3). La cantidad inicial, 3, es el punto del eje Y del cual arranca la función.

La ecuación $y = mx + n$ se representa mediante una recta con las siguientes características:

— Su **pendiente** es m (la pendiente es el coeficiente de la x en la ecuación $y = mx + n$). Representa la variación de y por cada unidad de x.

— Su **ordenada en el origen** es n. Es decir, si $x = 0$, entonces $y = n$. Por tanto, corta al eje Y en el punto $(0, n)$.

Cuando la pendiente es $m = 0$, la recta $y = n$ es paralela al eje X. Se llama **función constante** porque y siempre vale lo mismo (n) aunque varíe la x.

Atención: A las funciones que se representan mediante rectas se les suele llamar **funciones lineales,** aunque en matemáticas superiores reciben este nombre las funciones que aquí llamamos de proporcionalidad.

Ejercicios resueltos

1 ***Representar estas rectas:***

a) $y = 5x - 1$

b) $y = -2$

c) $y = -\frac{5}{4}x + 3$

a) 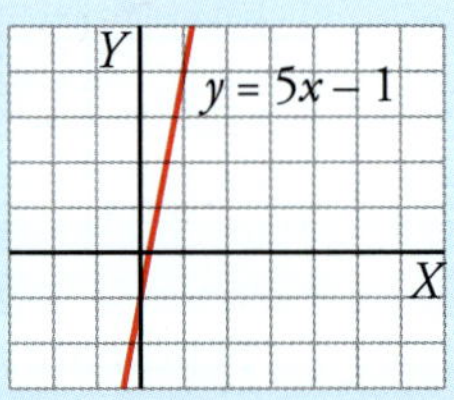

b) 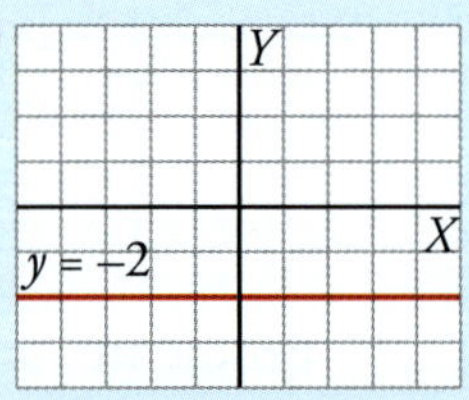

c) 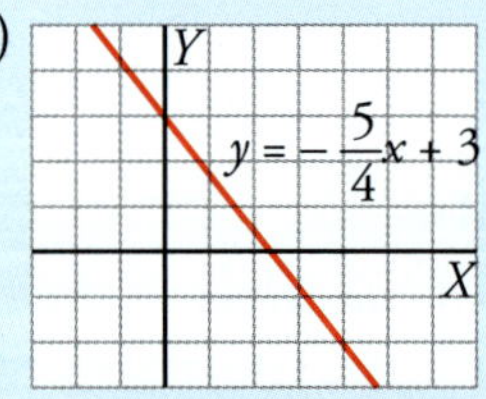

2 ***Representar esta recta:***

$$y = \frac{3x + 1}{2}$$

La ecuación se pone así: $y = \frac{3}{2}x + \frac{1}{2}$

Como la ordenada en el origen es fraccionaria, representamos la recta a partir de dos puntos con coordenadas enteras:

Si $x = 1,\ y = 2 \rightarrow (1, 2)$

Si $x = -1,\ y = -1 \rightarrow (-1, -1)$

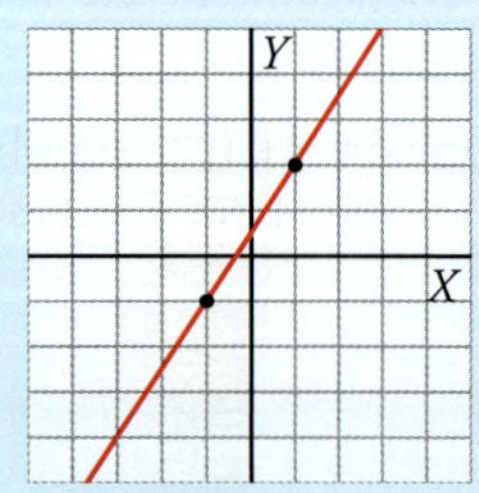

Piensa y practica

anayaeducacion.es Practica con funciones $y = mx + n$.

1 Representa en unos ejes cartesianos, sobre papel cuadriculado, las rectas de ecuaciones:

a) $y = 3x - 2$ b) $y = 3 - 2x$ c) $y = \frac{3}{4} - \frac{1}{4}x$

d) $y = \frac{2}{3}x - 5$ e) $y = -2$ f) $y = \frac{5x - 3}{2}$

2 Escribe la ecuación de cada una de las rectas de la derecha:

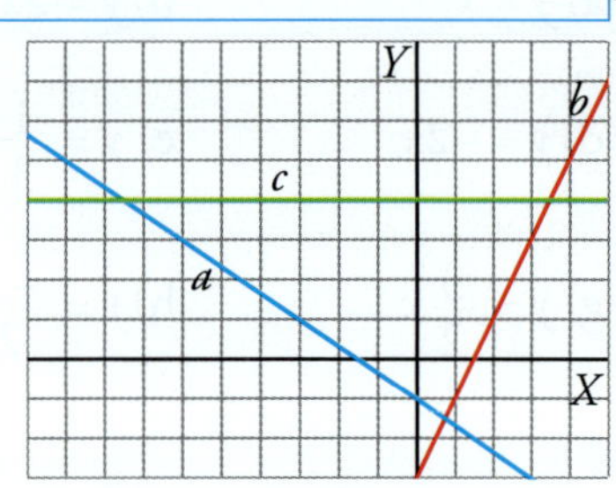

Ecuación a partir de un punto y la pendiente

Supongamos que de una recta conocemos un punto (x_0, y_0) y su pendiente, m. Entonces, su ecuación puede ponerse así:

$$y = y_0 + m(x - x_0) \qquad \text{ECUACIÓN PUNTO-PENDIENTE}$$

Comprobemos que la ecuación anterior cumple las condiciones requeridas:

- Es claro que esta recta pasa por (x_0, y_0), pues:

  si $x = x_0$, entonces $y = y_0 + m(x_0 - x_0) = y_0 + m \cdot 0 = y_0$

- Su pendiente es m, por ser el coeficiente de la x al despejar la y.

Ten en cuenta

Las ecuaciones $y = y_0 + m(x - x_0)$ pueden simplificarse hasta adoptar la forma $y = mx + n$.

Por ejemplo:

$$y = 3 + \frac{2}{5}(x - 1) \Rightarrow y = \frac{2}{5}x + \frac{13}{5}$$

Ejercicios resueltos

1 ***Escribir las ecuaciones de las rectas siguientes dadas por un punto y su pendiente:***

a) $P(3, 7)$ $\quad m = 4$

b) $P(-2, 5)$ $\quad m = -\frac{2}{3}$

c) $P(4, -1)$ $\quad m = 1{,}2$

d) $P(1, -3)$ $\quad m = 0$

Obtenemos, para cada una de las rectas, su ecuación punto-pendiente.

a) ECUACIÓN: $y = 7 + 4(x - 3)$ Es decir, $y = 4x - 5$.

b) ECUACIÓN: $y = 5 - \frac{2}{3}(x + 2)$ Es decir, $y = -\frac{2}{3}x + \frac{11}{3}$.

c) ECUACIÓN: $y = -1 + 1{,}2(x - 4)$ Es decir, $y = 1{,}2x - 5{,}8$.

d) ECUACIÓN: $y = -3 + 0(x - 1)$ Es decir, $y = -3$.

2 ***Escribir la ecuación de las rectas a, b y c.***

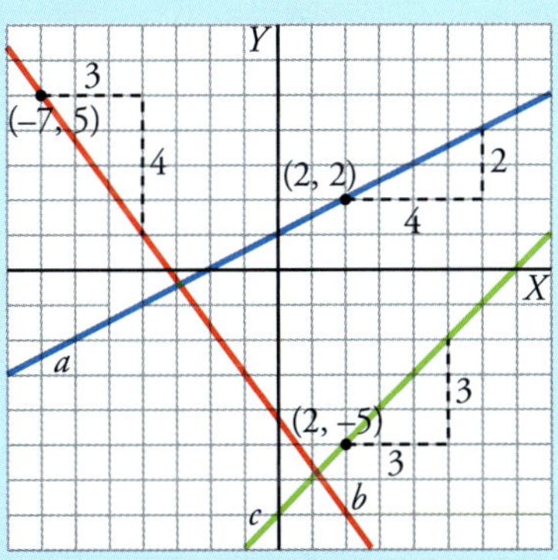

a) Pasa por (2, 2). Su pendiente es $\frac{2}{4} = \frac{1}{2}$.

ECUACIÓN: $y = 2 + \frac{1}{2}(x - 2)$

b) Pasa por (–7, 5). Su pendiente es $-\frac{4}{3}$.

ECUACIÓN: $y = 5 - \frac{4}{3}(x + 7)$

c) Pasa por (2, –5). Su pendiente es $\frac{3}{3} = 1$.

ECUACIÓN: $y = -5 + (x - 2)$

anayaeducación.es Refuerza: la ecuación punto-pendiente.

Piensa y practica

anayaeducacion.es GeoGebra. Concepto de pendiente de una recta.

3 Escribe, en cada caso, la ecuación de la recta que pasa por P y tiene pendiente m:

a) $P(4, -3)$, $m = 4$

b) $P(0, 2)$, $m = -\frac{1}{2}$

c) $P(-3, 1)$, $m = \frac{5}{4}$

d) $P(0, 0)$, $m = -1$

e) $P(-1, 3)$, $m = -\frac{3}{5}$

f) $P(0, -2)$, $m = 0$

4 Escribe la ecuación de las rectas a y b dadas mediante sus gráficas. Escoge de cada una otro punto distinto al que tomaste para escribir la ecuación. Vuelve a escribir una ecuación con este otro punto. Comprueba que se trata de la misma ecuación.

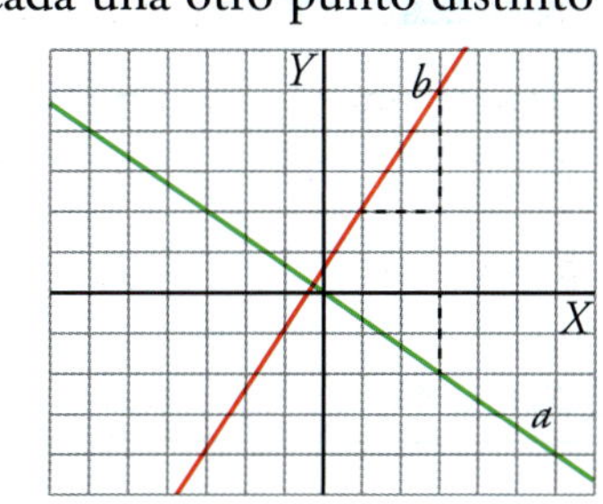

Ecuación a partir de dos puntos

Si de una recta conocemos dos puntos, podemos obtener su pendiente a partir de ellos y, después, con la pendiente y uno de los puntos, hallar su ecuación tal y como hemos visto en la página anterior.

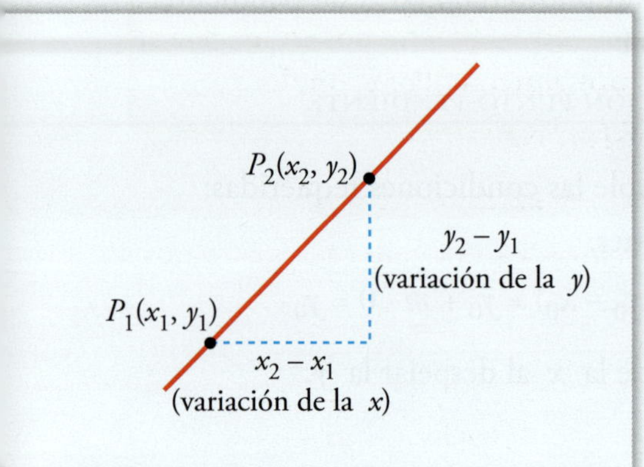

→ OBTENCIÓN DE LA PENDIENTE CONOCIENDO DOS PUNTOS

Para hallar la pendiente de la recta que pasa por dos puntos conocidos, se puede proceder gráficamente, midiendo (o contando cuadraditos) la variación de la x y la variación de la y.

Pero también se obtiene (más rápida y eficazmente) mediante el cálculo siguiente:

$$\left.\begin{matrix} P_1(x_1, y_1) \\ P_2(x_2, y_2) \end{matrix}\right\} \rightarrow m = \frac{\text{variación de la } y}{\text{variación de la } x} = \frac{y_2 - y_1}{x_2 - x_1}$$

Ejercicios resueltos

1 ***Hallar las pendientes de las siguientes rectas dadas por dos puntos:***

***a)** (2, –5), (6, 1)*

***b)** (–1, 0), (3, 2)*

***c)** (–3, –1), (2, –2)*

GRÁFICAMENTE:

a) 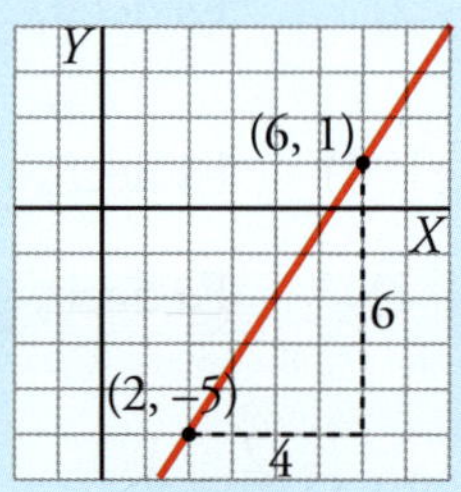

$m = \frac{6}{4} = \frac{3}{2}$

b) 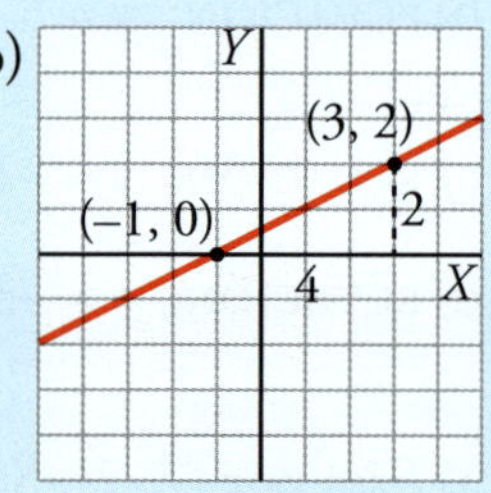

$m = \frac{2}{4} = \frac{1}{2}$

c) 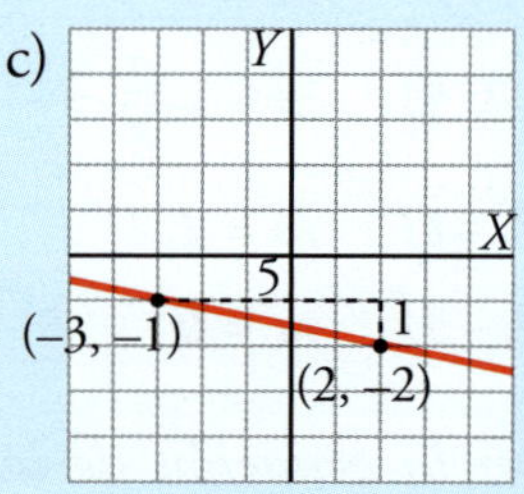

$m = -\frac{1}{5}$

OPERANDO:

a) $m = \frac{1-(-5)}{6-2} = \frac{6}{4} = \frac{3}{2}$ b) $m = \frac{2-0}{3-(-1)} = \frac{2}{4} = \frac{1}{2}$ c) $m = \frac{-2-(-1)}{2-(-3)} = \frac{-1}{5}$

2 ***Obtener la ecuación de la recta que pasa por P y Q:***

***a)** P(5, 3), Q(–3, 4)*

***b)** P(–3, 5), Q(–2, 3)*

a) $m = \frac{4-3}{-3-5} = \frac{1}{-8} = -\frac{1}{8}$ ECUACIÓN: $y = 3 - \frac{1}{8}(x-5)$

b) $m = \frac{3-5}{-2-(-3)} = \frac{-2}{1} = -2$ ECUACIÓN: $y = 5 - 2(x+3)$

Comprueba que si en lugar de tomar los puntos (5, 3) y (–3, 5) tomáramos los otros dos, obtendríamos las mismas ecuaciones.

Piensa y practica

anayaeducacion.es Refuerza: ecuación de la recta que pasa por dos puntos.

5 Halla, en cada caso, la ecuación de la recta que pasa por los puntos P y Q:

a) $P(2, 5)$, $Q(-3, 6)$ b) $P(3, -4)$, $Q(-2, -1)$

c) $P(-1, 0)$, $Q(5, 5)$ d) $P(-7, 1)$, $Q(3, 4)$

e) $P(3, 1)$, $Q(-2, 1)$ f) $P(2, -2)$, $Q(2, 5)$

6 Halla las ecuaciones de las rectas a, b y c. Utiliza los puntos marcados para calcular las pendientes.

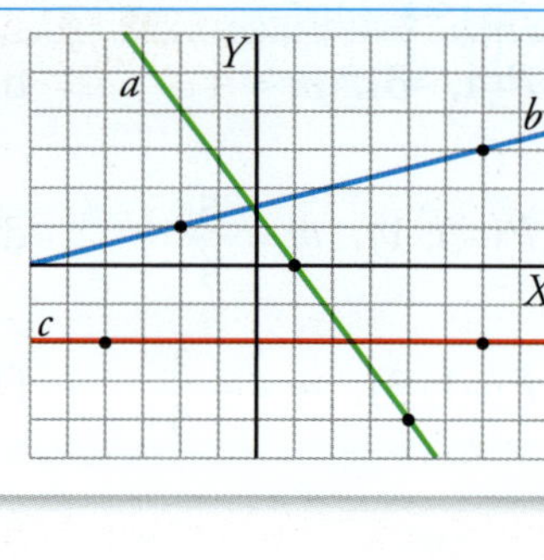

3 APLICACIONES DE LA FUNCIÓN LINEAL. PROBLEMAS DE MOVIMIENTOS

Las funciones lineales sirven para describir multitud de fenómenos en los que se relacionan dos magnitudes que varían proporcionalmente. Por ejemplo:

peso de un producto → *coste del mismo*

tiempo de movimiento uniforme → *distancia recorrida*

Veamos algunas funciones que describen situaciones de movimientos uniformes.

Problemas resueltos

1 ***Alicia salió de su casa a caminar a una velocidad de 5 km/h. ¿A qué distancia se hallará dentro de t horas?***

Si la distancia la expresamos en kilómetros y el tiempo en horas, la distancia recorrida por Alicia en t horas es:

$$d = 5t$$

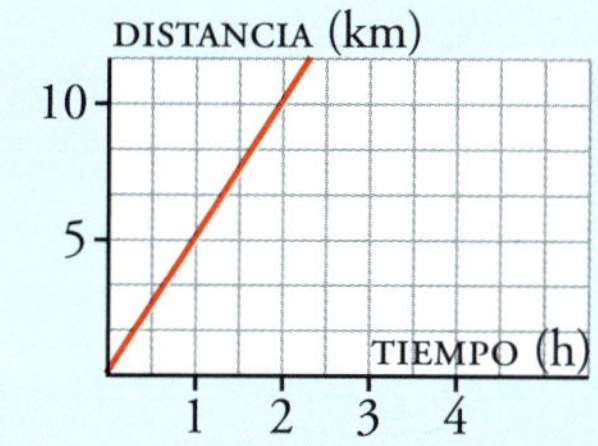

2 ***Jaime salió de paseo hace 2 h a una velocidad de 4 km/h. ¿A qué distancia estará dentro de t horas?***

Como salió hace 2 h, dentro de t horas llevará caminando $2 + t$ horas. Por tanto, Jaime habrá recorrido $4(2 + t)$ km.

$$d = 4(2 + t)$$

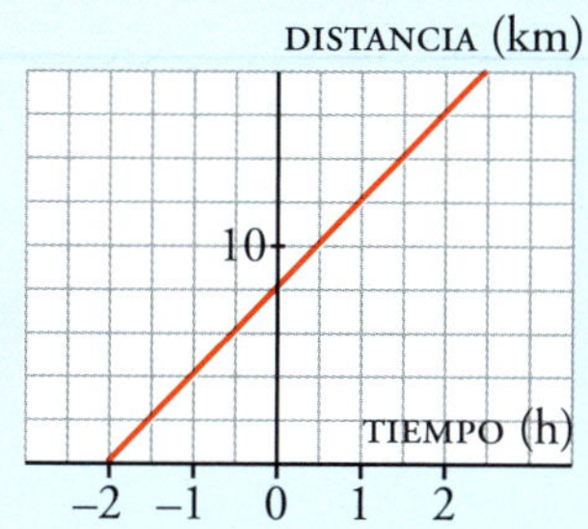

3 ***Ricardo está en su pueblo a 40 km de nosotros. Sale hacia aquí en bicicleta a 15 km/h. ¿A qué distancia se encuentra de nosotros dentro de t horas?***

Dentro de t horas, Ricardo habrá recorrido $15t$ km. En esa cantidad de kilómetros se habrá reducido la distancia que nos separa. Por tanto:

$$d = 40 - 15t$$

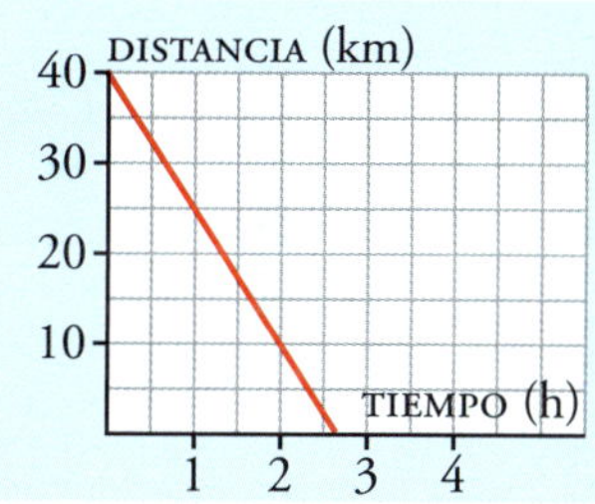

4 ***Una peregrina se encuentra todavía a 50 km de Santiago de Compostela. Prosigue su camino a las 8 de la mañana a un ritmo de 6 km/h. ¿A qué distancia de su destino se encontrará a las t horas de ese día?***

El tiempo que lleva caminando a las t horas es $t - 8$. La distancia recorrida es $6(t - 8)$.

Su distancia a Santiago será:

$$d = 50 - 6(t - 8)$$

Si la peregrina estuviera andando sin parar durante 6 horas, el dominio de definición de la función sería 8-14.

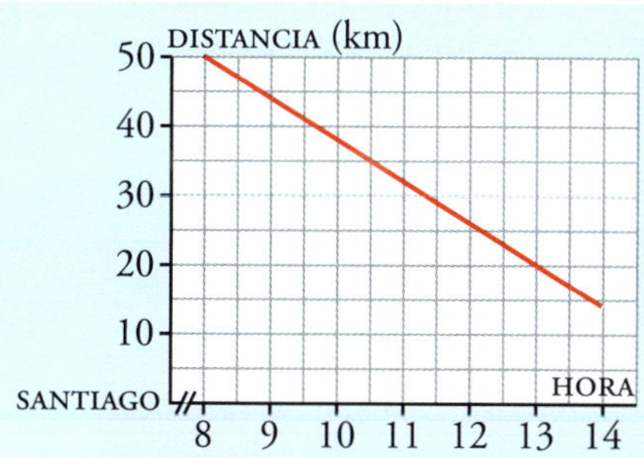

Piensa y practica

anayaeducacion.es Ayuda para elegir escalas en los ejes.

1 Un robot va a una velocidad de 7 m por minuto (7 m/min). ¿Qué distancia recorre en t min?

2 Un robot marcha a 7 m/min. Lo pusimos en marcha hace 2 min. ¿A qué distancia estará de nosotros dentro de t min?

3 Un robot está a 40 m de nosotros y se nos acerca a 5 m/min. ¿A qué distancia estará dentro de t min?

4 A las 10:00 alquilamos una bici a 5 €/h y dejamos 100 € de adelanto. ¿Cuánto nos han de devolver si la llevamos de vuelta a las t horas de ese día?

4 ESTUDIO CONJUNTO DE DOS FUNCIONES LINEALES

Para estudiar conjuntamente dos funciones lineales, las representamos sobre los mismos ejes. Su punto de corte es de gran importancia en la interpretación conjunta. Para hallar sus coordenadas, si no se ven claramente sobre la gráfica, se resuelve el sistema formado por ambas ecuaciones.

Problema resuelto

Paula sale a las 10:00 h de su casa caminando a 4 km/h en busca de su amigo Álex. A las 12:00 h, Álex sale al encuentro de Paula en bici a 12 km/h. Si viven a 24 km de distancia, ¿a qué hora y dónde se encuentran?

Relacionamos distancias y tiempos. Las distancias las referimos a la casa de Paula, y como origen del tiempo tomamos el momento en que sale Álex.

Ecuación del movimiento de Álex:

En el instante t se ha acercado a casa de Paula $12t$ km, por tanto, su distancia a casa de Paula es $d = 24 - 12t$.

Ecuación del movimiento de Paula:

En el instante inicial, Paula lleva 2 horas caminando. En el instante t lleva, pues, $(t + 2)$ h. Por tanto, la distancia de Paula a su casa en el instante t es $d = 4(t + 2)$.

En el momento en el que se encuentran están en el mismo lugar.

Esa coincidencia, tanto de tiempo como de posición, nos lleva a resolver el problema obteniendo el punto en el que se cortan las rectas descritas por ambas ecuaciones.

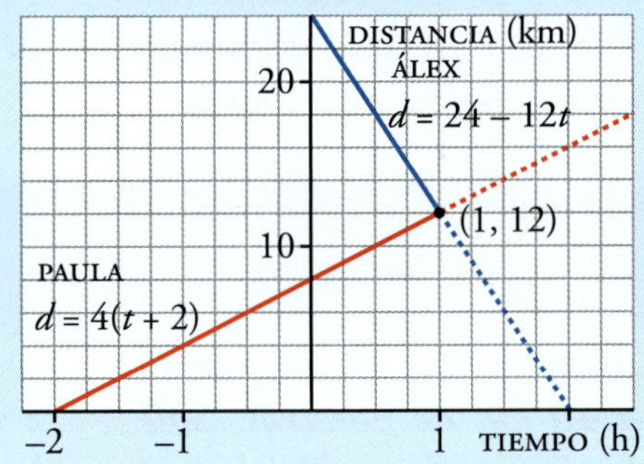

El punto de corte de las rectas, (1, 12), significa que se encuentran una hora después de que Álex saliera de casa a 12 km de la casa de Paula.

OPERANDO:

Las coordenadas del punto de corte también se pueden hallar resolviendo el sistema formado por las dos ecuaciones:

$$\left.\begin{array}{l} d = 24 - 12t \\ d = 4(t + 2) \end{array}\right\} \to 24 - 12t = 4t + 8 \to 16t = 16 \to t = 1 \to d = 12$$

Solución: Se encuentran a las 13:00 h a 12 km de casa de Paula.

anayaeducacion.es Refuerza: estudio conjunto de dos funciones.

Piensa y practica

anayaeducacion.es GeoGebra. Resuelve el problema «Transporte en autobús».

1 Un tren AVE ha salido a las 10 de la mañana de una ciudad situada a 750 km de la nuestra y viene hacia aquí a 200 km/h. Por otro lado, un tren de mercancías salió dos horas antes de nuestra ciudad y va a 50 km/h por una vía paralela a la del AVE.

a) Expresa mediante dos funciones la distancia a nuestra ciudad de cada tren al cabo de t horas.

b) Representa las dos rectas correspondientes a las funciones en unos ejes de coordenadas.

c) Indica en qué punto se cortan las dos rectas y di qué significa cada una de sus coordenadas.

d) Calcula mediante un sistema de ecuaciones la hora a la que se cruzan los trenes y a qué distancia de nuestra ciudad se encuentran.

5 PARÁBOLAS Y FUNCIONES CUADRÁTICAS

La curva que describe un balón cuando se lanza a canasta es una parábola. También describen parábolas las bolas de golf o los chorros de agua. Parabólicas son las secciones de las antenas que captan las emisiones de televisión procedentes de los satélites artificiales y las secciones de los faros de los coches.

Hay muchas funciones que se representan mediante parábolas:

— El área de un cuadrado en función de su lado $(A = l^2)$ o la de un círculo en función de su radio $(A = \pi r^2)$.

— La altura a la que se encuentra una piedra que lanzamos hacia arriba en función del tiempo transcurrido desde que se lanzó $(a = v_0 t - 4{,}9t^2)$.

— El espacio que recorre un coche desde que decidimos frenar hasta que realmente se para, en función de la velocidad que llevaba $(e = 0{,}0074v^2 + 0{,}21v)$.

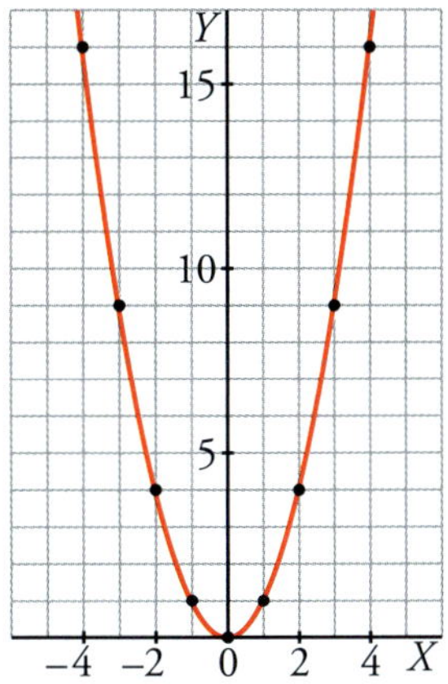

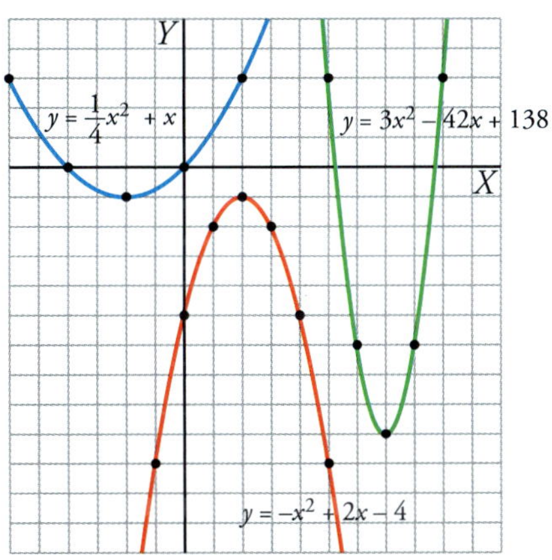

Parábola tipo: la función $y = x^2$

Empecemos por representar el modelo de parábola más sencillo, que corresponde a la función $y = x^2$.

A la derecha puedes ver su tabla de valores, y en el margen, su representación gráfica.

Se trata de una curva **simétrica** respecto al eje Y; tiene un mínimo en el punto (0, 0), al que llamamos **vértice.**

Tiene **dos ramas,** una decreciente y otra creciente.

x	y
–4	16
–2	4
–1	1
0	0
1	1
2	4
4	16

Funciones cuadráticas

Las funciones $y = ax^2 + bx + c$, con $a \neq 0$, llamadas **cuadráticas,** se representan todas ellas mediante **parábolas** con su eje de simetría paralelo al eje Y.

Su forma (hacia abajo, hacia arriba, más ancha…) depende de a, coeficiente de x^2, del siguiente modo:

- Si dos funciones cuadráticas tienen el mismo coeficiente de x^2, las correspondientes parábolas son idénticas, aunque pueden estar situadas en posiciones distintas.
- Si $a > 0$, tienen las ramas hacia arriba, y si $a < 0$, hacia abajo.
- Cuanto mayor sea $|a|$, más estilizada es la parábola.

Piensa y practica

1 Asocia estas expresiones analíticas de funciones cuadráticas con sus correspondientes parábolas representadas a la derecha:

I) $y = 2x^2 - 2x + 1$ II) $y = -x^2 + x - 3$

III) $y = \frac{1}{2}x^2 - 1$ IV) $y = -3x^2 + 8x$

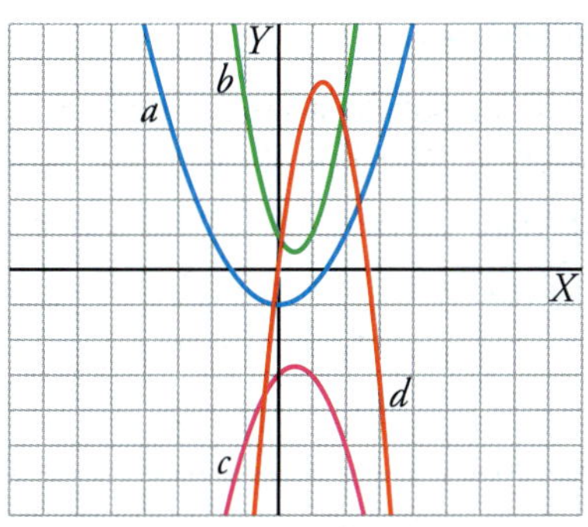

Representación de funciones cuadráticas

Veamos ahora algunos pasos que conviene dar para la representación de la función $y = ax^2 + bx + c$:

anayaeducacion.es Ayuda al razonamiento: la abscisa del vértice.

1.º Obtención de la **abscisa del vértice:** $x_0 = -\frac{b}{2a}$

A partir de la abscisa, x_0, y de la ecuación de la parábola, se halla la ordenada.

2.º Obtención de algunos **puntos próximos al vértice.**

Calculamos el valor de la función en abscisas enteras próximas al vértice, a su derecha y a su izquierda. Así conocemos la curva en su parte más interesante.

3.º Obtención de los **puntos de corte con los ejes.**

— Corte con el eje *X*: se resuelve la ecuación $ax^2 + bx + c = 0$.

Puede haber dos, uno o ningún punto de corte, tantos como soluciones tenga la ecuación.

— Corte con el eje *Y*: es el $(0, c)$.

4.º Representación.

Escogeremos sobre los ejes unas escalas que nos permitan plasmar la información en un espacio razonable.

Ejercicio resuelto

Representar $y = x^2 - 3x - 4$.

1.º Obtención del vértice:

Abscisa: $x_0 = \frac{-(-3)}{2 \cdot 1} = \frac{3}{2} = 1,5$

Ordenada: $f(1,5) = (1,5)^2 - 3 \cdot 1,5 - 4 = -6,25$

El vértice es (1,5; −6,25).

2.º Obtención de puntos próximos al vértice:

x	−2	−1	0	1	2	3	4	5
y	6	0	−4	−6	−6	−4	0	6

3.º Puntos de corte con los ejes:

- Cortes con el eje *X*:

$x^2 - 3x - 4 = 0 \rightarrow x = \frac{3 \pm \sqrt{9+16}}{2} \rightarrow$

$\rightarrow x_1 = -1, \; x_2 = 4$

- Corte con el eje *Y*: (0, −4)

(Esta información ya la teníamos en la tabla).

4.º Puedes ver la representación a la derecha.

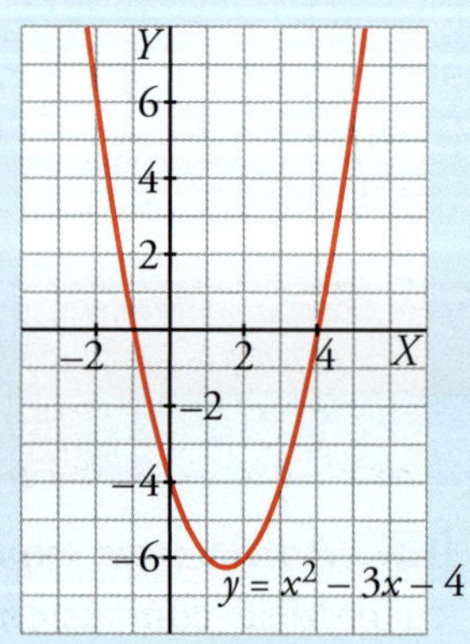

Piensa y practica

2 Representa las siguientes parábolas:

a) $y = x^2 - 2x + 3$ b) $y = x^2 - 6x + 5$

3 Dibuja estas funciones:

a) $y = \frac{1}{4}x^2 + x - 2$ b) $y = 2x^2 - 10x + 8$

EJERCICIOS Y PROBLEMAS RESUELTOS

1 Carrera de tortugas

Estas gráficas muestran la distancia recorrida por cada una de las tortugas que compiten en una carrera. Desde el minuto 13 se ha borrado todo:

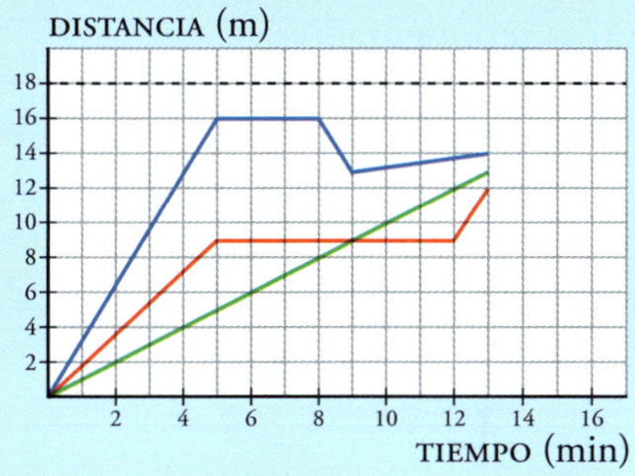

Suponiendo que siguen al mismo ritmo y que la meta está a 18 m:

a) Escribir en cada caso la ecuación del último tramo de función para cada tortuga.

b) ¿Cuál ganará la carrera?

a) Tortuga azul: Es una recta que pasa por los puntos (9, 13) y (13, 14). Su pendiente es: $m = \frac{14-13}{13-9} = \frac{1}{4}$. Su ecuación es: $y = 13 + \frac{1}{4}(x-9)$

Tortuga roja: Pasa por los puntos (12, 9) y (13, 12). Su pendiente es: $m = \frac{12-9}{13-12} = 3$. Su ecuación es: $y = 9 + 3(x-12)$.

Tortuga verde: Pasa por (0, 0) y (13, 13). Su pendiente es: $m = 1$. Su ecuación es: $y = x$.

b) Para ver cuál gana la carrera, hay que hallar el punto de corte de cada una con la recta $y = 18$, que es la meta.

Tortuga azul: $18 = 13 + \frac{1}{4}(x-9) \to 5 = \frac{1}{4}(x-9) \to 20 = x-9 \to x = 29$

Tortuga roja: $18 = 9 + 3(x-12) \to 9 = 3(x-12) \to 3 = x-12 \to x = 15$

Tortuga verde: $x = 18$

Por tanto, si mantienen sus velocidades en el último tramo, gana la tortuga roja, que llega en 15 min; después, a los 18 min, llega la verde, y a los 29 min, la azul.

Hazlo tú Halla las ecuaciones de los primeros tramos de las tortugas azul y roja. Si las tres hubieran seguido el ritmo del primer tramo, ¿cuándo llegaría cada una?

2 La flecha y el globo

Se ha soltado un globo de helio que sube a una velocidad constante de 5 m/s. Cuando está a 90 m, se lanza una flecha verticalmente hacia arriba cuya altura, a, con respecto al tiempo, t, viene dada por la ecuación:

$$a = 60t - 5t^2$$

a) Escribir la ecuación de la función que expresa la altura del globo.

b) ¿A qué altura pincha la flecha al globo? ¿Cuánto tiempo pasó desde que se lanzó la flecha?

c) Si la flecha no hubiera pinchado el globo cuando subía, ¿a qué altura lo pincharía al bajar?

d) Dibujar las gráficas de las alturas de la flecha y el globo.

a) Tomamos el origen del tiempo $(t = 0)$ cuando se lanza la flecha; en ese momento el globo se encuentra a 90 m de altura. La expresión de la función de la altura del globo es, pues, $y = 90 + 5t$.

b) Para calcular la altura a la que pincha la flecha el globo, resolvemos un sistema con las ecuaciones de la flecha y el globo:

$$\left.\begin{array}{l} a = 90 + 5t \\ a = 60t - 5t^2 \end{array}\right\} \to 90 + 5t = 60t - 5t^2 \to 5t^2 - 55t + 90 = 0 \quad \begin{array}{l} t_1 = 2 \\ t_2 = 9 \end{array}$$

Es decir, a los 2 s la flecha pincha el globo a una altura de:

$$a = 90 + 5 \cdot 2 = 100 \text{ m}$$

c) Si no pinchara el globo al subir, lo haría al bajar a los 9 s a una altura de:

$$a = 90 + 5 \cdot 9 = 135 \text{ m}$$

d)

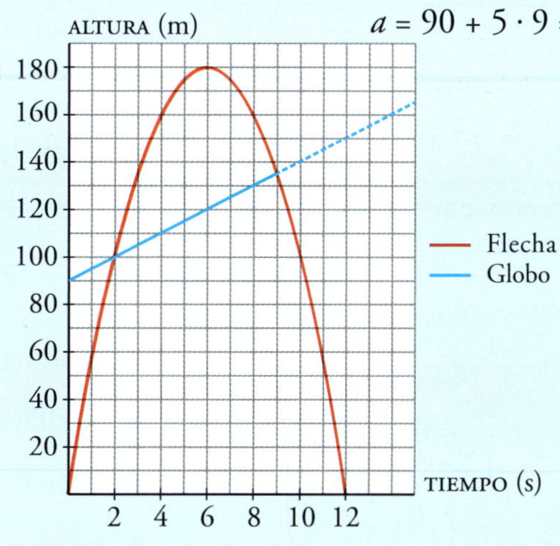

Hazlo tú Responde a las mismas preguntas suponiendo que el globo sube a 10 m/s y que a los 12 s se lanza la flecha.

Recuerda seleccionar el material de trabajo de esta unidad para tu **portfolio**.

EJERCICIOS Y PROBLEMAS

Practica

Funciones lineales. Rectas

1 Asocia cada recta con su ecuación:

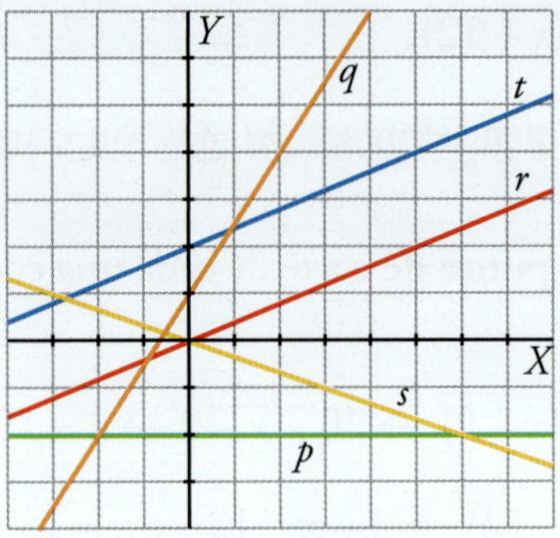

a) $y = -\frac{1}{3}x$

b) $y = \frac{3}{2}x + 1$

c) $y = \frac{2}{5}x$

d) $y = \frac{2}{5}x + 2$

e) $y = -2$

2 Representa las rectas siguientes:

a) $y = 4x$ b) $y = -2,4x$ c) $y = -\frac{x}{2}$

d) $y = -2x + 1$ e) $y = -\frac{x}{2} + 3$ f) $y = -\frac{8}{5}$

g) $y = \frac{3x - 5}{2}$ h) $y = 2,5x - 1$ i) $y = \frac{3}{4}x + \frac{1}{2}$

3 Di la pendiente de estas rectas y represéntalas en los mismos ejes. ¿Qué conclusión sacas?

a) $y = 2x$ b) $y = 2x - 3$

c) $2x - y + 1 = 0$ d) $4x - 2y + 5 = 0$

4 Indica la pendiente y la ordenada en el origen de cada una de las rectas de los ejercicios 1 y 2. ¿Cuáles de ellas corresponden a funciones de proporcionalidad?

5 Escribe la ecuación de la recta de la que conocemos un punto y la pendiente, en cada caso:

a) $P(-2, 5)$, $m = 3$ b) $P(0, -5)$, $m = -2$

c) $P(0, 0)$, $m = \frac{3}{2}$ d) $P(-2, -4)$, $m = -\frac{2}{3}$

6 Escribe las pendientes de las rectas que pasan por los siguientes pares de puntos:

a) $A(0, 0)$ y $B(1, 1)$ b) $A(0, 0)$ y $B(1, -2)$

c) $A(1, 3)$ y $B(5, 3)$ d) $A(0, 2)$ y $B(2, 0)$

e) $A(-5, -2)$ y $B(-1, 3)$ f) $A(3, -2)$ y $B(0, -1)$

g) $A\left(\frac{4}{5}, 1\right)$ y $B\left(3, -\frac{2}{3}\right)$ h) $A\left(-\frac{1}{2}, \frac{1}{3}\right)$ y $B\left(\frac{4}{3}, -\frac{3}{5}\right)$

7 Obtén la ecuación de la recta que pasa por A y B.

a) $A(2, -1)$, $B(3, 4)$ b) $A(-5, 2)$, $B(-3, 1)$

c) $A\left(\frac{3}{2}, 2\right)$, $B\left(1, \frac{2}{3}\right)$ d) $A\left(-\frac{1}{2}, \frac{3}{4}\right)$, $B\left(\frac{1}{3}, 1\right)$

8 Escribe la ecuación de cada una de estas rectas. Ayúdate de los puntos representados:

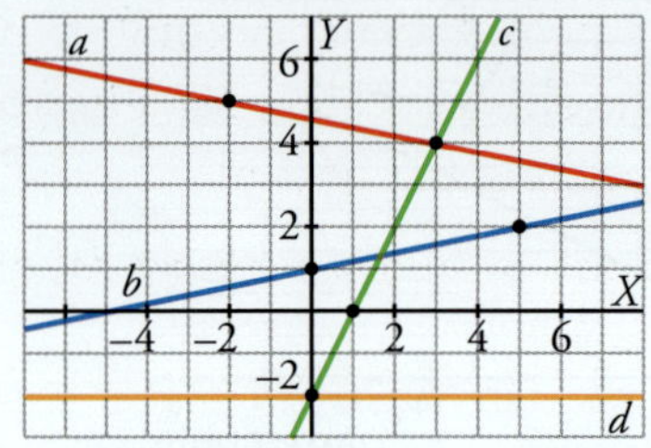

9 ¿Cuáles de las funciones de la actividad anterior son crecientes? ¿Y decrecientes? Comprueba el signo de la pendiente en cada caso.

10 Un grifo llena un depósito de 5 m de alto. La altura del agua varía con el tiempo según la función $a = (5/4)t$ (a en metros, t en segundos).

a) Represéntala.

b) ¿Es una función de proporcionalidad?

c) Di cuál es la pendiente y explica su significado.

11 Una milla equivale, aproximadamente, a 1,6 km.

a) Haz una tabla para convertir millas en kilómetros.

b) Dibuja la gráfica y escribe su ecuación.

12 Sabiendo que 100 libras equivalen a 45 kg:

a) Escribe la ecuación que determina el número de kilos, y, que equivalen a x libras.

b) Dibuja la gráfica de la función.

13 Esta tabla muestra cómo varía el volumen de agua que hay en un depósito al abrir un desagüe:

t (min)	0	1	2	3	5
V (l)	20	18	16	14	10

a) Representa la función *tiempo* → *volumen*.

b) Escribe su ecuación y su dominio de definición.

c) Di cuál es su pendiente y qué significa.

d) ¿Es una función de proporcionalidad?

14 Esta tabla muestra las longitudes de unos postes y de sus sombras en un momento determinado:

POSTE (m)	0,5	1	1,5	2	2,5
SOMBRA (m)	1,25	2,5	3,75	5	6,25

a) Escribe la ecuación que relaciona la longitud de la sombra con la altura del poste en ese instante.

b) ¿Qué longitud tiene la sombra de un poste de 3,5 m de altura? ¿Cuál es la altura de un poste que arroja una sombra de 3 m?

c) Representa la función *altura del poste* → *longitud de la sombra*.

15 Mamen anda a una velocidad de 3 km/h y su casa se encuentra a 10 km de la piscina. Asocia cada uno de estos enunciados con una de las ecuaciones de más abajo:

a) Si empieza a andar ahora, ¿qué distancia habrá recorrido dentro de t horas?

b) Si empezó a andar hace 3 h, ¿qué distancia habrá recorrido dentro de t horas?

c) Si sale de su casa para bañarse, ¿a qué distancia estará de la piscina dentro de t horas?

d) Si salió desde su casa a las 10:00 h para bañarse, ¿a qué distancia se encontrará de la piscina a las t horas?

e) Si salió de su casa hace 3 horas para bañarse, ¿a qué distancia estará de la piscina dentro de t horas?

$d = 3t + 3$ $\qquad d = 10 + 3(t - 10)$ $\qquad d = 3(t + 3)$

$d = 3(t - 3)$ $\qquad d = 10 - 3(t - 10)$ $\qquad d = 10 - 3t$

$d = 3t$ $\qquad d = 10 - 3(t + 3)$ $\qquad d = 10 + 3(t + 3)$

16 Indica cuál es la gráfica correspondiente a cada uno de los enunciados de la actividad anterior.

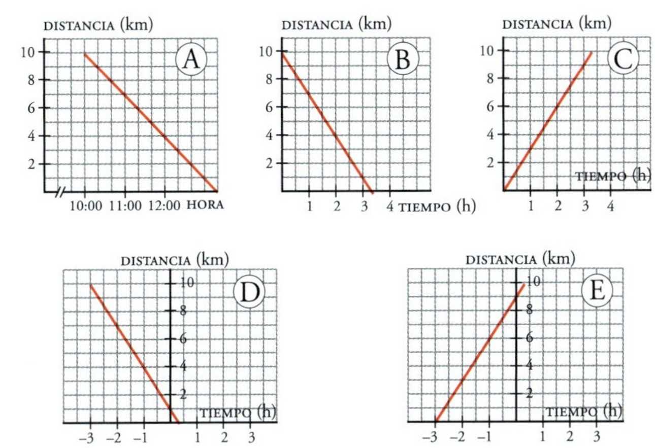

Funciones cuadráticas. Parábolas

17 Asocia cada función cuadrática con su correspondiente gráfica:

I) $y = x^2$

II) $y = -x^2$

III) $y = -2x^2$

IV) $y = \frac{1}{2}x^2$

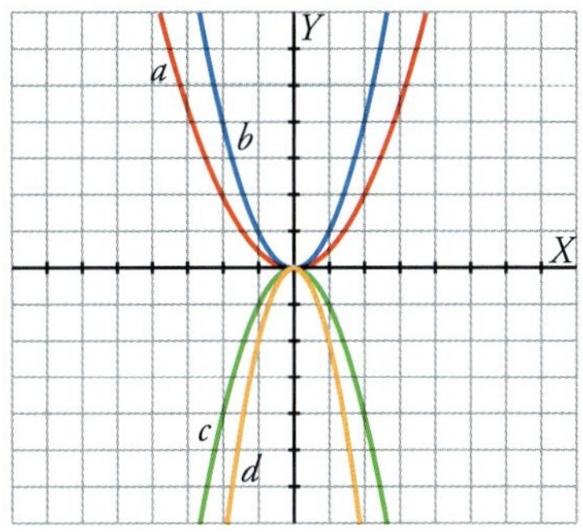

18 Asocia cada ecuación con su correspondiente parábola:

I) $y = x^2 + 3x - 2$

II) $y = -x^2 + 2x - 1$

III) $y = -2x^2 - 6x + 1$

IV) $y = \frac{1}{2}x^2 - 4x + 2$

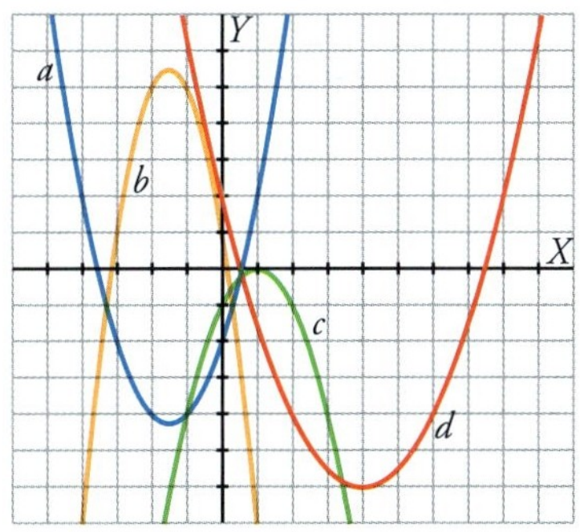

19 Di cuál es el punto (abscisa y ordenada) donde se encuentra el vértice de las siguientes parábolas, señalando, en cada caso, si se trata de un máximo o un mínimo:

a) $y = x^2 - 5$ b) $y = 3 - x^2$ c) $y = -2x^2 - 4x + 3$

d) $y = 5x^2 + 20x + 20$ e) $y = -\frac{5}{2}x^2 + 5x - \frac{3}{2}$

20 Representa las siguientes funciones haciendo, en cada caso, una tabla de valores como esta, y di cuál es el vértice de cada parábola:

X	–4	–3	–2	–1	0	1	2	3	4
Y	…	…	…	…	…	…	…	…	…

a) $y = x^2 + 3$ b) $y = x^2 - 4$

c) $y = 2x^2$ d) $y = 0,5x^2$

21 Representa las siguientes parábolas hallando el vértice, algunos puntos próximos a él y los puntos de corte con los ejes:

a) $y = (x + 4)^2$ b) $y = \frac{1}{3}x^2 + 2x$

c) $y = -3x^2 + 6x - 3$ d) $y = -x^2 + 5$

Resuelve problemas

22 a) Resuelve el sistema formado por las ecuaciones $y = x^2 - 5x + 2$ e $y = 5x - 23$, y comprueba que tiene una única solución, (5, 2). Represéntalas y observa que la recta y la parábola son tangentes en el punto (5, 2).

b) Averigua si alguna de estas rectas es tangente a la parábola anterior:

i) $y = x - 1$ ii) $2x + y = 4$ iii) $y = -3$

iv) $y = -x - 2$ v) $x + y = -8$ vi) $x = -3y$

23 Esta es la gráfica del espacio que recorren tres montañeros que van a velocidad constante:

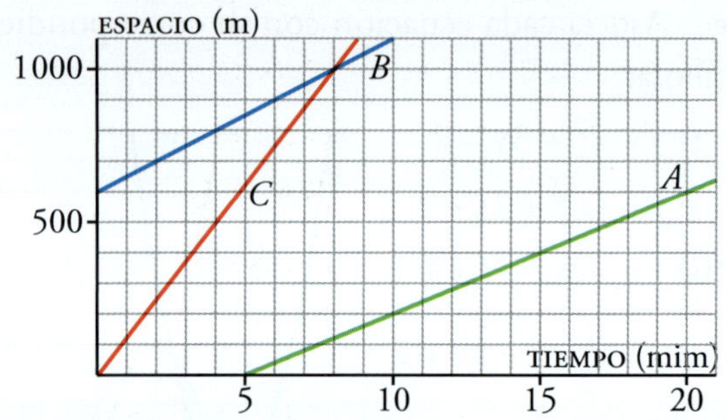

a) ¿Qué velocidad, en m/min, lleva cada uno?

b) Escribe la expresión analítica de estas funciones.

24 En cada uno de los siguientes enunciados, halla la ecuación y representa la función lineal en unos ejes coordenados:

a) Antonio compra naranjas a 3 €/kg. ¿Cuánto le costarán p kg de naranjas?

b) Sonia sale de viaje a las 8:00 h a 120 km/h. ¿Qué distancia habrá recorrido a las t horas?

c) A Juan le cobran 5 € por alquilar unos patines, más 1 € por cada hora que esté patinando. ¿Cuánto le cobrarán por t horas de patinaje?

d) Tengo 25 € y el taxi me ha cobrado 2,50 € por la bajada de bandera más 1,20 € por kilómetro recorrido. ¿Cuánto dinero me quedará si el taxi me lleva a d km de distancia?

e) A las 12:00 he sacado un refresco a 10 °C de la nevera. Si cada minuto se calienta 1,5 °C, ¿a qué temperatura estará a las t horas?

f) Hace 10 min he abierto el grifo que llena la bañera. Si el nivel sube a razón de 2 cm de altura por minuto y la bañera tiene 40 cm de profundidad, ¿cuántos centímetros faltarán para que rebose el agua dentro de t minutos?

25 a) ¿Cuál es la ecuación de la función que nos da el perímetro de un cuadrado dependiendo de cuánto mida su lado? ¿Y la que nos da su área?

b) Dibuja ambas funciones.

26 En una heladería A venden el helado a 5 € el litro, y cobran 1 € por un envase, sea del tamaño que sea. En otra heladería B cobran 0,50 € por un envase y 6 € por cada litro de helado.

a) Representa la función *litros de helado - coste* para cada heladería y escribe sus ecuaciones.

b) Analiza cuál de las dos ofertas es más ventajosa según la cantidad de helado que compremos.

27 La temperatura de fusión del hielo en la escala centígrada es 0 °C, y en la Fahrenheit es 32 °F. La ebullición del agua es 100 °C, que equivale a 212 °F.

a) Encuentra y representa la función lineal que nos da la relación entre las dos escalas.

b) Pasa a grados Fahrenheit 25 °C; 36,5 °C y 10 °C.

c) Pasa a grados centígrados 86 °F y 63,5 °F.

28 La altura, a, a la que se encuentra en cada instante, t, una piedra que lanzamos verticalmente hacia arriba es $a = 20t - 5t^2$.

a) Representa gráficamente la función.

b) Di cuál es el dominio de definición.

c) ¿En qué momento alcanza la altura máxima? ¿Cuál es esa altura?

d) ¿En qué momento toca la piedra el suelo?

e) ¿En qué intervalo de tiempo la piedra está a una altura superior a 15 metros?

29 Los gastos anuales, en euros, que una empresa tiene por la fabricación de x ordenadores son:

$$G(x) = 20\,000 + 250x$$

Y los ingresos, también en euros, que se obtienen por las ventas son:

$$I(x) = 600x - 0{,}1x^2$$

¿Cuántos ordenadores deben fabricarse para que los ingresos superen a los gastos y haya beneficios?

30 Dibuja las parábolas cuyas ecuaciones son:

$$y = 3x^2 - 12x + 7 \qquad y = -x^2 + 4x - 5$$

Busca los puntos de corte mediante un sistema de ecuaciones y comprueba que corresponden a los hallados gráficamente.

Resuelve: un poco más difícil

31 La medicina recomienda que al hacer deporte no se superen ciertas limitaciones de frecuencia cardiaca. Hace tiempo se estableció un algoritmo para hallar la Máxima Frecuencia Cardiaca Recomendada (MFCR) según la edad:

$$\text{MFCR} = 220 - \text{edad}$$

Investigaciones médicas posteriores sugieren una leve modificación de esta fórmula:

$$\text{MFCR} = 208 - (0{,}7 \cdot \text{edad})$$

La comunidad médica afirma que la nueva fórmula reduce un poco las pulsaciones recomendadas a los jóvenes y las aumenta ligeramente para los mayores.

a) ¿A partir de qué edad la nueva fórmula aumenta la limitación?

b) Dibuja las dos gráficas, calcula el punto de corte y comprueba que coincide con lo hallado en el apartado anterior.

c) Comprueba, para cada una de las dos fórmulas, qué limitación de frecuencia cardiaca corresponde a tu edad.

32 La siguiente figura muestra cómo al bajar una cortinilla se oculta el triángulo coloreado de forma que al principio se ve el triángulo completo y al final no se ve nada:

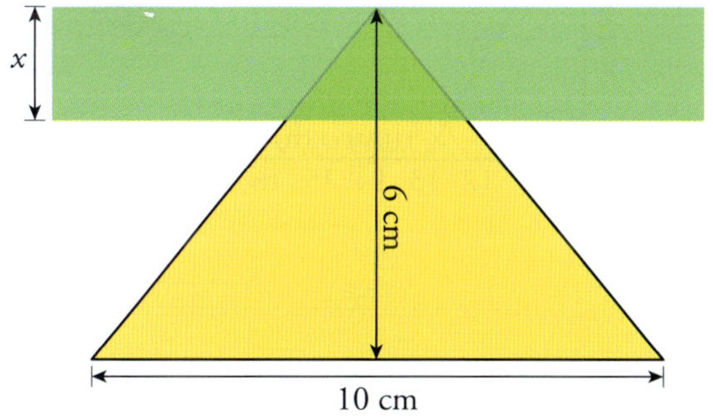

a) Calcula en función de x (lo que baja la cortinilla) el área de la parte del triángulo que podemos ver.

b) ¿Cuál es el dominio de la función?

c) Dibuja la gráfica correspondiente.

33 Tenemos 200 kg de naranjas que hoy se venderían a 0,40 €/kg. Cada día que pasa se estropea 1 kg y el precio aumenta 0,01 €/kg.

a) ¿Cuándo hemos de vender las naranjas para obtener el máximo beneficio?

b) ¿Cuál será ese beneficio?

Reflexiona

34 a) Calcula c para que la recta $3x - 5y = c$ pase por el punto $(-2, 4)$.

b) Calcula b para que la recta $2x + by = -11$ pase por el punto $(2, -5)$.

c) Halla k para que la parábola $y = kx^2 - 2x + 3$ pase por el punto $(-1, 0)$.

d) Halla el valor de a para que la parábola de ecuación $y = ax^2 + 2x + 3$ tenga su vértice en el punto de abscisa $x = 2$.

35 ¿Verdadero o falso?

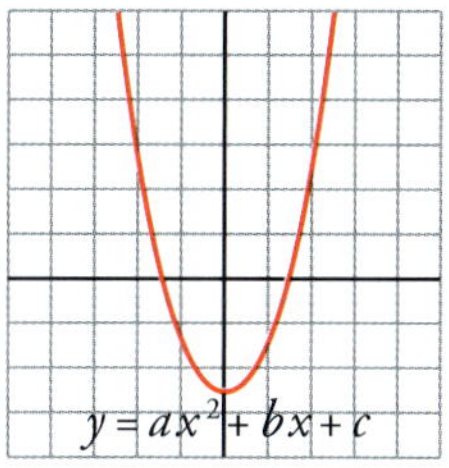

a) $a > 0$

b) $c = 0$

c) $c < 0$

d) $b^2 - 4ac > 0$

e) $b = 0$

36 ¿Verdadero o falso?

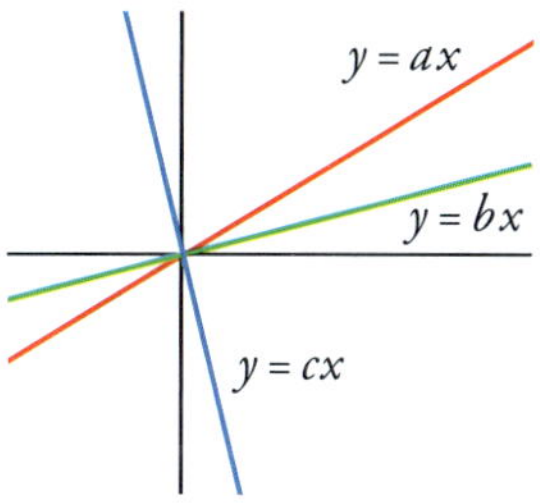

a) $a > 0$ b) $b > 0$

c) $c > 0$ d) $a > b$

e) $c < b$ f) $c > a$

g) $-c > a$ h) $b > -c$

37 ¿Verdadero o falso? Justifica tus respuestas.

a) Se puede obtener la ecuación de una recta sabiendo su pendiente y el punto de corte con el eje Y.

b) Con los puntos de corte con los ejes siempre es posible obtener la ecuación de una recta.

c) La pendiente de una recta es lo que aumenta la x cuando la y aumenta 1.

d) La pendiente de una recta es lo que aumenta la y cuando la x aumenta 1.

e) Si una parábola corta al eje X en dos puntos, su vértice está entre medias de estos puntos.

38 Explica por qué el siguiente razonamiento es correcto:

Para hallar la abscisa del vértice de la parábola de ecuación $y = x^2 + 6x - 7$, le quito el término independiente, -7, e igualo la y a 0. Así obtengo:

$$x^2 + 6x = 0 \rightarrow x(x + 6) = 0 \rightarrow x = 0 \text{ y } x = -6$$

El vértice está en medio, es decir, $x = -3$.

LEE E INFÓRMATE

Gottfried Wilhelm von Leibniz (1646-1716) estudió leyes y filosofía, se licenció en derecho y ejerció la política, que le llevó a recorrer Europa. Esto y su inquietud por todas las facetas del saber le permitieron tomar contacto con universidades y científicos de distintos países y adquirir vastos conocimientos en otros campos, como la biología, la física y las matemáticas. Hizo importantes aportaciones en cálculo y lógica.

Fue quien utilizó por primera vez el término *función* con el significado que hoy le damos en matemáticas, antes de que Euler lo precisara y lo divulgara, e introdujo en el lenguaje matemático algunas de las notaciones y términos que se usan en la actualidad (por ejemplo: constante, variable y parámetro).

REFLEXIONA

Subir y bajar

Un montañero inicia la ascensión a un pico a las 10 de la mañana y llega a la cima a las 4 de la tarde. Duerme en el refugio y, al día siguiente, también a las 10 h, inicia el descenso, llegando a la base a la una de la tarde.

¿Crees que hay algún punto del camino por el que ha pasado en la bajada a la misma hora que en la subida? ¿A qué hora ocurrió tal cosa, suponiendo que ha bajado y subido a velocidades constantes?

Observa las gráficas de la derecha y, si aún no lo tienes claro, dibuja ambas sobre los mismos ejes, suponiendo que han sido dos montañeros haciendo caminos inversos en el mismo día.

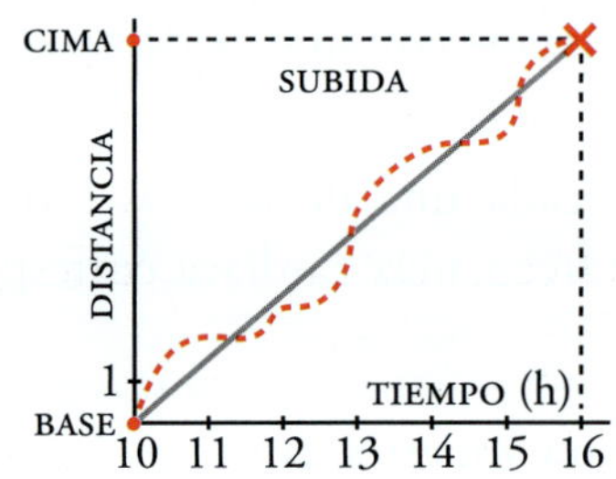

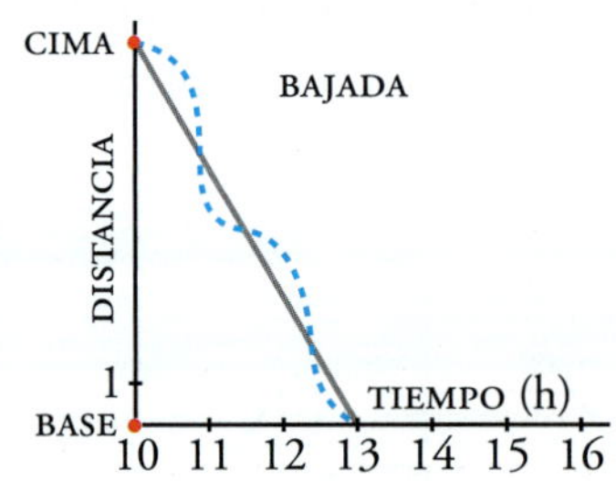

PIENSA Y DECIDE

¿Cuál es cuál?

Cada gráfica representa dos vehículos que van a velocidad constante. Así, la función que relaciona la distancia y el tiempo, en cada vehículo, es una recta. Asocia cada enunciado con una gráfica:

Ⓐ Un coche partió y una moto salió en su persecución.

Ⓑ Un coche va, otro viene, y chocan.

Ⓒ Un coche va, un camión viene, y se cruzan.

Ⓓ Un coche se acerca y otro se aleja.

Ⓔ Dos autobuses salen juntos y uno de ellos hace un descanso.

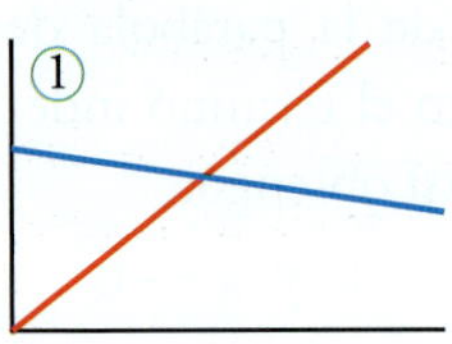

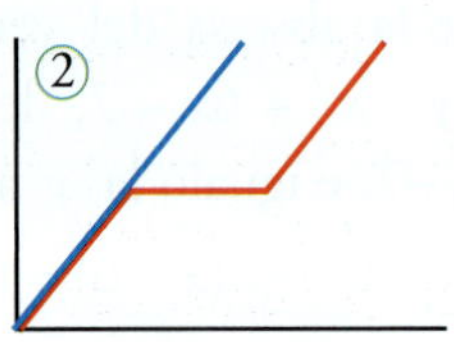

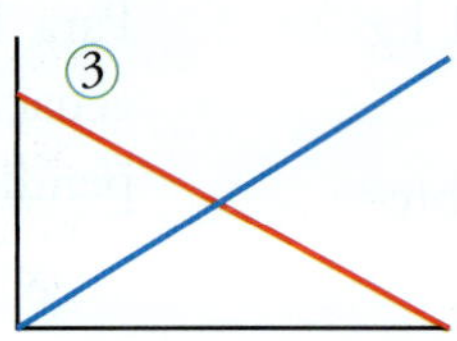

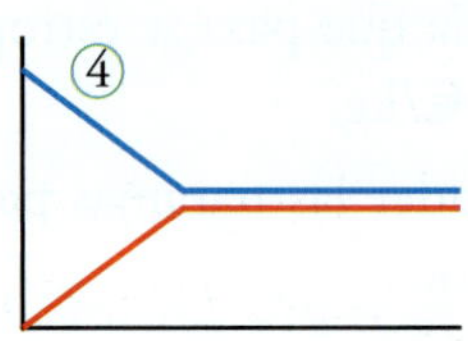

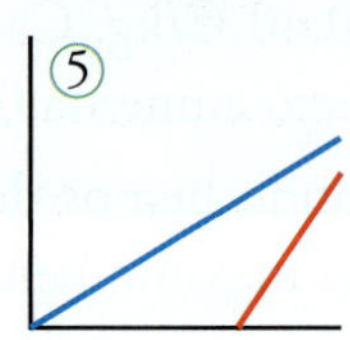

ENTRÉNATE RESOLVIENDO OTROS PROBLEMAS

- Fátima ha invitado a diez personas a su fiesta de cumpleaños y les propone un acertijo con premio:

  «Se llevará la caja de bombones quien averigüe, sin abrirla, cuántos bombones contiene. Doy tres pistas:

  — Hay menos de cinco docenas.

  — Están ordenados en filas de nueve.

  — Si se repartieran entre los presentes, sobraría uno».

  ¿Cuántos bombones contiene la caja?

- a) Tienes estas tres monedas:

  ¿Cuántas cantidades de dinero distintas puedes formar con ellas?

  b) ¿Y si tuvieras estas cinco monedas?

AUTOEVALUACIÓN

anayaeducacion.es Resoluciones de estos ejercicios.

1 Asocia cada una de estas funciones lineales con su ecuación y escribe su pendiente:

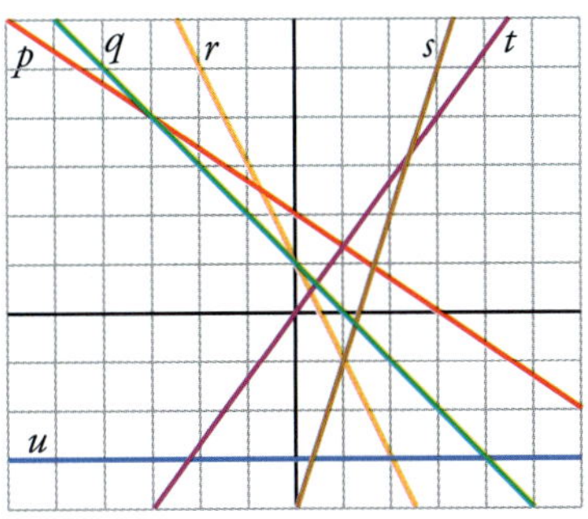

a) $y = 3x - 4$

b) $y = -2x + 1$

c) $y = (4/3)x$

d) $y = -2/3x + 2$

e) $y = -3$

f) $y = -x + 1$

2 Representa estas funciones lineales y escribe la ecuación de las tres últimas:

a) $y = 3x + 4$ b) $3x + 2y = 5$

c) Recta de pendiente 1/4 que pasa por (3, 0).

d) Recta que pasa por los puntos (4, 1) y (–2, 4).

e) Función de proporcionalidad que pasa por (4, –3).

3 Asocia cada ecuación con su parábola:

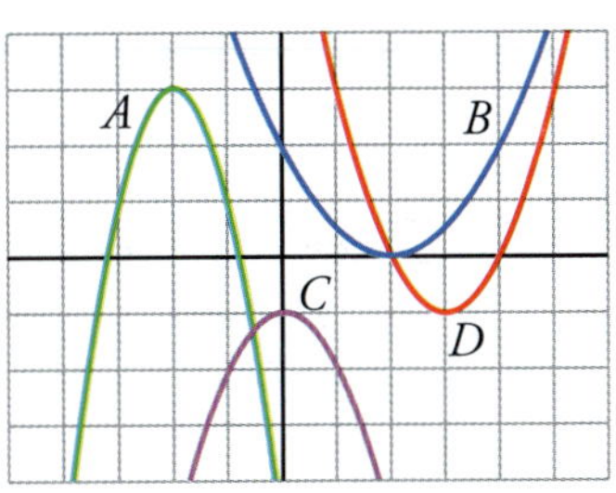

$y = -x^2 - 1$

$y = \frac{1}{2}x^2 - 2x + 2$

$y = -2x^2 - 8x - 5$

$y = x^2 - 6x + 8$

4 Representa estas parábolas:

a) $y = x^2 - 4x + 1$ b) $y = -x^2 + 6x - 7$

c) $y = -2x^2 + 3$ d) $y = (1/3)x^2 + 2x + 1$

5 Hoy hay 20 °C, y vamos a hacer una excursión en globo. Sabemos que la temperatura desciende, aproximadamente, 6 °C por cada kilómetro de ascensión.

a) ¿Qué temperatura habrá si ascendemos 3 km? ¿Cuánto habremos ascendido si estamos a 11 °C?

b) Representa la función *altura* → *temperatura* y escribe su expresión analítica.

6 Halla la ecuación para cada uno de estos enunciados y representa las funciones correspondientes:

a) Begoña empieza ahora a correr a 10 km/h. ¿Qué distancia habrá recorrido dentro de t horas?

b) Andrés salió de casa hace dos horas a 6 km/h. ¿Qué distancia habrá recorrido dentro de t horas?

c) Mariajo sale a 4 km/h desde su casa hacia la mía, que está a 18 km. ¿A qué distancia se encontrará de mi casa dentro de t horas?

7 Hace dos horas, Bárbara salió en bici de su casa hacia la de Víctor a 15 km/h. Víctor sale ahora andando a 6 km/h en su busca. Sabiendo que viven a 58 km y tomando como origen cuando salió Víctor:

a) Expresa mediante dos funciones la distancia de cada uno a casa de Víctor.

b) Representa, en unos ejes coordenados, las dos rectas correspondientes a las funciones. Indica el punto de corte de ambas rectas y lo que representa.

c) Sabiendo que Bárbara salió de su casa a las 8:00 a.m., ¿a qué hora y a qué distancia de la casa de Bárbara se encuentran?

Compromiso ODS Visualiza el vídeo Meta 2.2, piensa en una acción con la que podrías contribuir al logro de esa meta y comprométete a llevarla a cabo.

GEOM

BLOQUE 4

ETRÍA

10

PROBLEMAS MÉTRICOS EN EL PLANO

Los inicios de la geometría

El saber matemático en Egipto y Babilonia era básicamente práctico. Gracias a sus conocimientos sobre geometría medían campos y calculaban áreas y volúmenes de figuras geométricas. En Grecia recogieron este saber y le dieron un gran impulso. Es de destacar que cultivaron el conocimiento por sí mismo (filosofía significa amor a la sabiduría), sin buscar ninguna utilidad práctica. Y la geometría fue una bella ocupación en la que llegaron muy lejos.

Los primeros grandes griegos

Tales de Mileto (640 a. C. - 546 a. C.) fue un importante filósofo que marcó la pauta de todo el pensamiento griego posterior. Además de asimilar y mejorar lo que aprendió de los egipcios, inventó y cultivó la matemática deductiva (sistema de pensamiento según el cual unas verdades se van deduciendo lógicamente de otras).

Pitágoras y su escuela (siglo VI a. C.) profundizaron en el desarrollo de la geometría aplicando también el método deductivo. En el siglo III a. C., fue sistematizado y mejorado por **Euclides** y perfeccionado por **Arquímedes.** Este último supo encontrar áreas y volúmenes con métodos muy sofisticados.

Secciones en el cubo

En esta unidad vas a resolver problemas relativos a las figuras planas: cálculo de ángulos, perímetros, áreas, etc.

A la derecha puedes observar algunas figuras interesantes que se obtienen al cortar un cubo. En cada una de ellas se puede calcular su perímetro y su área mediante las aportaciones que hicieron los geómetras griegos hace más de veintitrés siglos. De entre ellas, resulta especialmente útil para esta tarea la aplicación del **teorema de Pitágoras.**

Otro gran geómetra griego

Contemporáneo de Arquímedes, el último gran geómetra griego fue **Apolonio** (siglo III a. C.). Con un estilo pulido y sistemático, escribió un tratado dedicado a las cónicas (circunferencia, elipse, parábola e hipérbola). Le hubiera causado asombro saber que, dieciocho siglos después, se demostraría que planetas y cometas describen órbitas elípticas y, algunos de ellos, hiperbólicas. Y que, posteriormente, las cónicas han sido referentes habituales en la técnica y en el arte.

Cónicas anteriores a Apolonio

Las cónicas ya se manejaban antes de que lo hiciera Apolonio, pero su conocimiento era deficiente e incompleto. Observa cómo se definían:

Si construimos un cono y lo cortamos por un plano **perpendicular a la generatriz,** se obtiene una curva:

Ⓐ Si el cono es rectángulo (r = h), entonces la curva de corte es una parábola.

Ⓑ Si el cono es acutángulo (r < h), entonces la curva es una elipse.

Ⓒ Si el cono es obtusángulo (r > h), entonces la curva es un arco de hipérbola.

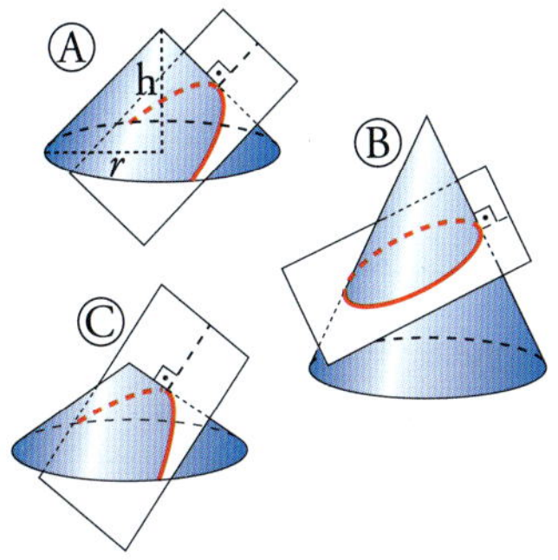

(Compara estas definiciones con las de la página 202).

Resuelve

1 Busca información sobre siete grandes geómetras de la antigua Grecia. Puedes completarla con información de Eratóstenes e Hipatia.

2 De las tres secciones del cubo que ves en la página de la izquierda, ¿cuál crees que tiene mayor perímetro? ¿Y mayor área? Cuando termines la unidad, sabrás contestar con seguridad a estas cuestiones.

3 ¿Qué cónica crees que se obtiene en cada caso?

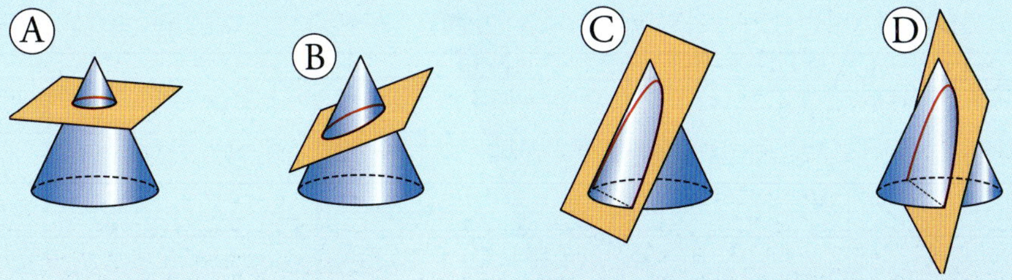

1 RELACIONES ANGULARES

Ángulos al cortar dos paralelas por una secante

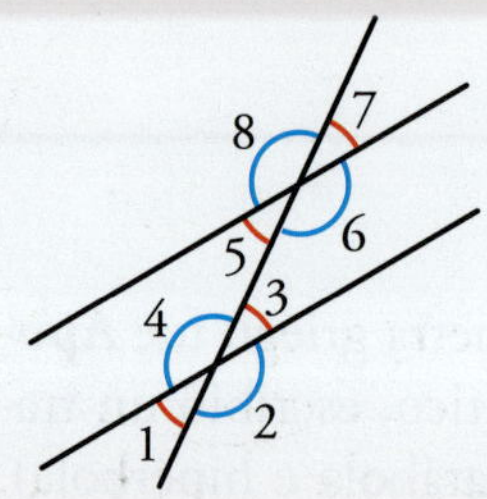

Recordemos las relaciones que hay entre los ángulos generados al cortar dos rectas paralelas por otra recta secante a ellas:

- Los ángulos 1 y 3 son **opuestos por el vértice** y, por tanto, iguales. Lo mismo ocurre con los ángulos 2 y 4, 5 y 7, 6 y 8.
- Los ángulos 1 y 5 son **correspondientes** por lo que son iguales. Lo mismo ocurre con los ángulos 2 y 6, 3 y 7, 4 y 8.
- Los ángulos 1 y 7 son **alternos externos**, por eso son iguales. Lo mismo ocurre con los ángulos 2 y 8.
- Los ángulos 3 y 5 son **alternos internos** y también son iguales. Lo mismo ocurre con los ángulos 4 y 6.

Suma de los ángulos de un triángulo

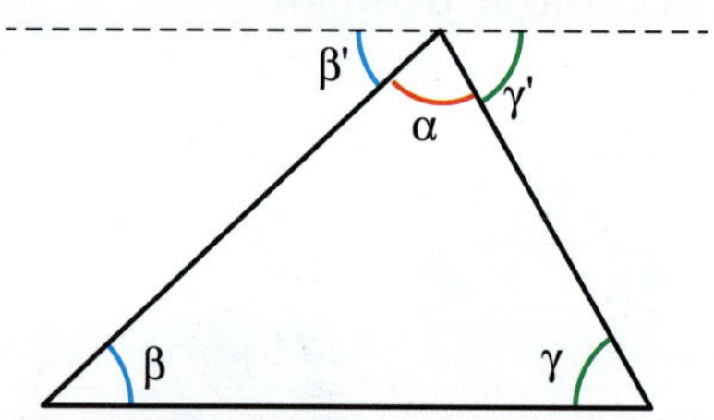

Para hallar la suma de los ángulos de un triángulo, trazamos una recta que pasa por un vértice y es paralela al lado opuesto. Si te fijas en el dibujo, los ángulos β y β' son alternos internos y, por tanto, iguales. Lo mismo ocurre con γ y γ'. Por tanto: $\alpha + \beta + \gamma = \alpha + \beta' + \gamma' = 180°$

La suma de los tres ángulos de un triángulo cualquiera es 180°.

Ángulos en los polígonos

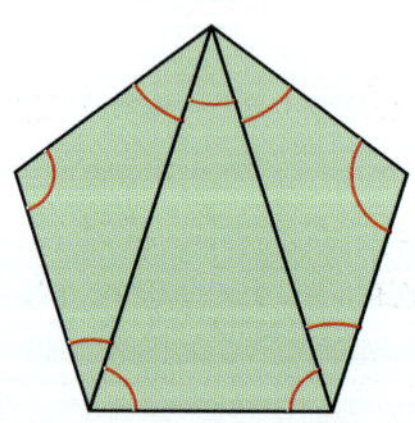

Un polígono de n lados puede descomponerse en $n - 2$ triángulos. Por tanto:

La suma de los ángulos de un polígono de n lados es $180° \, (n - 2)$.

Cada ángulo de un n-ágono regular mide $\dfrac{180° \, (n-2)}{n}$.

Por ejemplo, un pentágono se puede partir en 3 triángulos. La suma de sus ángulos es, pues, $3 \cdot 180° = 540°$.

Si el pentágono es regular, cada ángulo mide $540° : 5 = 108°$.

Piensa y practica

1 Halla el valor de cada ángulo α:

a) 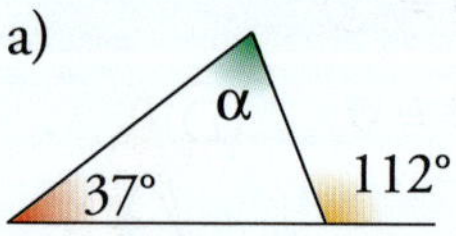

b) 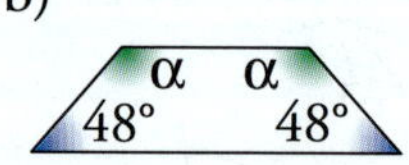

c) 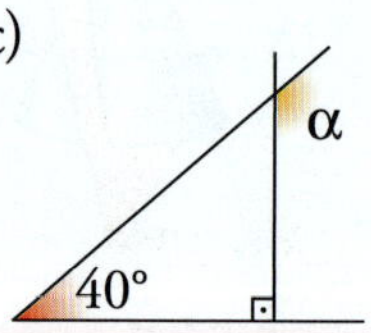

d) 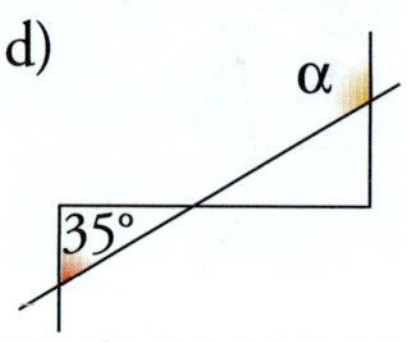

2 Calcula $\hat{X}$, $\hat{Y}$, $\hat{Z}$ en estos polígonos regulares:

a) 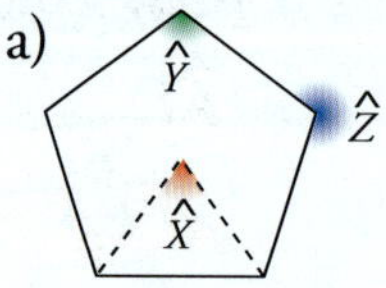

b) 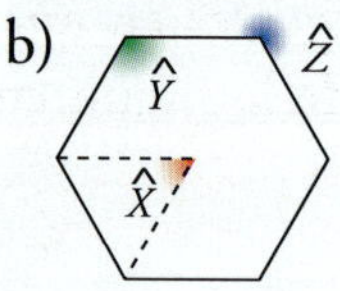

c) 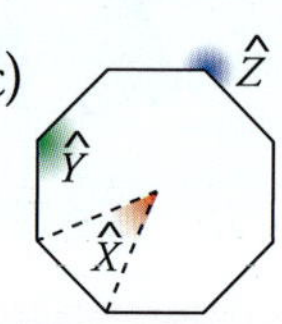

d) 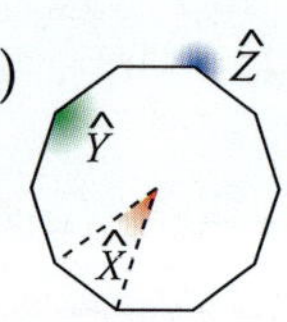

Ángulos en la circunferencia

ÁNGULO CENTRAL

La medida angular de un arco $\overset{\frown}{PQ}$ es el ángulo $\widehat{POQ}$, cuyo vértice se encuentra en el centro de la circunferencia. Se llama **ángulo central.**

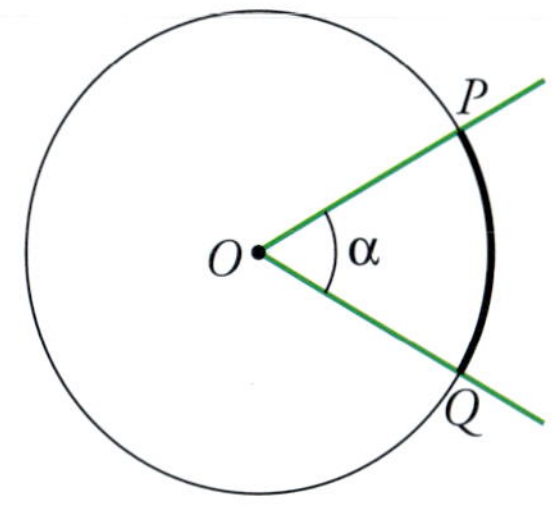

> La medida angular de un arco $\overset{\frown}{PQ}$ es la misma que la del ángulo central correspondiente: $\overset{\frown}{PQ} = \widehat{POQ}$

ÁNGULO INSCRITO

Los ángulos α, β y γ de la derecha tienen la peculiaridad siguiente: su vértice está sobre la circunferencia; sus lados pasan por P y por Q. Se dice que estos ángulos están **inscritos** en la circunferencia, y que **abarcan** el mismo arco, $\overset{\frown}{PQ}$.

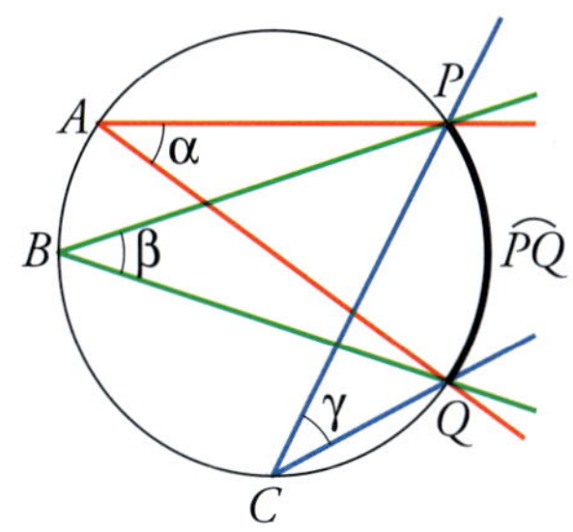

> La medida de un ángulo inscrito en una circunferencia es igual a la mitad del arco que abarca; es decir, a la mitad del ángulo central correspondiente.
>
> Por tanto, dos ángulos inscritos en una circunferencia que abarcan el mismo arco son iguales.

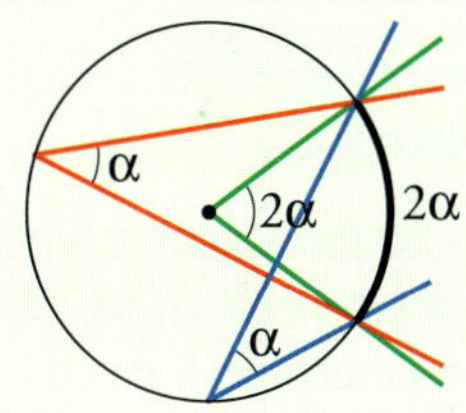

Un interesante caso particular

P y Q son los extremos de un diámetro.

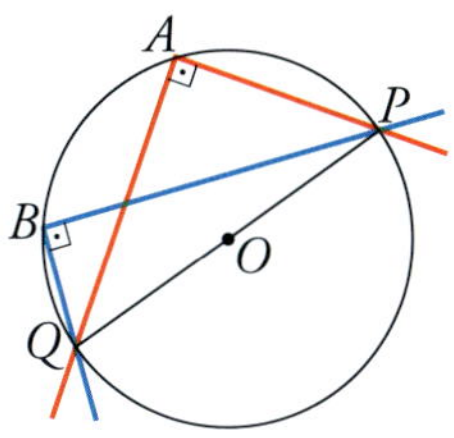

Los ángulos $\widehat{PAQ}$ y $\widehat{PBQ}$ están inscritos en una semicircunferencia. Abarcan un arco de 180°. Por tanto, su medida es de 90°; es decir, son rectos.

Todo ángulo inscrito en una semicircunferencia es recto.

Ejercicio resuelto

Hallar estos ángulos:

$\widehat{DAB}$, $\widehat{BCD}$, $\widehat{DCE}$, $\widehat{BEC}$

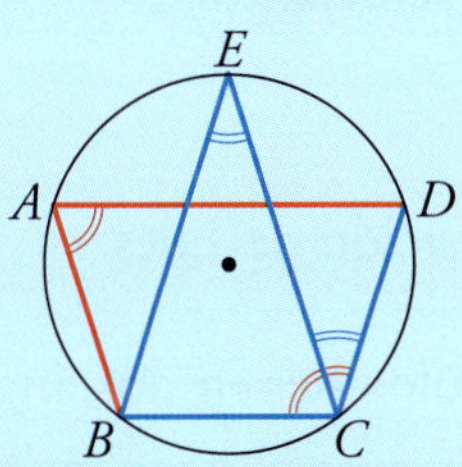

La circunferencia está dividida en cinco arcos iguales. La medida angular de cada arco es 360º : 5 = 72°.

Los ángulos pedidos están inscritos en la circunferencia. La medida de cada uno es, pues, la mitad del arco que abarca.

$\widehat{DCE}$ y $\widehat{BEC}$ abarcan un arco de 72°. Por tanto, $\widehat{DCE} = \widehat{BEC} = 72°/2 = 36°$.

$\widehat{DAB}$ abarca un arco de 2 · 72°. Por tanto, $\widehat{DAB} = 72°$.

$\widehat{BCD}$ abarca un arco de 3 · 72° = 216°. Por tanto, $\widehat{BCD} = 216°/2 = 108°$.

Piensa y practica

3 ¿Cuál es la medida angular de cada uno de los ocho arcos iguales en que se ha dividido la circunferencia?

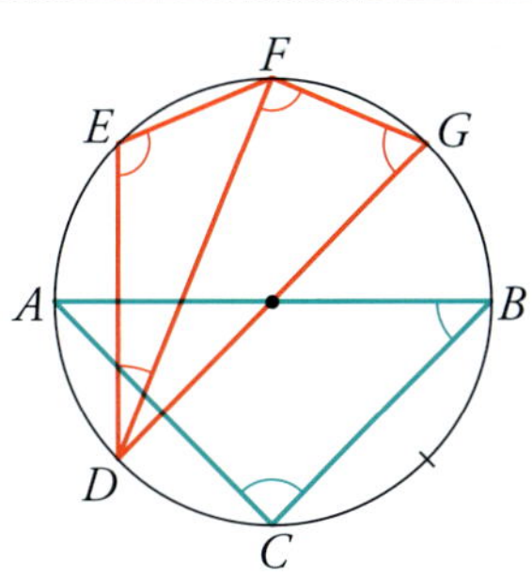

Di el valor de los ángulos $\widehat{ABC}$, $\widehat{ACB}$, $\widehat{FDE}$, $\widehat{DEF}$, $\widehat{DFG}$, $\widehat{FGD}$.

4 Halla:

a) $\widehat{CAD}$ = ①

b) $\widehat{ADB}$ = ②

c) $\widehat{ADV}$

d) $\widehat{AVD} = \alpha$

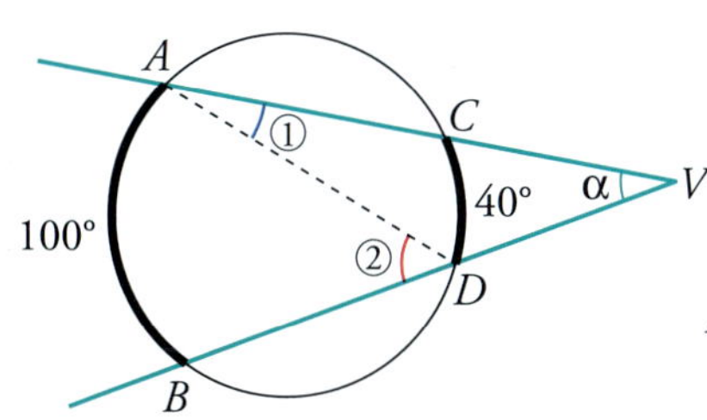

$\overset{\frown}{AB} = 100°$

$\overset{\frown}{CD} = 40°$

2 SEMEJANZA DE TRIÁNGULOS

Como ocurre con otras figuras, dos triángulos son semejantes cuando tienen la misma forma. Sin embargo, podemos expresar esa condición de manera más matemática relacionando sus lados y sus ángulos.

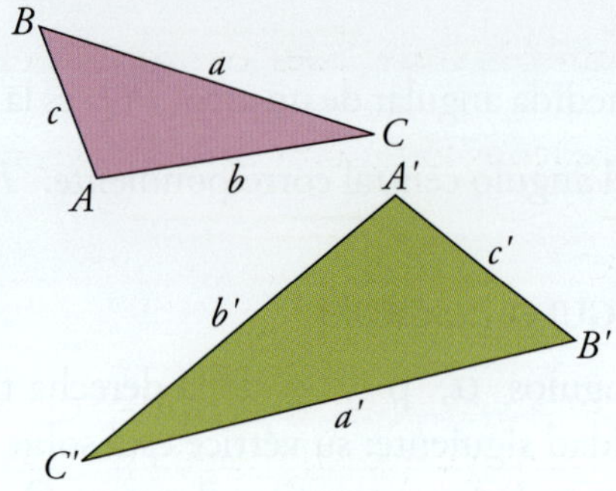

Dos **triángulos semejantes** tienen:

- Sus lados proporcionales:

$$\frac{a}{a'} = \frac{b}{b'} = \frac{c}{c'} = \text{razón de semejanza}$$

- Sus ángulos respectivamente iguales:

$$\hat{A} = \hat{A}' \qquad \hat{B} = \hat{B}' \qquad \hat{C} = \hat{C}'$$

Triángulos en posición de Tales

Los triángulos ABC y $AB'C'$ que ves a la derecha tienen un ángulo común, $\hat{A}$. Es decir, el triángulo pequeño está *encajado* en el grande. Además, los lados opuestos a A son paralelos.

Decimos que esos dos triángulos están en **posición de Tales.**

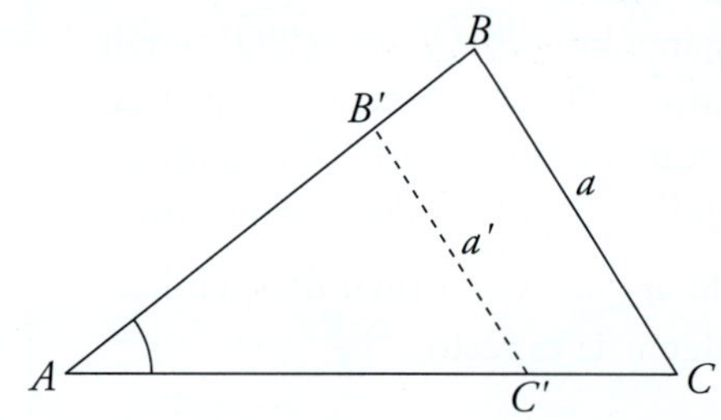

Dos triángulos en posición de Tales son semejantes.

Este resultado es muy importante, porque permite reducir las condiciones que se exigen para tener la seguridad de que dos triángulos son semejantes.

Y es posible ampliarlo más aún:

Dos triángulos son semejantes *si se pueden* poner en posición de Tales.

Vamos a usar este criterio para probar que si dos triángulos tienen dos ángulos respectivamente iguales ($\hat{A} = \hat{A}'$, $\hat{B} = \hat{B}'$), podemos encajar el pequeño en el grande, haciendo coincidir uno de los ángulos comunes ($\hat{A} = \hat{A}'$).

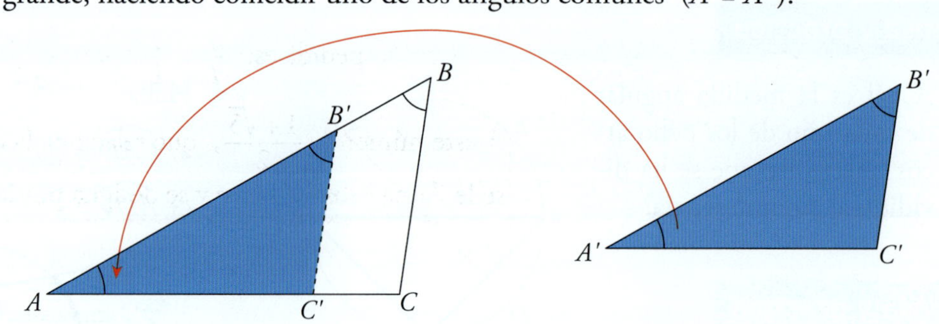

Al tener el otro ángulo también igual ($\hat{B} = \hat{B}'$), los lados opuestos a A serán paralelos.

Por tanto, los dos triángulos estarán en posición de Tales y podemos asegurar que son semejantes.

Recuerda el teorema de Tales

Si dos rectas secantes son cortadas por tres rectas paralelas, los segmentos que determinan en ellas son proporcionales.

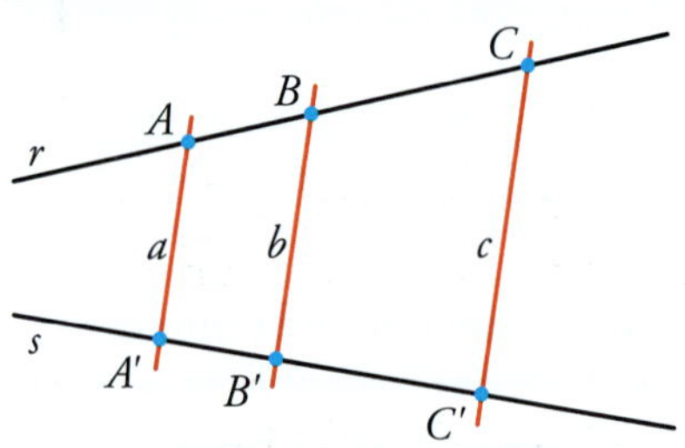

$\overline{AB}/\overline{BC} = \overline{A'B'}/\overline{B'C'}$

anayaeducacion.es

GeoGebra. • Presentación del teorema de Tales.

- Practica con triángulos en posición de Tales.
- Semejanza de triángulos y la proporción áurea.

Criterio de semejanza de triángulos

Dos triángulos son semejantes si tienen dos ángulos respectivamente iguales, pues, según hemos visto, se pueden poner en posición de Tales.

Criterio de semejanza

Si $\hat{A} = \hat{A}'$ y $\hat{B} = \hat{B}'$, entonces:

$$\hat{C} = \hat{C}' \text{ y } \frac{a}{a'} = \frac{b}{b'} = \frac{c}{c'}$$

Si comprobamos que dos triángulos tienen dos ángulos respectivamente iguales ($\hat{A} = \hat{A}'$ y $\hat{B} = \hat{B}'$), sabremos que son semejantes; es decir:

— También son iguales los otros ángulos: $\hat{C} = \hat{C}'$

— Sus lados son proporcionales: $\frac{a}{a'} = \frac{b}{b'} = \frac{c}{c'}$

Ejercicio resuelto

Utilizar la semejanza de los triángulos ACD y AFE para obtener la relación entre la diagonal, d, y el lado, l, de un pentágono regular.

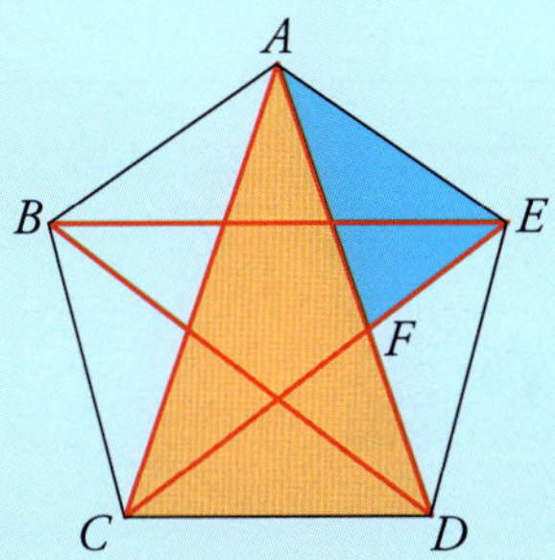

- Comprobación de que los triángulos naranja y azul son semejantes.

Vamos a probar que los triángulos tienen dos pares de ángulos iguales. Para ello, inscribimos la figura en una circunferencia. Por ser el pentágono regular, los cinco arcos entre sus vértices son iguales.

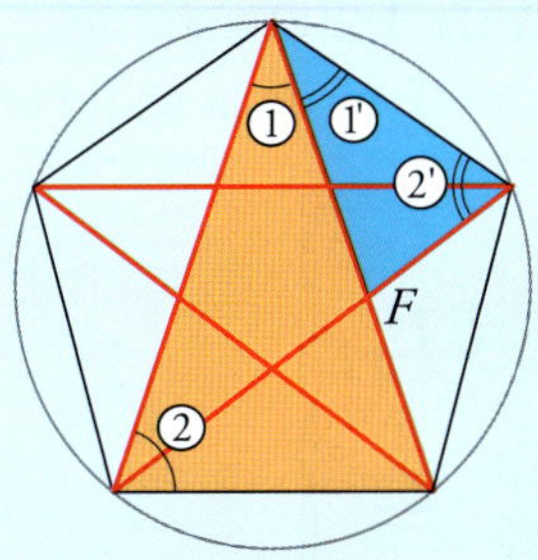

①' = ① porque están inscritos en la circunferencia y abarcan arcos iguales.

②' = ② por el mismo motivo.

- Cálculo de la relación entre el lado, l, y la diagonal, d.

Como los dos triángulos son semejantes, sus lados son proporcionales. Tomemos como unidad el lado del pentágono, $l = 1$. De donde $\overline{CF} = \overline{AF} = \overline{AE} = 1$. Y, por tanto, $\overline{FE} = d - 1$.

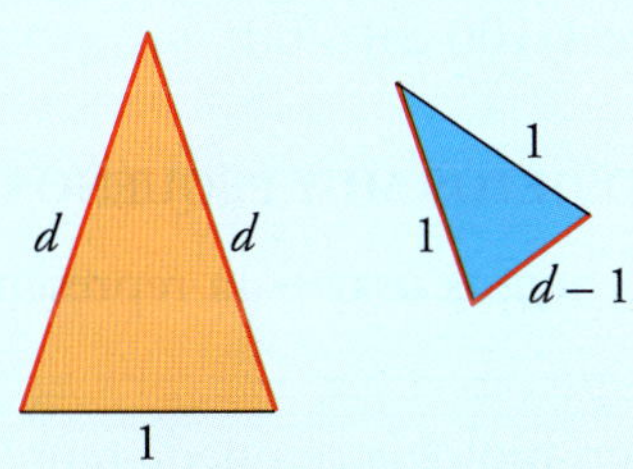

$$\frac{d}{1} = \frac{1}{d-1} \rightarrow d^2 - d = 1 \rightarrow d^2 - d - 1 = 0$$

$$d = \frac{1 \pm \sqrt{1+4}}{2} = \frac{1 \pm \sqrt{5}}{2}$$

Solo tiene sentido la solución positiva.

La relación pedida es: $\frac{d}{l} = \frac{d}{1} = d = \frac{1+\sqrt{5}}{2} \approx 1{,}618...$

A este número, $\frac{1+\sqrt{5}}{2}$, que relaciona la diagonal de un pentágono con su lado, se le llama *número áureo* y se designa por la letra griega Φ (fi).

Piensa y practica

anayaeducacion.es GeoGebra. Criterios de semejanza.

1 Repite el razonamiento del ejercicio resuelto, pero suponiendo ahora que el lado del pentágono mide 12 cm. ¿Cuánto mide su diagonal?

2 Prueba que los triángulos ABC y EFD del pentágono de arriba son semejantes. A partir de esa semejanza, vuelve a obtener la relación entre d y l.

3 FIGURAS SEMEJANTES. ESCALAS

Estamos rodeados de reproducciones:

- Con las fotografías, los vídeos, las maquetas de monumentos, las copias de cuadros famosos… se pretende transmitir unas características que se conservan con la semejanza: la imagen, la forma, el color, la belleza del original.
- Con los planos de edificios o ciudades, los mapas… se pretende obtener con precisión medidas, distancias. Por ello, van acompañados de una *escala* con la que se pueden obtener magnitudes de la realidad midiendo sobre ellos.

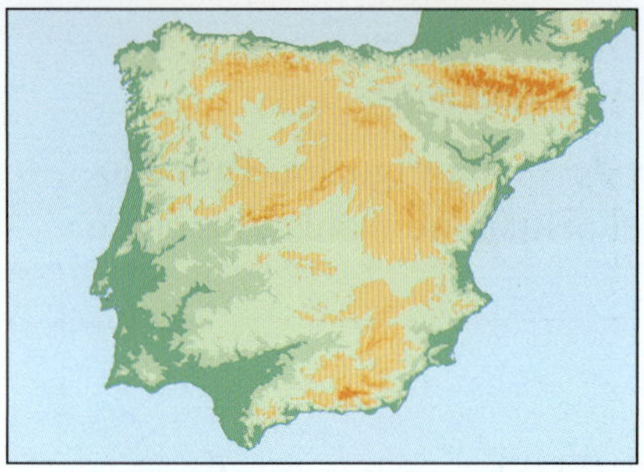

La escala utilizada para un mapa de la península ibérica que quepa en un folio es de alrededor de 1:10 000 000. Para este margen, el mapa está a escala 1:20 000 000.

Escalas

Escala es el cociente entre cada longitud de la reproducción (mapa, plano, maqueta) y la correspondiente longitud en la realidad. Es, por tanto, la **razón de semejanza** entre la reproducción y la realidad.

Por ejemplo, una escala 1:200 significa, como ya sabes, que 1 cm del plano corresponde a 200 cm = 2 m de la realidad.

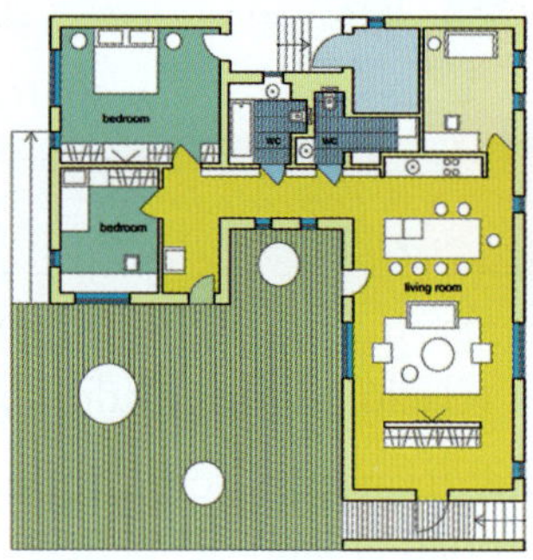

El plano de una casa suele tener escalas alrededor de 1:100 o 1:200.

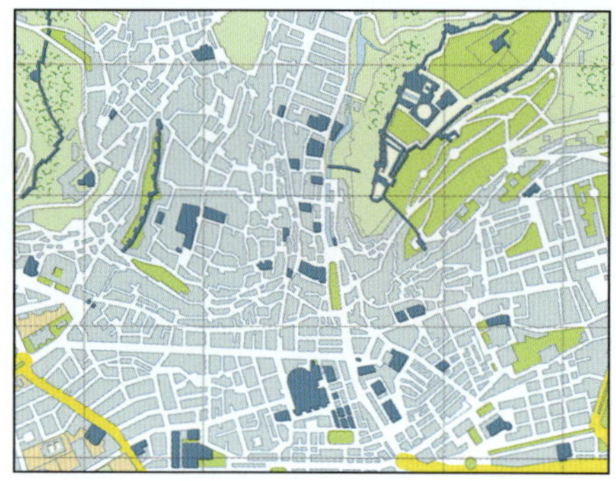

El mapa de una ciudad suele tener escalas alrededor de 1:20 000.

Maqueta de una célula eucariota animal. Escala 1 000:1.

ESCALAS EN OBJETOS MUY PEQUEÑOS

¿Qué escala debemos usar para representar un objeto minúsculo a mayor tamaño?

Por ejemplo, en biología se puede representar con una maqueta de 10 cm de diámetro una célula eucariota animal cuyo diámetro real es 10 µm = 0,01 mm. En estos casos, en lugar de expresar la escala con 1:0,001 ponemos 1 000:1. Quiere decir que 1 000 cm en la maqueta corresponden a 1 cm en la realidad.

Piensa y practica

1 a) Teniendo en cuenta que Isla Roca e Isla Volcán distan 10 km, calcula la escala del mapa.

b) Halla la distancia real entre Roca y Bahía.

c) Isla Tortuga no se ve, ya que se encuentra a 45 km al norte de Isla Volcán. ¿Qué longitud representa dicha distancia en el mapa?

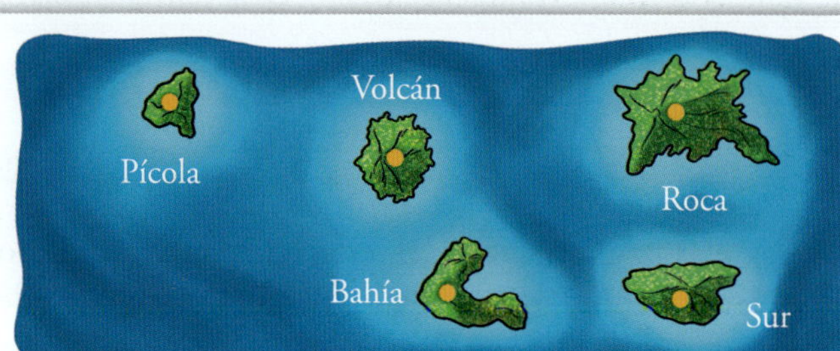

4 TEOREMA DE PITÁGORAS

Teorema de Pitágoras

En un triángulo rectángulo cualquiera, la suma de los cuadrados de los catetos es igual al cuadrado de la hipotenusa.

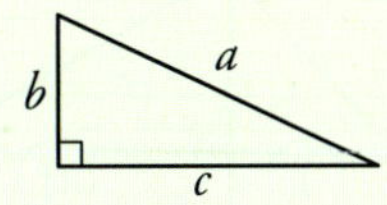

$$b^2 + c^2 = a^2$$

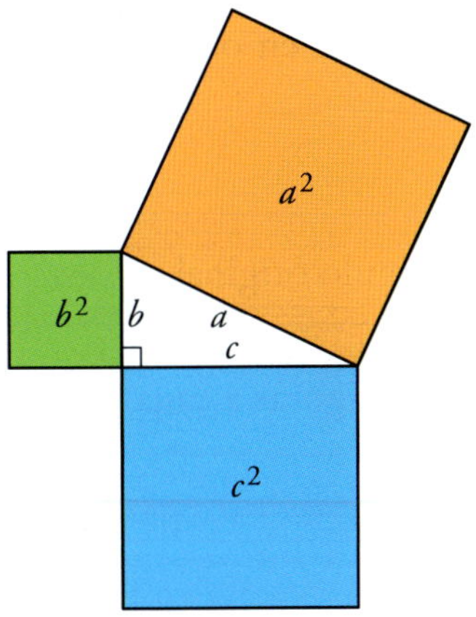

La demostración se puede hacer comparando estas dos descomposiciones del cuadrado de lado $b + c$:

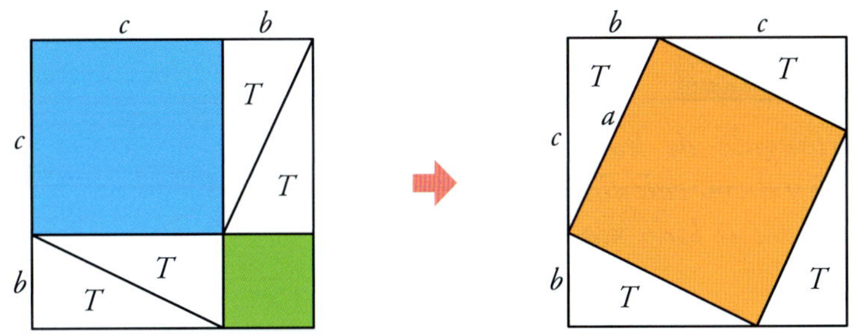

A partir de estas figuras se deduce que $a^2 = b^2 + c^2$.

Veamos algunas **aplicaciones del teorema de Pitágoras.**

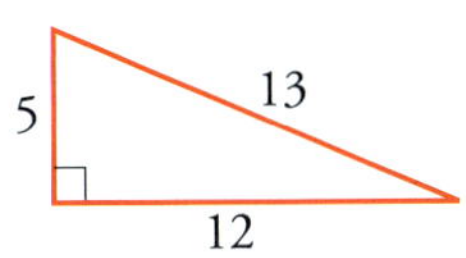

$5^2 + 12^2 = 13^2$

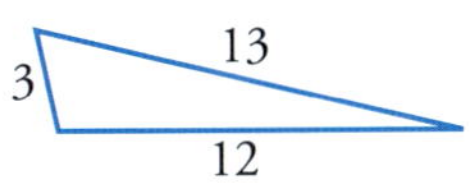

$3^2 + 12^2 < 13^2$

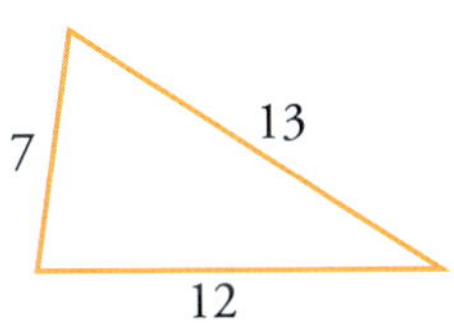

$7^2 + 12^2 > 13^2$

Cálculo de un lado en un triángulo rectángulo

Aunque el teorema de Pitágoras es una igualdad entre áreas, se utiliza sobre todo para relacionar los lados de un triángulo rectángulo:

$$a = \sqrt{b^2 + c^2} \qquad b = \sqrt{a^2 - c^2} \qquad c = \sqrt{a^2 - b^2}$$

Cómo saber si un triángulo es rectángulo

a, b, c son los lados de un triángulo, y a es el mayor.

— Si $b^2 + c^2 = a^2$, el triángulo es rectángulo.

— Si $b^2 + c^2 < a^2$, el triángulo es obtusángulo.

— Si $b^2 + c^2 > a^2$, el triángulo es acutángulo.

Piensa y practica

1 En los siguientes triángulos rectángulos, se dan dos catetos y se pide la hipotenusa (si su medida no es exacta, dala con una cifra decimal):

a) 37 cm y 45 cm   b) 16 cm y 30 cm

2 En los siguientes triángulos rectángulos, se da la hipotenusa y un cateto, y se pide el otro cateto (exactamente o con una cifra decimal):

a) 45 cm y 37 cm   b) 39 cm y 15 cm

anayaeducacion.es GeoGebra. Teorema de Pitágoras.

3 Averigua cómo son los triángulos de lados:

a) 7 cm, 8 cm, 11 cm   b) 11 cm, 17 cm, 15 cm

c) 34 m, 16 m, 30 m   d) 65 m, 72 m, 97 m

e) 12 cm, 13 cm, 20 cm   f) 15 m, 36 m, 39 m

4 Demuestra el teorema de Pitágoras a partir de las dos descomposiciones del cuadrado de lado $b + c$ que aparecen arriba. Para ello, empieza probando que el cuadrilátero naranja es un cuadrado de lado a.

5 ▸ APLICACIÓN ALGEBRAICA DEL TEOREMA DE PITÁGORAS

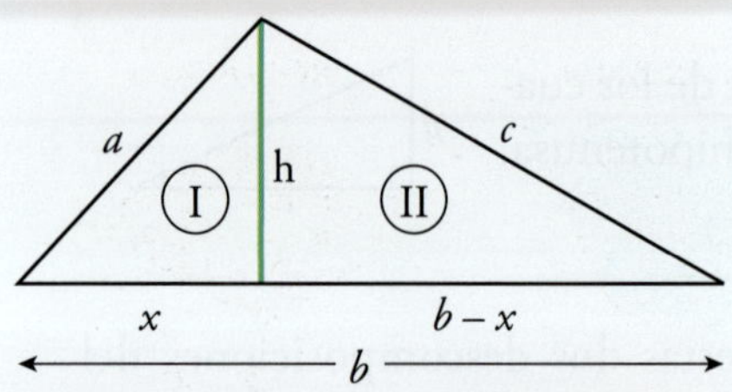

Observa el gráfico de la izquierda:

La altura del triángulo grande determina dos triángulos rectángulos. En ninguno de ellos conocemos dos lados. Pero si elegimos adecuadamente la incógnita (hemos llamado x a la proyección de a sobre b), aplicando el teorema de Pitágoras a los triángulos I y II, se plantea un sistema de ecuaciones que nos permite obtener h, además de x.

Esta utilización algebraica del teorema de Pitágoras se presenta en otras figuras geométricas. Veamos algunos ejemplos.

Ejercicios resueltos

1 ***En un triángulo de lados 4 cm, 6 cm y 8 cm, calcular la altura sobre el lado mayor.***

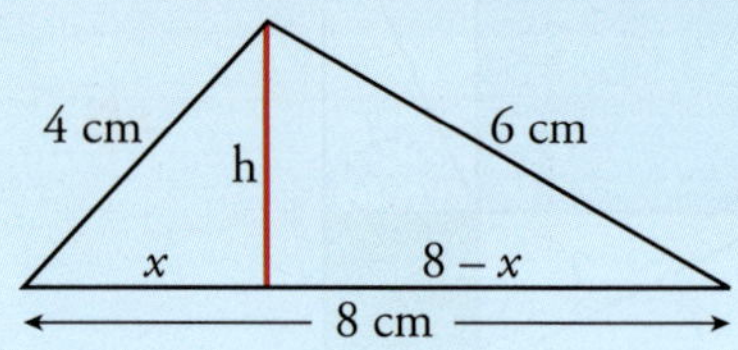

La altura h divide al triángulo original en dos triángulos rectángulos.

Aplicamos el teorema de Pitágoras a cada uno de ellos:

$$\left.\begin{aligned} x^2 + \text{h}^2 &= 4^2 \\ \text{h}^2 + (8 - x)^2 &= 6^2 \end{aligned}\right\} \left.\begin{aligned} &\text{h}^2 = 16 - x^2 \\ &(16 - x^2) + (x^2 - 16x + 64) = 36 \end{aligned}\right\}$$

$$16 - x^2 + x^2 - 16x + 64 = 36 \rightarrow 16x = 64 + 16 - 36 \rightarrow x = 2{,}75$$

Conocido x, calculamos h:

$$\text{h}^2 = 16 - 2{,}75^2 \rightarrow \text{h} = \sqrt{16 - 2{,}75^2} \rightarrow \text{h} = 2{,}9 \text{ cm}$$

Este procedimiento permite calcular la superficie de un triángulo cuando se conoce la medida de sus lados, pues, al conocer la base y la altura, el cálculo del área resulta obvio.

2 ***Los lados paralelos de un trapecio miden 17 m y 38 m. Los otros dos, 13 m y 20 m. Hallar su altura.***

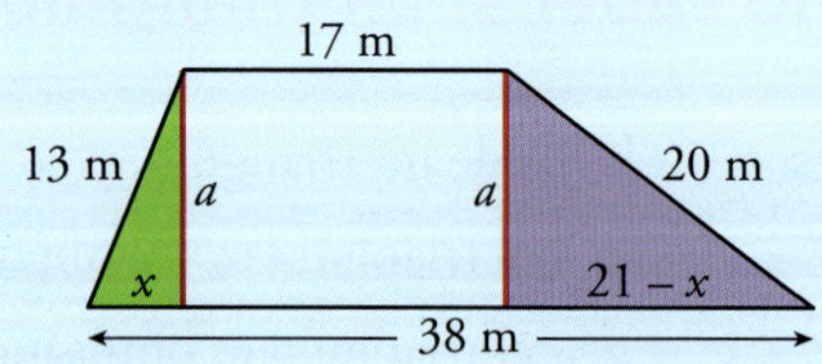

La altura a es cateto de los dos triángulos señalados. La suma de los otros dos catetos es 38 – 17 = 21 m.

Aplicamos el teorema de Pitágoras en los dos triángulos rectángulos:

$$\left.\begin{aligned} x^2 + a^2 &= 13^2 \\ (21 - x)^2 + a^2 &= 20^2 \end{aligned}\right\} \text{ Restando: } x^2 - (21 - x)^2 = 13^2 - 20^2 \rightarrow$$

$$\rightarrow x^2 - (441 - 42x + x^2) = 169 - 400 \rightarrow 42x - 441 = -231 \rightarrow$$

$$\rightarrow 42x = 210 \rightarrow x = 5$$

$$5^2 + a^2 = 13^2 \rightarrow a^2 = 13^2 - 5^2 = 144 \rightarrow a = 12 \text{ m}$$

La altura pedida mide 12 m.

Piensa y practica

1 Averigua si el triángulo de lados 29 cm, 35 cm y 48 cm es rectángulo, acutángulo u obtusángulo. Halla la longitud de la altura sobre el lado mayor.

2 Los lados de un trapecio miden 13 m, 20 m, 19 m y 40 m. Los dos últimos son paralelos. Halla la altura del trapecio.

6 ÁREAS DE LOS POLÍGONOS

Apotema del pentágono regular

Calcular el área de un polígono regular del que solo conocemos el lado es tarea fácil en algunos casos (triángulo, cuadrado, hexágono, octógono). Pero en el pentágono es difícil obtener la apotema conociendo el lado. Por eso, te damos aquí, sin más, el resultado:

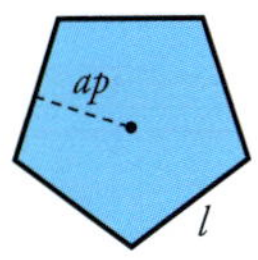

$$ap = l \cdot \frac{\sqrt{25 + 10\sqrt{5}}}{10} \approx 0{,}6882\ l$$

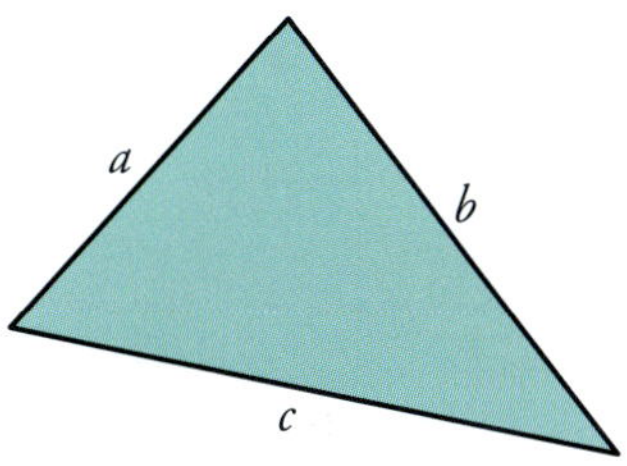

Áreas conocidas

RECTÁNGULO

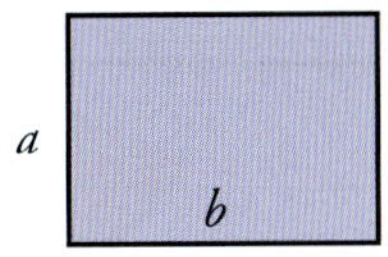

$A = b \cdot a$

CUADRADO

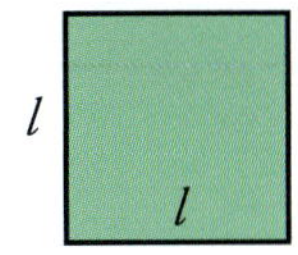

$A = l^2$

PARALELOGRAMO

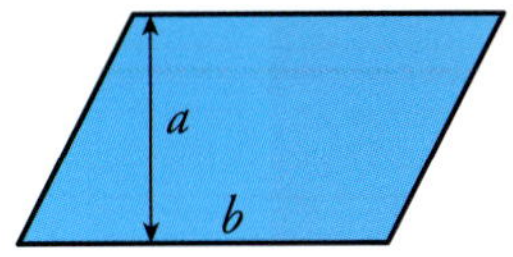

$A = b \cdot a$

ROMBO

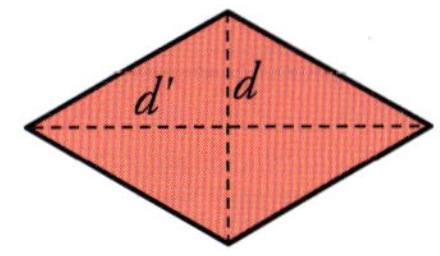

$A = \frac{d \cdot d'}{2}$

TRIÁNGULO

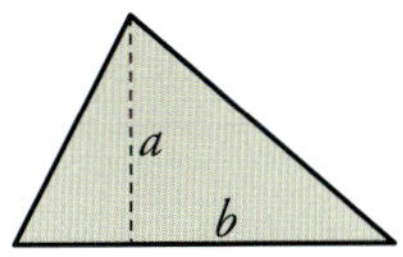

$A = \frac{b \cdot a}{2}$

TRIÁNGULO RECTÁNGULO

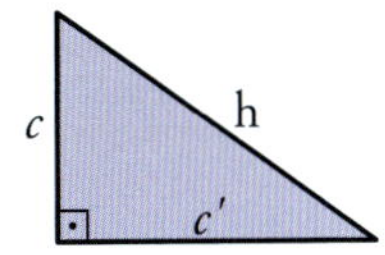

$A = \frac{c \cdot c'}{2}$

TRAPECIO

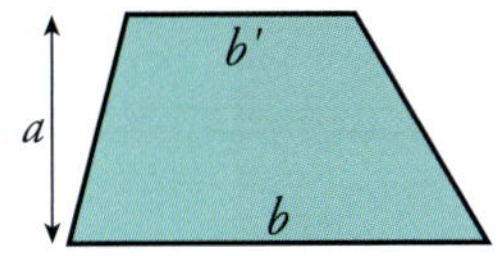

$A = \frac{b + b'}{2} \cdot a$

POLÍGONO REGULAR

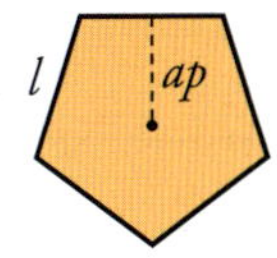

$A = \frac{\text{perímetro} \cdot ap}{2}$

Área de un triángulo en función de sus lados

La fórmula siguiente es muy útil, pues para aplicarla basta con conocer la longitud de los lados del triángulo.

Perímetro: $p = a + b + c$

Semiperímetro: $s = \frac{p}{2}$

$\rightarrow$ $A_{\text{TRIÁNGULO}} = \sqrt{s \cdot (s - a) \cdot (s - b) \cdot (s - c)}$

La expresión anterior del área de un triángulo cualquiera se conoce como **fórmula de Herón.**

Ejercicios resueltos

1 ***Calcular el área del triángulo de lados 11 cm, 13 cm y 20 cm.***

Aplicaremos la fórmula de Herón:

Perímetro: $p = 11 + 13 + 20 = 44$ cm $\rightarrow$ $s = 22$ cm

$A = \sqrt{s \cdot (s - a) \cdot (s - b) \cdot (s - c)} = \sqrt{22 \cdot 11 \cdot 9 \cdot 2} = \sqrt{4\,356} = 66\ \text{cm}^2$

2 ***Hallar el área de un trapecio isósceles cuyas bases miden 37 cm y 55 cm, y el lado oblicuo, 14 cm.***

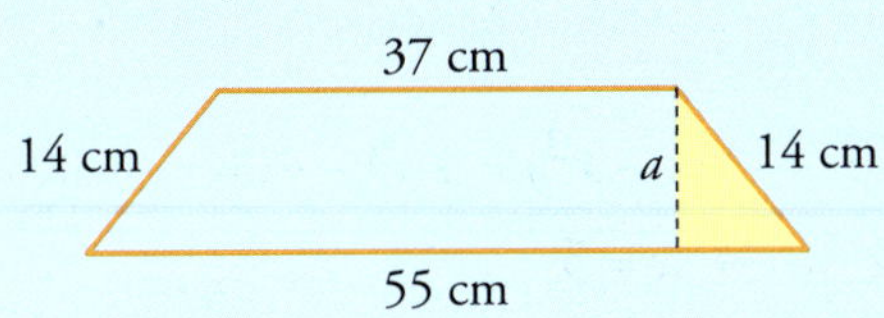

$(55 - 37) : 2 = 9$ cm

$a = \sqrt{14^2 - 9^2} = \sqrt{115} = 10{,}7$ cm

$A = \frac{37 + 55}{2} \cdot 10{,}7 = 492{,}2\ \text{cm}^2$

Piensa y practica

1 Halla el área de un triángulo cuyos lados miden 10 m, 17 m y 21 m.

2 Halla el área del hexágono regular en el que cada uno de sus lados mide 10 cm.

3 Halla el área de un rombo de lado 3 dm, sabiendo que una diagonal mide 46 cm.

4 Dos de los lados de un triángulo isósceles miden 30 cm y 13 cm. Halla su área.

7 ▶ ÁREAS DE LAS FIGURAS CURVAS

CÍRCULO

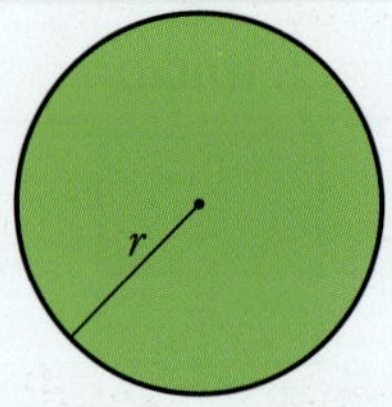

$A = \pi r^2$

SECTOR CIRCULAR

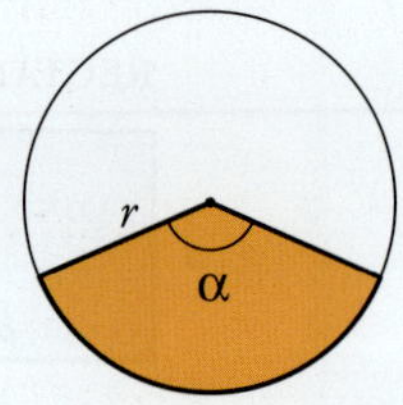

$A = \pi r^2 \cdot \dfrac{\alpha}{360}$

CORONA CIRCULAR

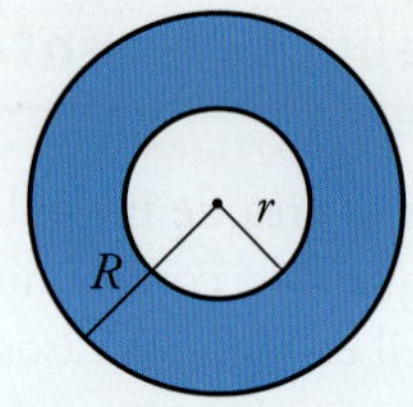

$A = \pi(R^2 - r^2)$

Área de la elipse

La **elipse** queda caracterizada por sus ejes, cuyas longitudes llamamos $2a$ y $2b$.

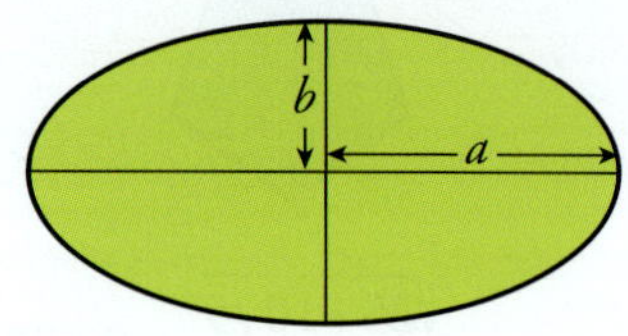

$$A_{\text{ELIPSE}} = \pi ab$$

Observa:

El círculo ocupa $\pi/4$ del cuadrado que lo contiene. La misma proporción que la elipse respecto al rectángulo que la circunscribe:

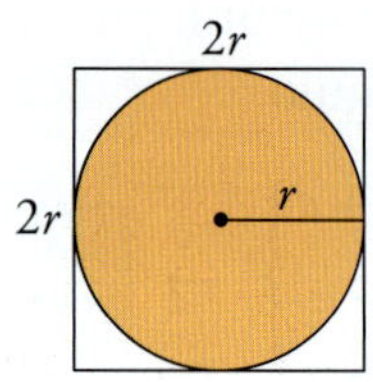

$A_{\text{CÍRC.}} = \pi r^2$

$A_{\text{CUAD.}} = 4r^2$

$\dfrac{A_{\text{CÍRC.}}}{A_{\text{CUAD.}}} = \dfrac{\pi}{4}$

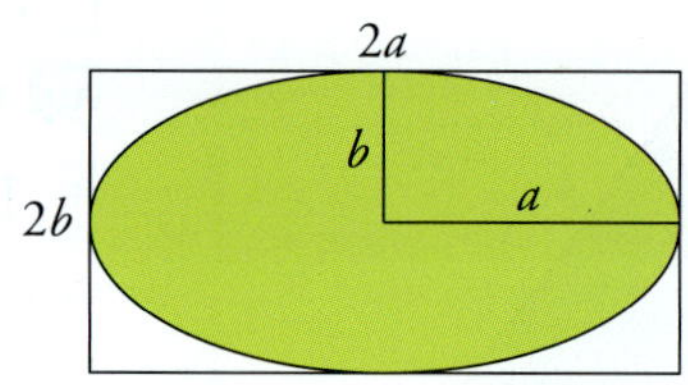

$A_{\text{ELIPSE}} = \pi ab$

$A_{\text{RECT.}} = 4ab$

$\dfrac{A_{\text{ELIPSE}}}{A_{\text{RECT.}}} = \dfrac{\pi}{4}$

Es como si, al estirar el cuadrado para que se convierta en rectángulo, el círculo se convirtiera en elipse.

Área de un segmento de parábola

El área de un **segmento de parábola** es igual a 2/3 del rectángulo que lo contiene.

$$A_{\text{SEGM. DE PARÁBOLA}} = \frac{2}{3}ab$$

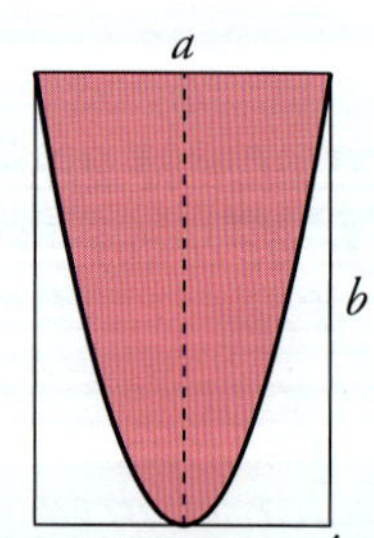

SEGMENTO DE PARÁBOLA

Piensa y practica

1 Halla el área de la parte coloreada en las figuras siguientes:

a)

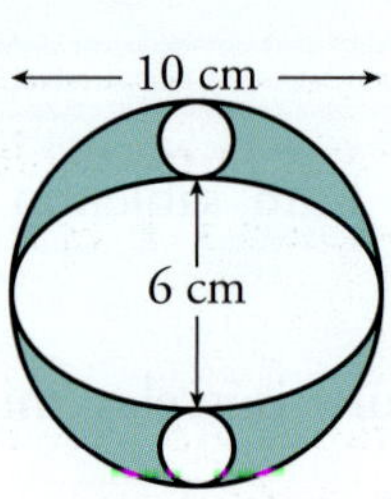

b)

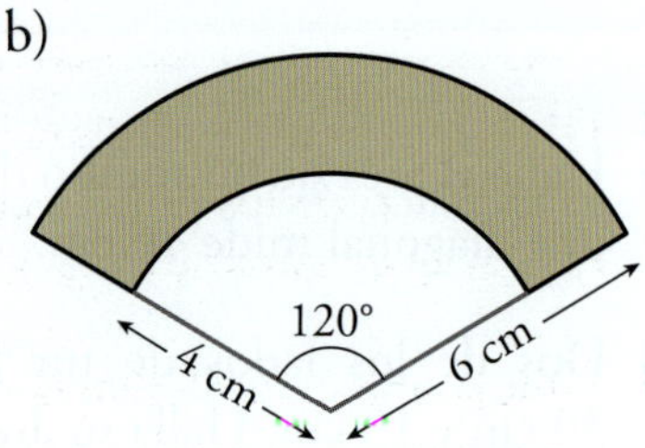

c)

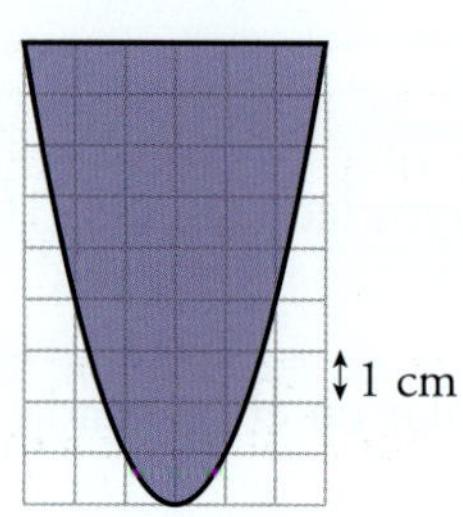

d)

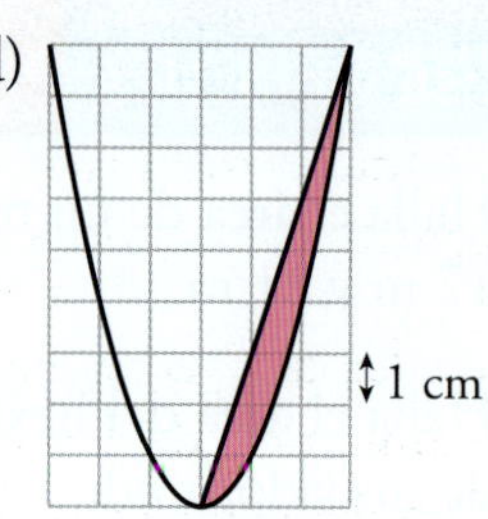

8 ▶ LUGARES GEOMÉTRICOS

Se llama **lugar geométrico** a un conjunto de puntos que cumplen una cierta propiedad.

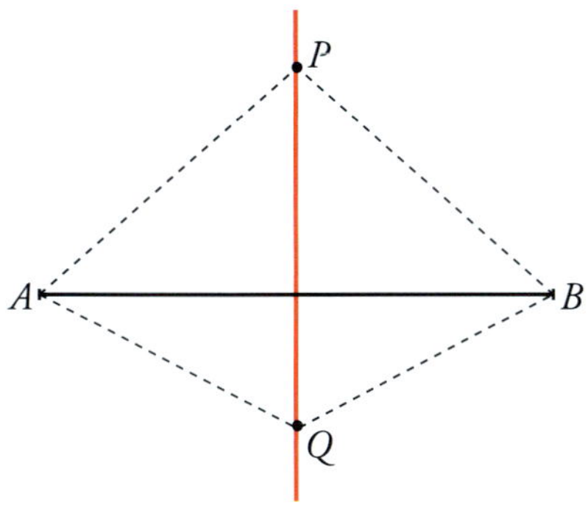

Recuerda que la **mediatriz** de un segmento es la recta perpendicular al segmento en su punto medio.

Los puntos de la mediatriz **equidistan** de los extremos del segmento. Es decir, si P es un punto cualquiera de la meditariz de AB, se cumple que $\overline{PA} = \overline{PB}$. Además, los puntos de la mediatriz son los únicos que cumplen esta propiedad.

La **mediatriz** de un segmento es el lugar geométrico de los puntos que equidistan de sus extremos.

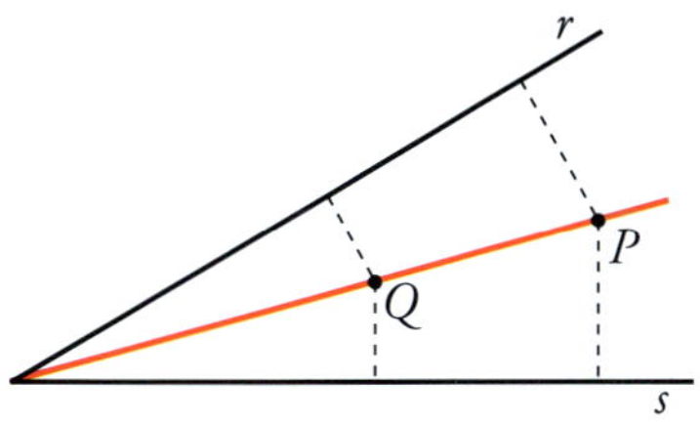

Análogamente:

La **bisectriz** de un ángulo es el lugar geométrico de los puntos que equidistan de sus lados, pues los puntos P de la bisectriz cumplen lo siguiente:

$$dist\,(P, r) = dist\,(P, s)$$

Arco capaz

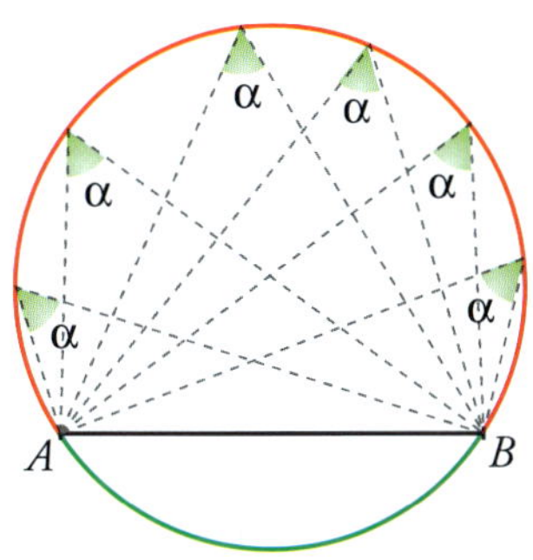

Todos los ángulos dibujados a la izquierda están inscritos en la circunferencia y abarcan el mismo arco (verde). Por tanto, son iguales. Los vértices de estos ángulos están situados sobre el arco rojo, que se define del siguiente modo:

Se llama **arco capaz** del ángulo α para el segmento AB al lugar geométrico de los puntos desde los cuales **se ve** el segmento AB bajo un ángulo α.

Ejercicio resuelto

Definir una circunferencia de centro O y radio r como lugar geométrico.

Los puntos P de la circunferencia cumplen la propiedad de que su distancia a O es igual a r.

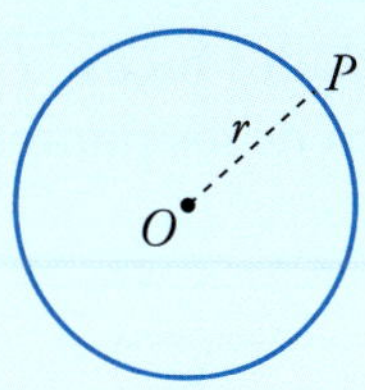

Por tanto: la circunferencia de centro O y radio r es el lugar geométrico de los puntos P cuya distancia a O es r: $\overline{OP} = r$.

Piensa y practica

1 Define como lugar geométrico una circunferencia de centro C y radio 8 cm.

2 Dadas dos rectas paralelas, r y s, ¿cuál es el lugar geométrico de los puntos que equidistan de ambas? Dibújalo en tu cuaderno.

3 Dibuja en negro una recta r. Dibuja en rojo el lugar geométrico de los puntos cuya distancia a r es 1 cm. (ATENCIÓN: son dos rectas).

4 Dibuja una circunferencia de diámetro AB. Defínela como lugar geométrico (arco capaz de 90°).

9 LAS CÓNICAS COMO LUGARES GEOMÉTRICOS

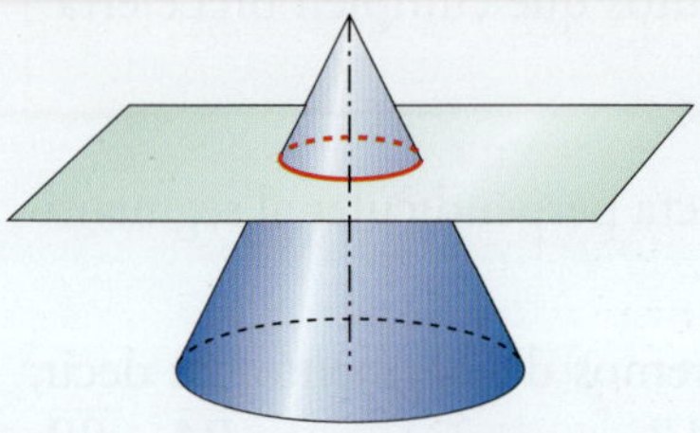

Si cortamos un cono por un plano perpendicular a su eje, la línea de corte es una **circunferencia.**

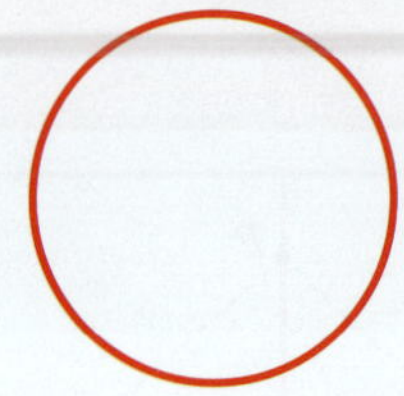

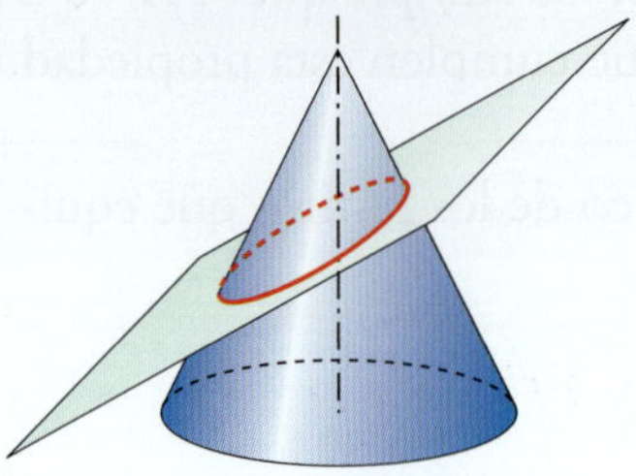

Si el plano que corta al cono tiene una cierta inclinación respecto a su eje, la línea de corte es una **elipse.**

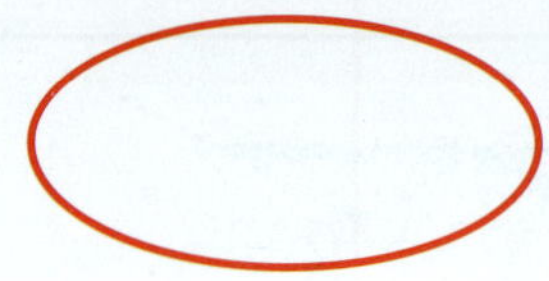

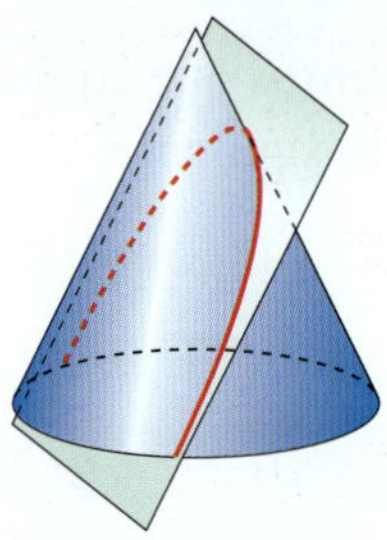

Si el plano que corta al cono es paralelo a una de sus generatrices, se obtiene una curva abierta: es una **parábola.**

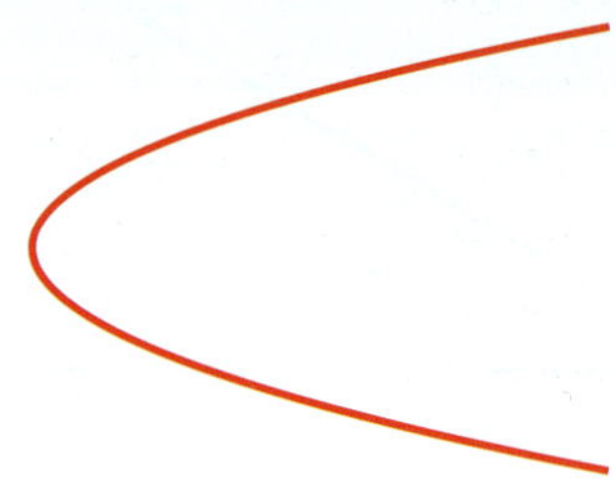

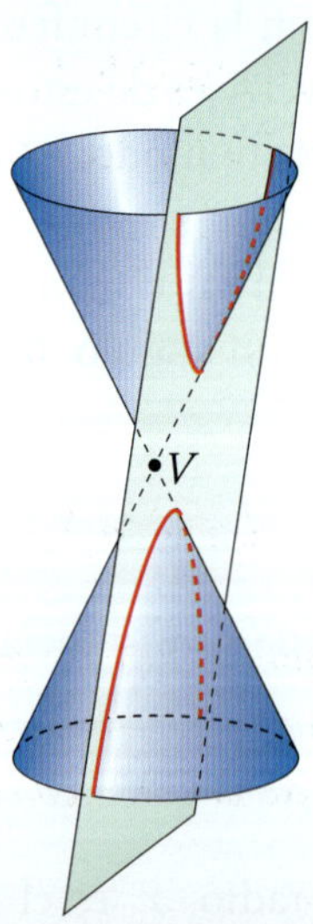

Si tomamos dos conos «opuestos por el vértice» y los cortamos por un plano, la línea de corte es una curva con dos ramas llamada **hipérbola.**

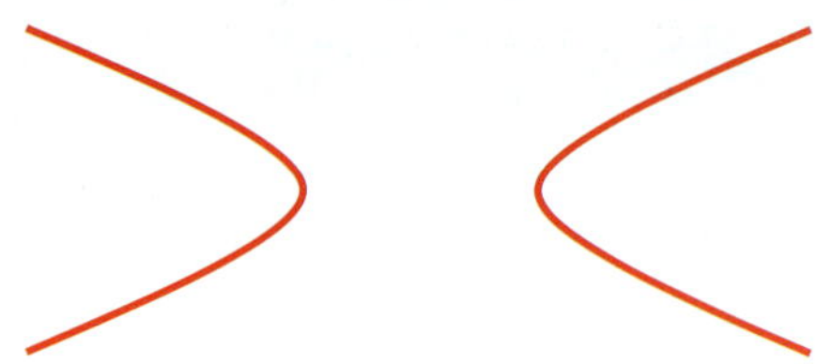

Estas cuatro curvas se llaman **cónicas.** Todas ellas pueden definirse como lugares geométricos. Ya hemos visto cómo se hace con la circunferencia. Veámoslo con las demás.

Elipse

Tenemos dos puntos fijos, llamados **focos,** F y F', y una distancia constante, d. La elipse es el lugar geométrico de los puntos P cuya suma de distancias a F y a F' es igual a d:

$$\overline{PF} + \overline{PF'} = d$$

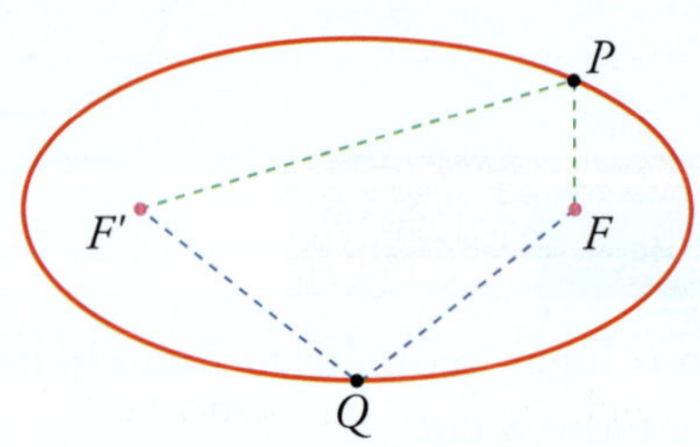

Observa cómo dibuja elipses un jardinero: clava dos estacas en el suelo y ata a ellas una cuerda suficientemente larga. Luego, marca con un punzón sobre la tierra la línea que resulta de moverse manteniendo la cuerda tensa. Esto podrías hacerlo tú con dos chinchetas, un hilo y un lápiz en un papel sobre una madera.

Parábola

Tenemos un punto, F, llamado **foco,** y una recta, d, **directriz. Parábola** es el lugar geométrico de los puntos, P, que equidistan de F y de d: $\overline{PF} = dist(P, d)$.

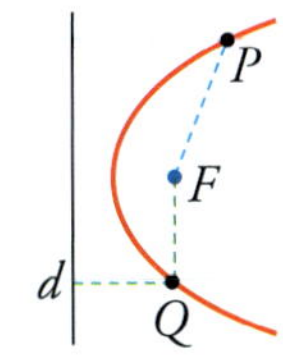

Hipérbola

Tenemos dos puntos fijos, llamados **focos,** F y F', y una distancia constante, d. La **hipérbola** es el lugar geométrico de los puntos, P, cuya diferencia de distancias a los focos (en valor absoluto) es d: $|\overline{PF} - \overline{PF'}| = d$.

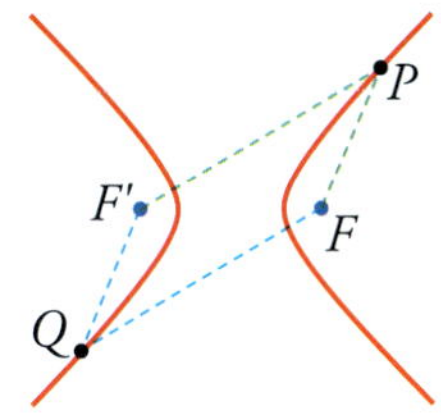

Ejercicios resueltos

1 ***Utilizar la trama adjunta para dibujar:***

a) Una elipse de focos F y F' y constante d = 18 (tomamos como unidad la distancia entre dos circunferencias consecutivas).

b) Una hipérbola de focos F y F' y constante d = 6.

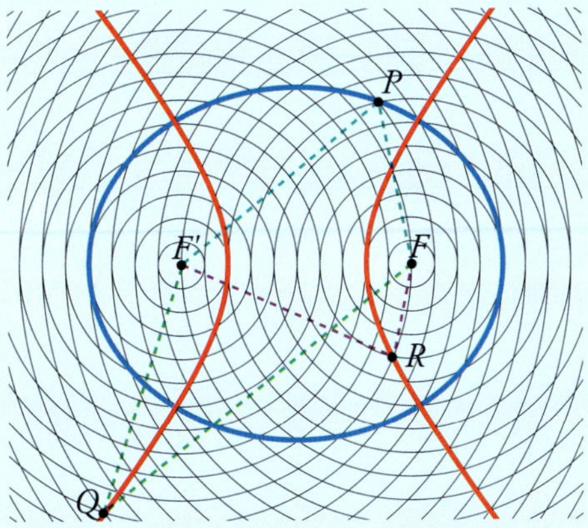

a) $\left.\begin{array}{l}\overline{PF} = 7\\ \overline{PF'} = 11\end{array}\right\} \quad \overline{PF} + \overline{PF'} = 7 + 11 = 18$

Podemos comprobar que cualquier punto de la elipse dibujada cumple esa condición.

b) $\left.\begin{array}{l}\overline{QF} = 17\\ \overline{QF'} = 11\end{array}\right\} \quad \overline{QF} - \overline{QF'} = 17 - 11 = 6$

$\left.\begin{array}{l}\overline{RF'} = 10\\ \overline{RF} = 4\end{array}\right\} \quad \overline{RF'} - \overline{RF} = 10 - 4 = 6$

Podemos comprobar que los puntos P de la rama izquierda de la hipérbola cumplen que $\overline{PF} - \overline{PF'} = 6$ y los de la rama derecha $\overline{PF'} - \overline{PF} = 6$. Por tanto, cualquier punto de la hipérbola cumple $|\overline{PF} - \overline{PF'}| = 6$.

2 ***Utilizar la trama adjunta para dibujar una parábola de foco F y directriz d_1.***

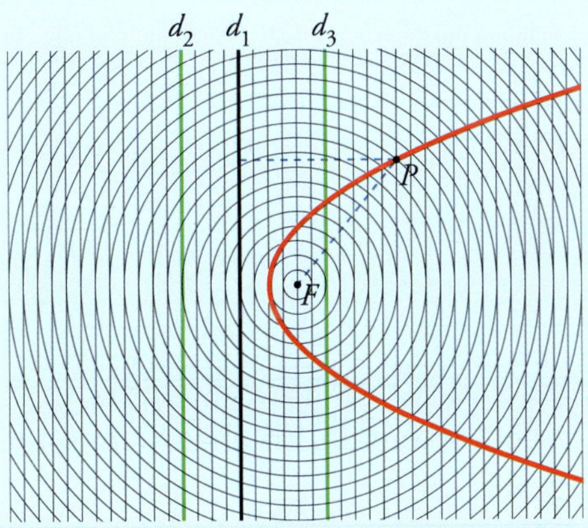

$\left.\begin{array}{l}dist(P, d_1) = 11\\ \overline{PF} = 11\end{array}\right\} \quad \overline{PF} = dist(P, d_1)$

Podemos comprobar que cualquier punto de la parábola dibujada está a la misma distancia del foco F que de la directriz d_1.

Piensa y practica

anayaeducacion.es Tramas para elipses, hipérbolas y parábolas.

1 Toma de la web una trama como la del ejercicio resuelto 1 y dibuja en ella:

a) Dos elipses con $d = 14$ y $d = 24$.

b) Dos hipérbolas con $d = 8$ y $d = 4$.

2 Toma de la web una trama como la del ejercicio resuelto 2 y dibuja en ella:

a) Una parábola de foco F y directriz d_2.

b) Una parábola de foco F y directriz d_3.

1 Aplicación del teorema de Pitágoras en polígonos regulares

Expresar, en cada polígono regular, los elementos pedidos en función del lado:

a) Diagonal de un cuadrado.

b) Altura, radio y apotema de un triángulo equilátero.

c) Apotema de un hexágono regular.

d) Apotema y radio de un pentágono regular.

Para los cálculos, en todos los casos vamos a tomar como unidad el lado del polígono regular. Al final, generalizaremos para un polígono de lado l.

a)

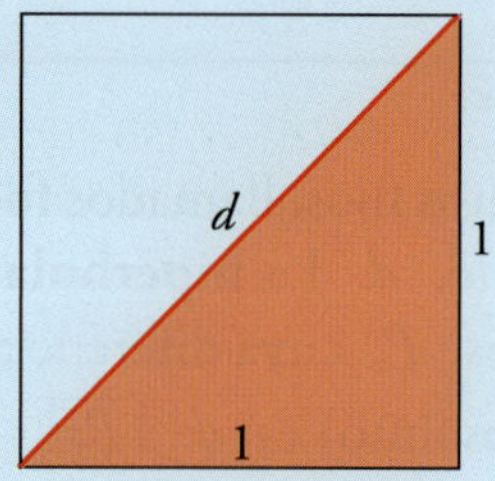

$$d = \sqrt{1^2 + 1^2} = \sqrt{2}$$

$$d = \sqrt{2}\, l \qquad l = \frac{1}{\sqrt{2}}\, d = \frac{\sqrt{2}}{2}\, d$$

b)

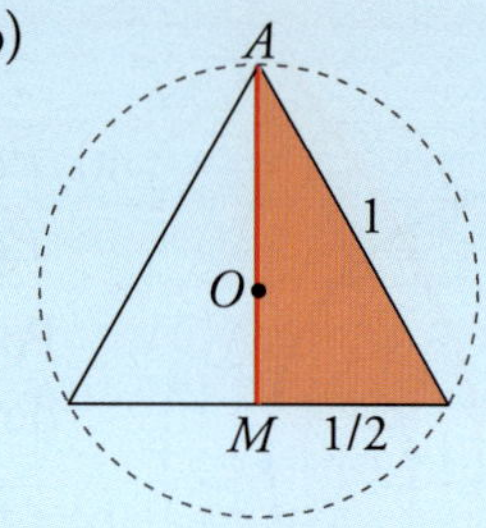

$$h = \overline{AM} = \sqrt{1^2 - \left(\frac{1}{2}\right)^2} = \sqrt{\frac{3}{4}} = \frac{\sqrt{3}}{2}$$

La apotema, OM, es la tercera parte de la altura.

El radio de la circunferencia circunscrita, OA, es el doble que la apotema.

$$h = \frac{\sqrt{3}}{2}\, l \qquad a = \frac{\sqrt{3}}{6}\, l \qquad r = \frac{\sqrt{3}}{3}\, l$$

c)

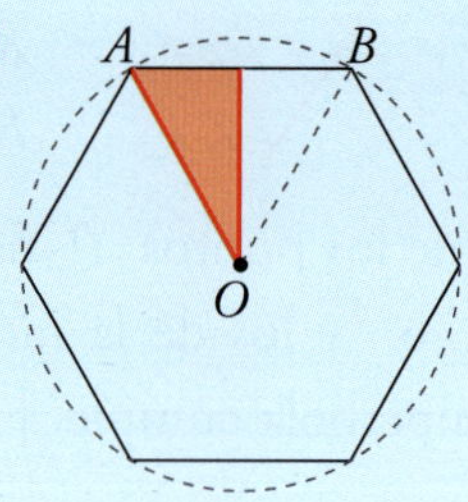

El radio es igual al lado.

La apotema es la altura del triángulo equilátero ABO.

$$r = l \qquad a = \frac{\sqrt{3}}{2}\, l$$

d)

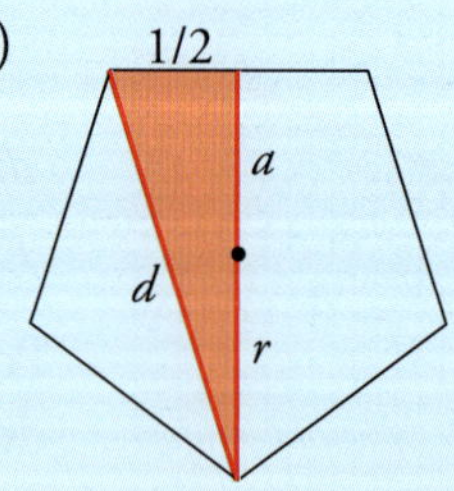

Sabemos que la diagonal del pentágono regular es igual a Φl, siendo Φ el número áureo: $\Phi = \frac{1 + \sqrt{5}}{2} = 1{,}618$

$$r + a = \sqrt{d^2 - \left(\frac{1}{2}\right)^2} = \sqrt{1{,}618^2 - 0{,}5^2} = \sqrt{2{,}3679} =$$

$$= 1{,}5388$$

En este otro triángulo, obtenemos otra relación entre r y a:

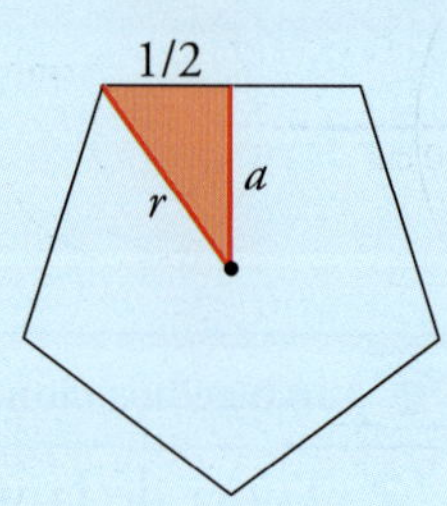

$$\left.\begin{array}{l} r^2 - a^2 = \left(\frac{1}{2}\right)^2 = 0{,}25 \\ r^2 - a^2 = (r + a)(r - a) \end{array}\right\} \; r - a = \frac{0{,}25}{r + a} = \frac{0{,}25}{1{,}5388} =$$

$$= 0{,}1625$$

Podemos calcular r y a con las dos ecuaciones que las relacionan:

$$\left.\begin{array}{l} r + a = 1{,}5388 \\ r - a = 0{,}1625 \end{array}\right\} \text{ Se obtiene } \left\{\begin{array}{l} r = 0{,}8507 \\ a = 0{,}6882 \end{array}\right.$$

$$a = 0{,}6882\, l \qquad r = 0{,}8507\, l$$

e) Apotema y radio de un octógono regular.

e) 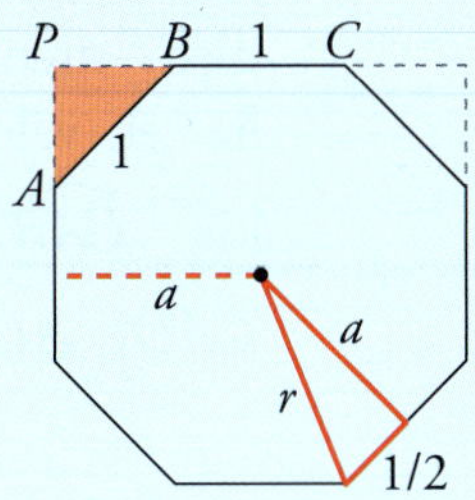

$\overline{PB} = \frac{\sqrt{2}}{2}$ (el lado de un cuadrado cuya diagonal mide 1)

La apotema es $\overline{PB} + \frac{1}{2}$. Es decir: $a = \frac{\sqrt{2}}{2} + \frac{1}{2} = 1{,}2071$

Obtenemos el radio:

$$r = \sqrt{a^2 + \left(\frac{1}{2}\right)^2} = \sqrt{1{,}2071^2 + 0{,}5^2} = 1{,}3066$$

$$\boxed{a = 1{,}2071\ l \qquad r = 1{,}3066\ l}$$

2 De cuadrado a octógono regular

Tenemos un cuadrado de lado 12 cm. Le cortamos las cuatro esquinas para que quede un octógono regular. ¿Dónde haremos los cortes?

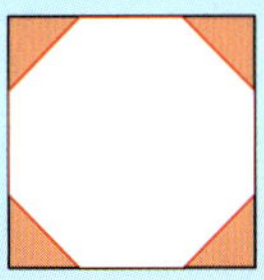

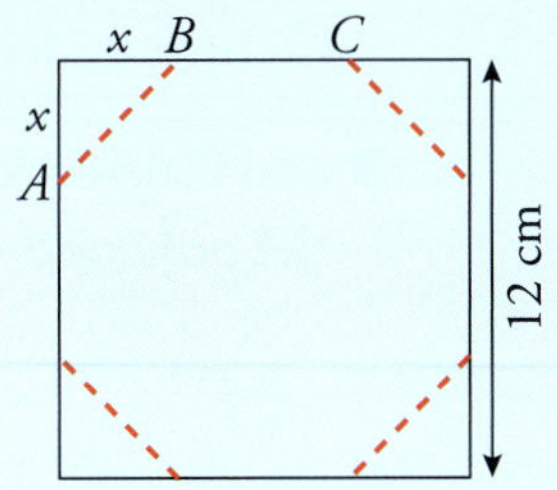

$\overline{AB}$ debe ser igual a $\overline{BC}$.

$$\left.\begin{array}{l}\overline{AB} = \sqrt{2}x \\ \overline{BC} = 12 - 2x\end{array}\right\} \sqrt{2}x = 12 - 2x \rightarrow (\sqrt{2} + 2)x = 12 \rightarrow$$

$$\rightarrow x = \frac{12}{\sqrt{2} + 2} = 3{,}5147 \text{ cm}$$

Hemos de cortar cuatro triángulos rectángulos isósceles de catetos ligeramente mayores que 3,5 cm.

3 Tangente a una circunferencia

Una circunferencia de centro O tiene un radio de 80 cm. Desde un punto P que dista 130 cm de O trazamos una tangente. ¿Cuál es la longitud del segmento tangente, PT?

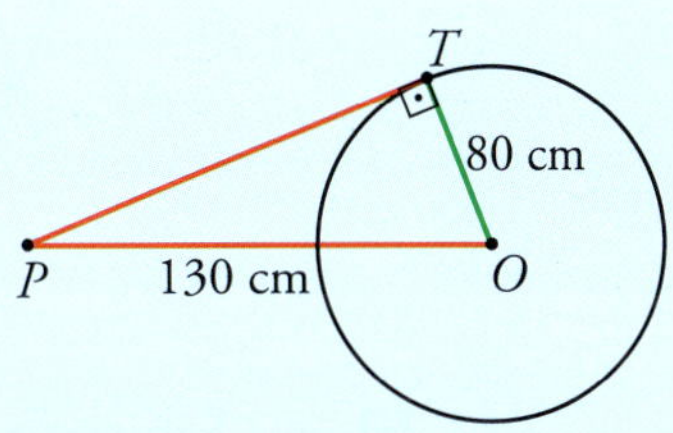

El segmento tangente, *PT*, es perpendicular al radio, *OT*.

PT y *OT* son catetos del triángulo *PTO*. *PO* es la hipotenusa.

Por tanto: $\overline{PT} = \sqrt{130^2 - 80^2} = \sqrt{10\,500} = 102{,}47$ cm

Hazlo tú Supón un problema similar, y calcula el radio de la circunferencia si $\overline{OP} = 39$ cm y $\overline{PT} = 36$ cm.

4 Tangente común a dos circunferencias

Dos circunferencias de centros O y O' y radios 9 cm y 5 cm tienen sus centros a 20 cm. Hallar la longitud del segmento tangente exterior común.

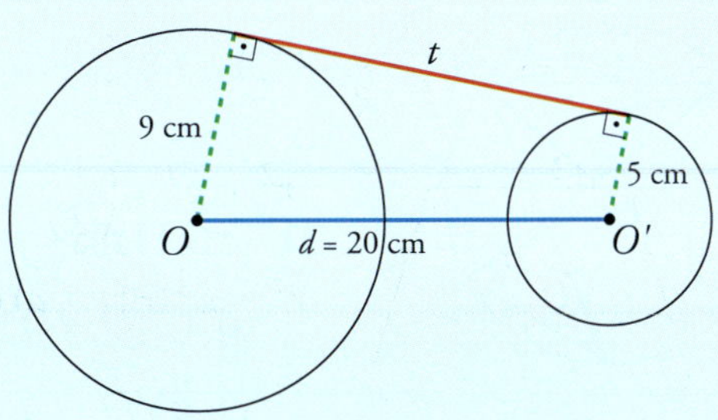

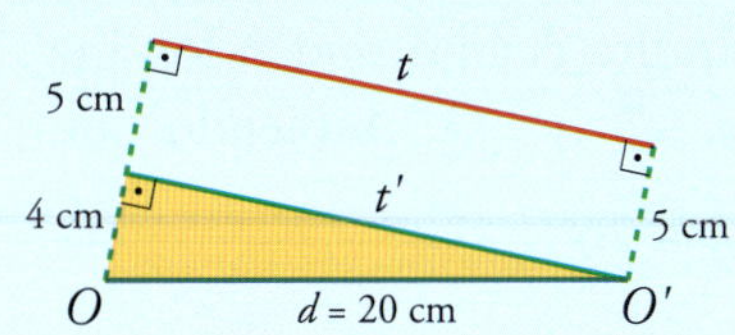

A partir del gráfico de la derecha, calculamos la longitud de *t'*, y por tanto de *t*, aplicando el teorema de Pitágoras: $t' = \sqrt{20^2 - 4^2} = 19{,}6$ cm

El segmento tangente exterior común mide 19,6 cm.

Hazlo tú Halla la longitud de la tangente suponiendo que los radios miden 15 cm y 6 cm, y que la distancia entre sus centros es de 41 cm.

Recuerda seleccionar el material de trabajo de esta unidad para tu **portfolio.**

EJERCICIOS Y PROBLEMAS

Practica

Ángulos

1 Halla el valor de cada ángulo indicado:

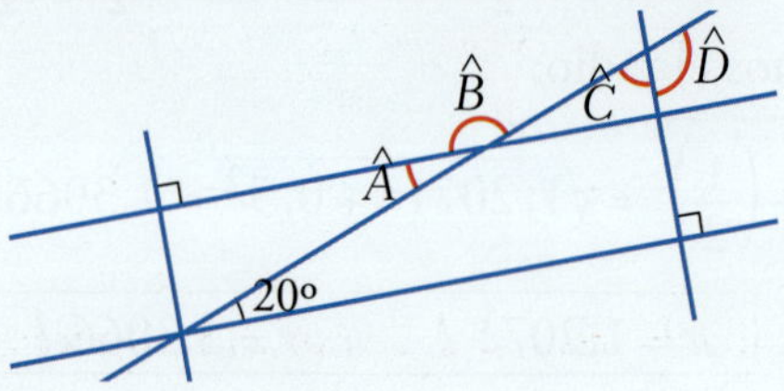

2 Calcula la medida de $\hat{X}$ en cada caso:

a)

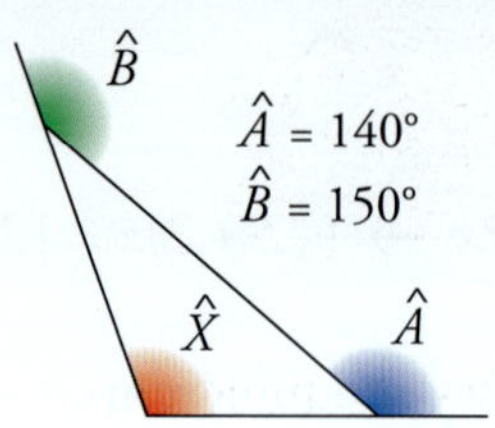

b)

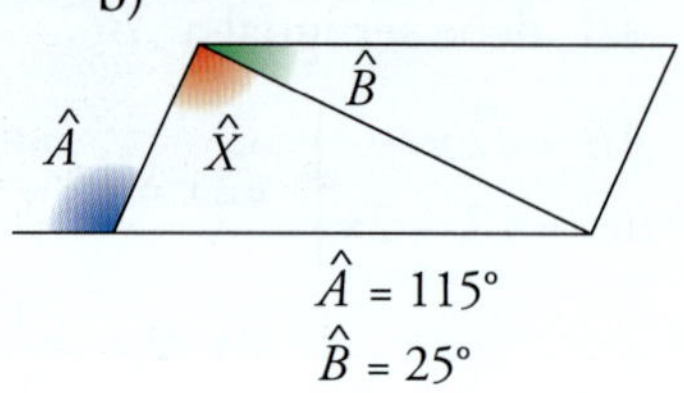

c)

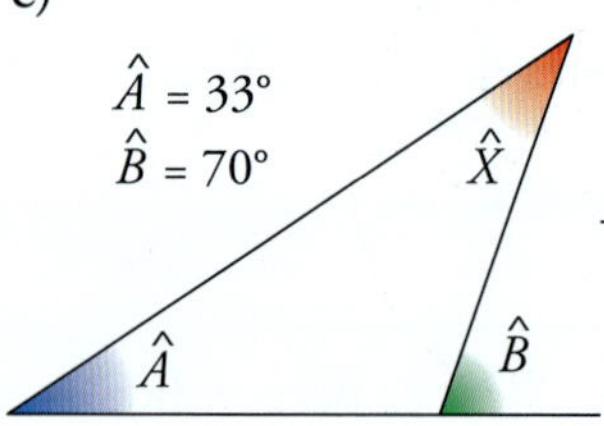

d)

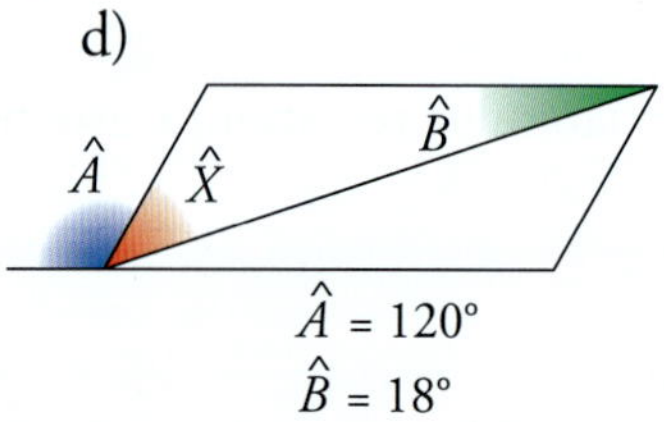

3 Calcula los ángulos central e interior de un polígono regular de:

a) 7 lados. b) 12 lados. c) 13 lados.
d) 15 lados. e) 20 lados. f) 100 lados.

4 ¿Cuántos lados tiene un polígono regular si su ángulo interior es de 140°? ¿Puede haber un polígono regular cuyo ángulo interior sea 40°? ¿Y uno que tenga un ángulo interior de 150°?

5 Indica cuánto miden los ángulos $\hat{P}$ y $\hat{Q}$, sabiendo que $\widehat{AOB} = 70°$.

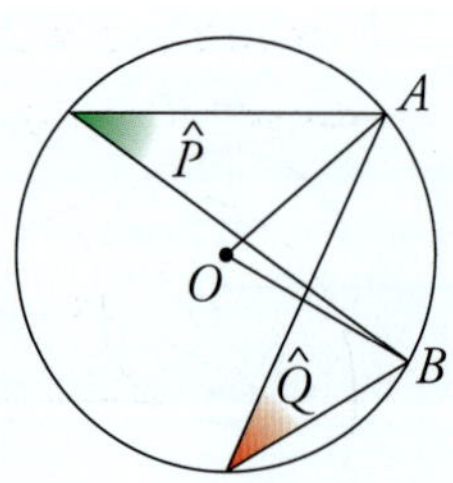

6 El triángulo ABC es isósceles. ¿Cuánto miden sus ángulos?

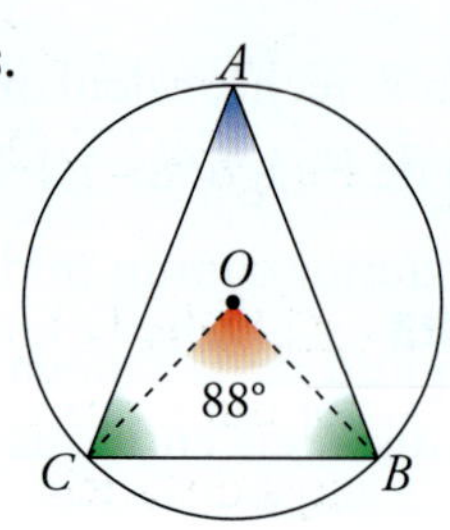

7 ¿Cuál es la medida angular de cada uno de los diez arcos iguales? Halla el valor de los ángulos $\widehat{CAB}$, $\widehat{ABC}$, $\widehat{BCA}$, $\widehat{CAD}$, $\widehat{ADC}$, $\widehat{ACD}$.

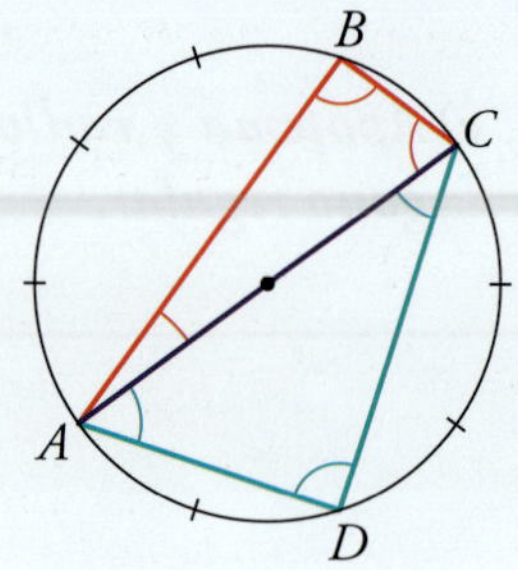

8 Dibuja un triángulo ABC inscrito en una circunferencia, de modo que los vértices A y B sean extremos de un diámetro y el arco $\overset{\frown}{AC}$ sea la sexta parte de la circunferencia.

¿Cuánto miden sus ángulos?

9 Calcula los ángulos $\hat{A}$, $\hat{B}$, $\hat{C}$, $\hat{D}$ y $\hat{E}$ dentro del polígono inscrito en la circunferencia.

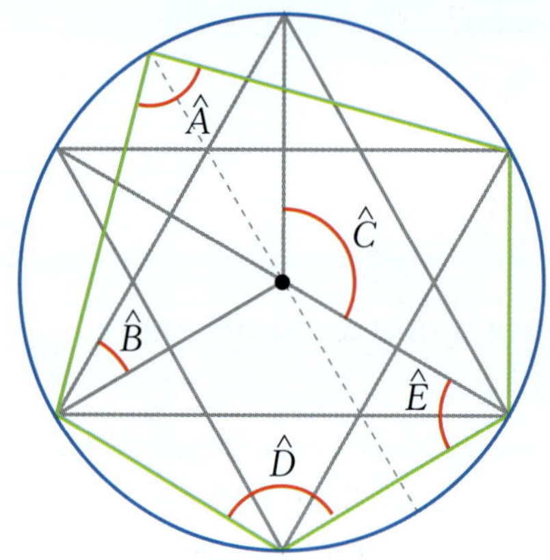

10 Sabiendo que $\overline{PA} = \overline{AC} = \overline{BC}$, $\hat{B} = 70°$, halla el ángulo $\widehat{PCB}$ en el siguiente triángulo:

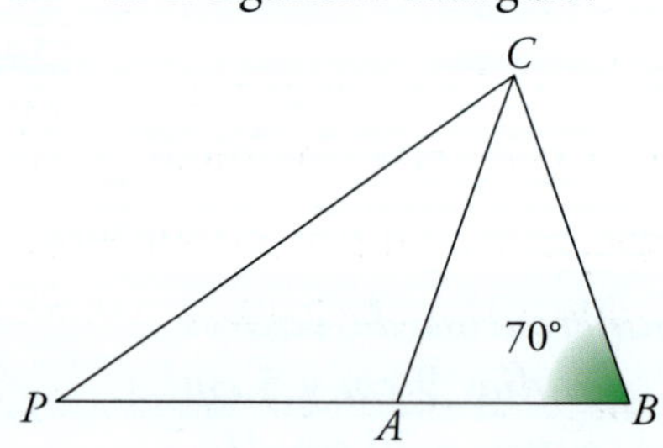

11 Halla:

a) $\widehat{CBD}$ = ① b) $\widehat{ADB}$ = ②
c) $\widehat{BVD}$ d) $\widehat{AVB} = \alpha$

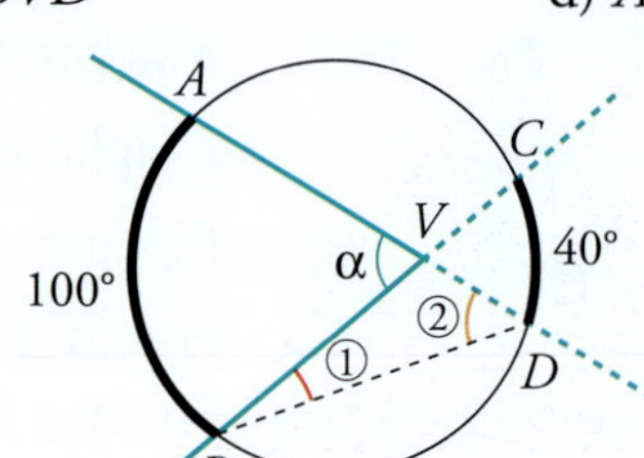

$\overset{\frown}{AB} = 100°$
$\overset{\frown}{CD} = 40°$

Teorema de Pitágoras

12 Calcula el valor de x en cada caso:

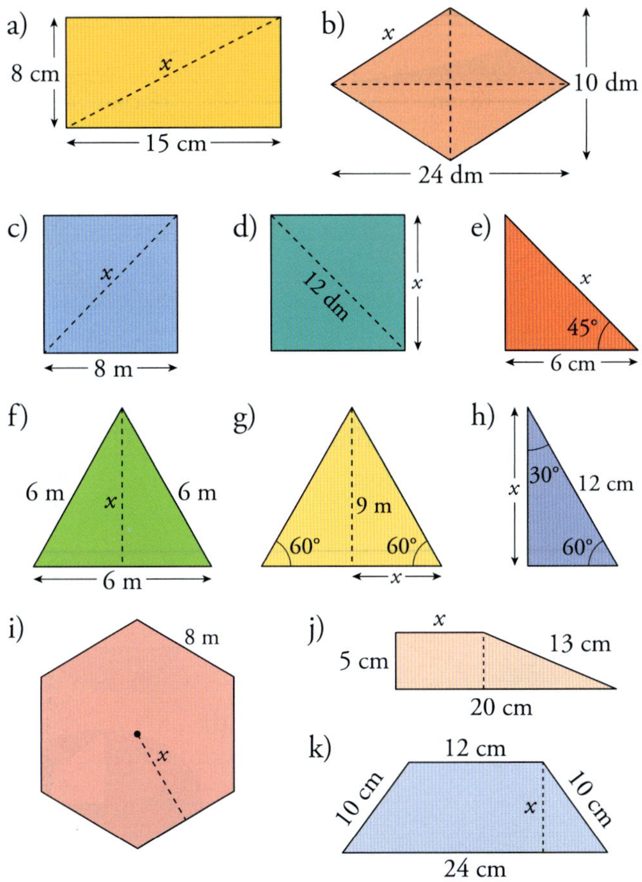

13 Clasifica en rectángulos, acutángulos u obtusángulos los triángulos de lados:

a) 11 m, 13 m, 20 m. b) 20 m, 21 m, 29 m.

c) 25 m, 29 m, 36 m. d) 7 m, 24 m, 25 m.

14 De un rombo, conocemos una diagonal, 24 cm, y el lado, 13 cm. Halla la otra diagonal y su área.

15 La diagonal de un rectángulo mide 37 cm, y uno de sus lados, 12 cm. Calcula su perímetro.

16 La diagonal de un rectángulo de lados 7 cm y 24 cm mide igual que el lado de un cuadrado. Halla la diagonal de ese cuadrado.

17 Halla, con la ayuda de un sistema de ecuaciones, los valores de h, x e y.

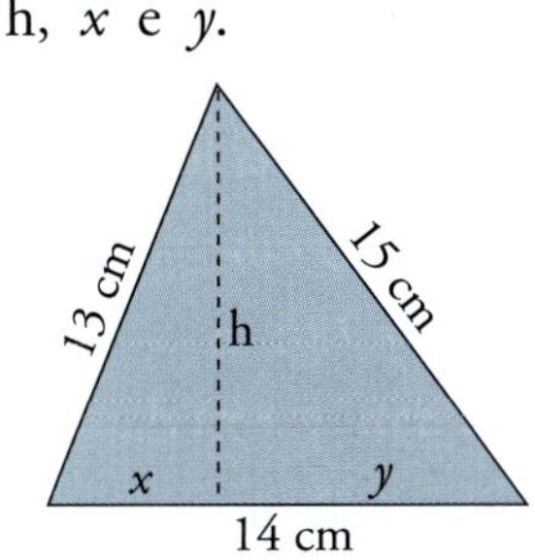

18 Calcula la altura de este triángulo, aplicando el teorema de Pitágoras a los dos triángulos rectángulos que aparecen. Después, halla su área.

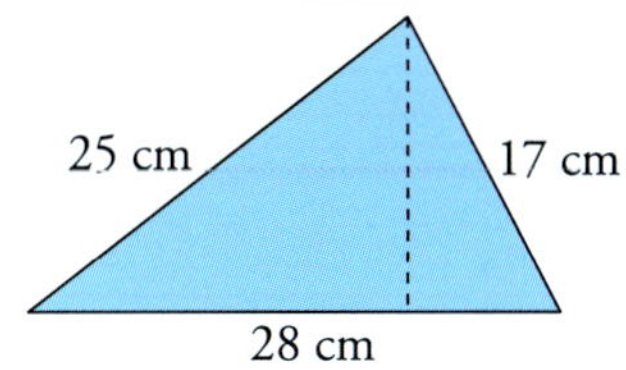

19 Halla la altura del trapecio siguiente. Después, calcula su área.

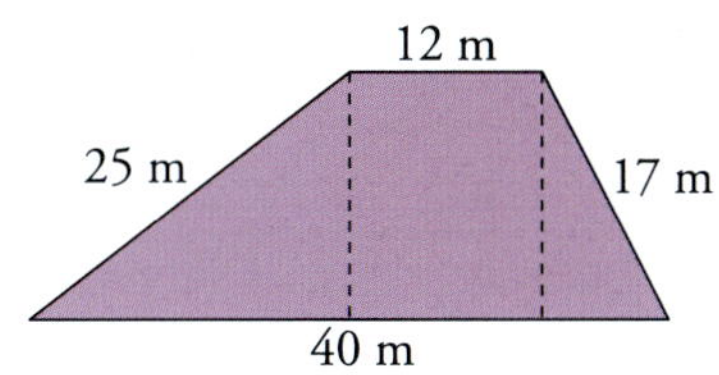

20 a) Calcula el radio de esta circunferencia.

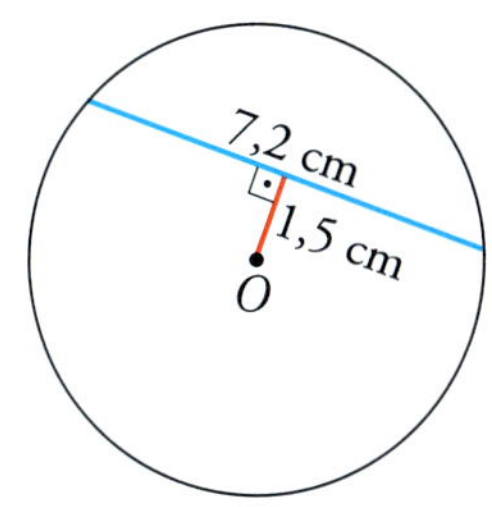

b) ¿Cuál será la longitud de una cuerda cuya distancia al centro es 2,9 cm?

21 Una circunferencia tiene un radio de 15 cm. Una recta, r, corta a la circunferencia en dos puntos, A y B. La distancia entre A y B es de 18 cm. ¿Cuál es la distancia del centro de la circunferencia a la recta?

22 Problema resuelto

Dos circunferencias de radios 14 cm y 7 cm tienen sus centros a 29 cm. Calcular la longitud del segmento de tangente interior común.

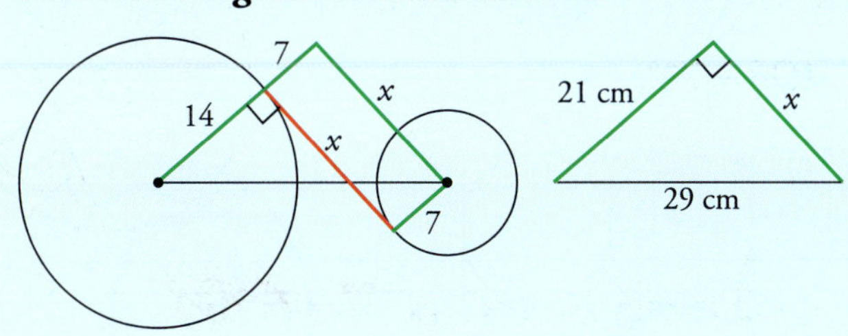

$x = \sqrt{29^2 - 21^2} = \sqrt{400} = 20$ cm

23 Halla la longitud del segmento tangente interior común a dos circunferencias de radios 15 cm y 6 cm cuya distancia entre sus centros es de 41 cm.

Áreas y perímetros

24 Halla el área de la parte coloreada de las figuras siguientes:

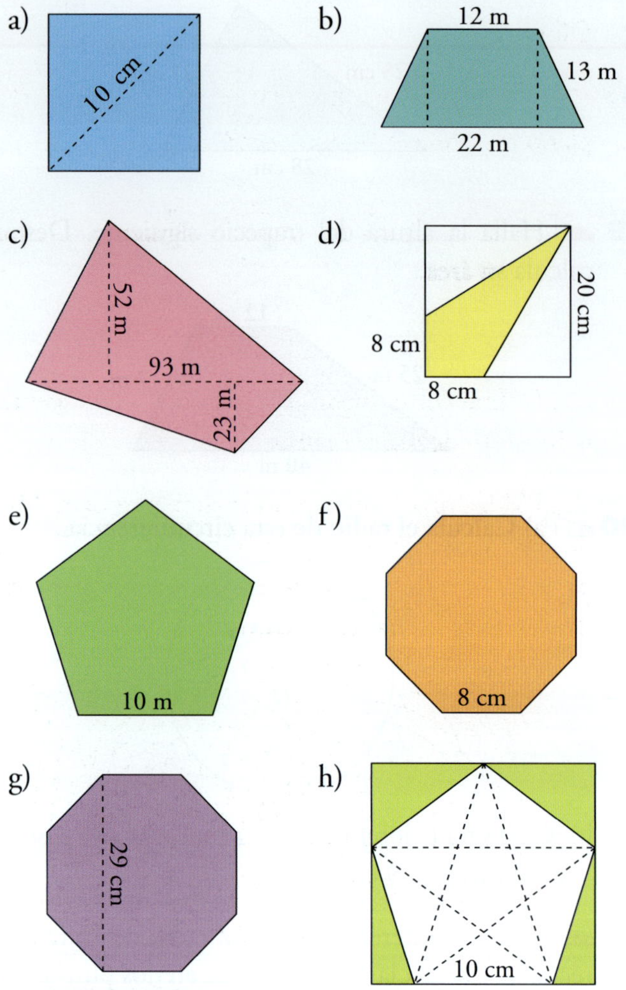

25 Halla el área y el perímetro de la parte coloreada de cada figura:

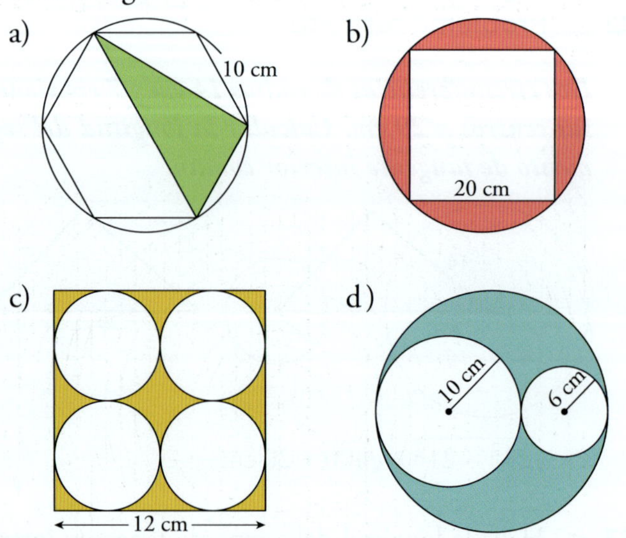

Recuerda que el perímetro es la periferia interior y exterior.

26 Halla las áreas de estas figuras coloreadas:

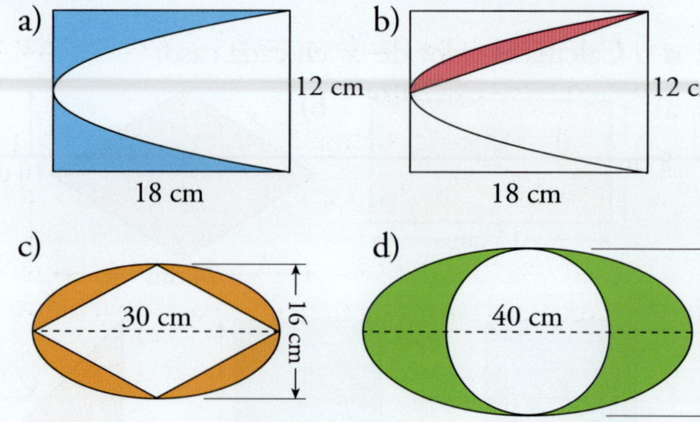

27 En a) no tienes suficientes herramientas para calcular el perímetro, pero sí el área. Indica en cuáles puedes hallar el perímetro y en cuáles el área. En los que puedas, hállalos.

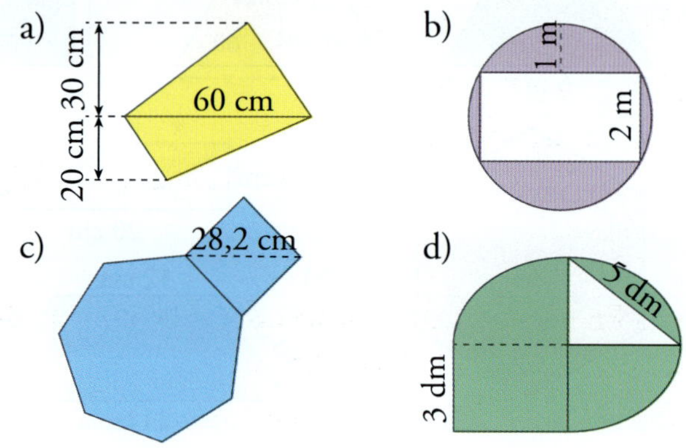

28 Halla, en cada caso, el área y el perímetro de un sector circular de un círculo de 15 cm de radio y cuya amplitud es:

a) 90° b) 120° c) 65° d) 140°

29 Halla el área de estos segmentos circulares:

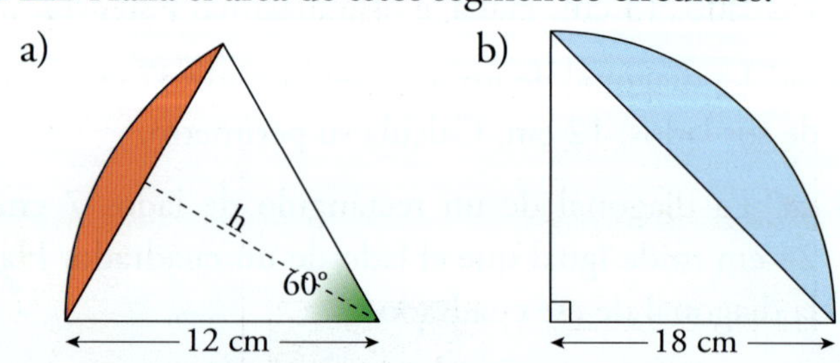

30 Comprueba que los siguientes triángulos son rectángulos y calcula sus áreas de dos formas: a partir de sus catetos y aplicando la fórmula de Herón.

a) 51 cm, 68 cm y 85 cm.

b) 110 m, 264 m y 286 m.

c) 72 dam, 135 dam y 153 dam.

d) 48 m, 140 m y 148 m.

Semejanza. Escalas

31 Dos triángulos ABC y $A'B'C'$ son semejantes con razón de semejanza 1,2.

Calcula los lados del triángulo $A'B'C'$ sabiendo que:

$\overline{AB} = 16$ cm $\overline{BC} = 25$ cm $\overline{AC} = 39$ cm

32 Halla las longitudes de los lados a y b sabiendo que estos dos triángulos tienen sus lados paralelos:

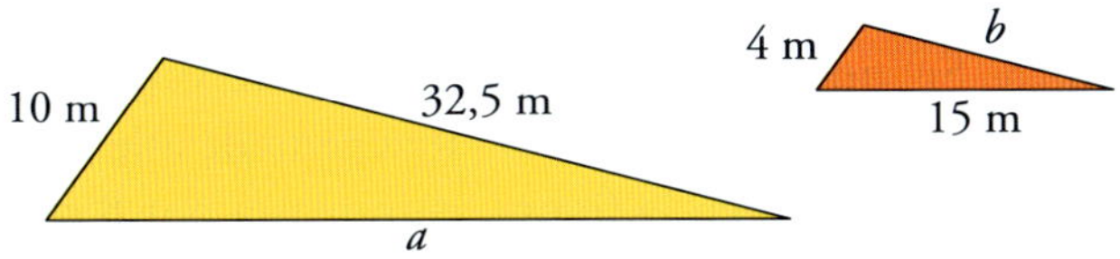

33 Si BD es paralelo a AE, y $\overline{AC} = 15$ cm, $\overline{CE} = 11$ cm, $\overline{BD} = 6,4$ cm, $\overline{AE} = 18$ cm:

a) Calcula $\overline{CD}$ y $\overline{BC}$.

b) Si $\hat{A} = 37°$ y $\hat{C} = 80°$, halla $\hat{E}$, $\hat{B}$ y $\hat{D}$.

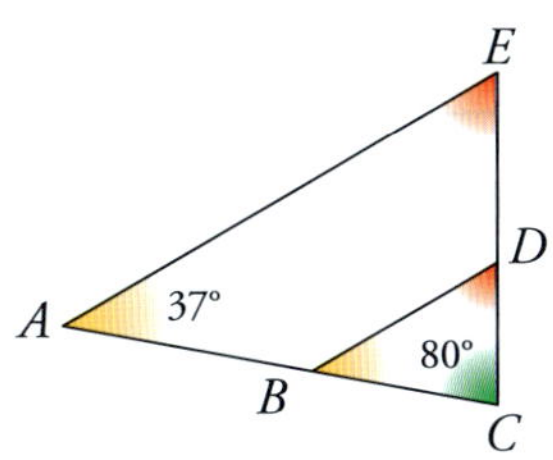

34 En un mapa cuya escala es 1:1 500 000, la distancia entre dos ciudades es 2,5 cm.

a) ¿Cuál es la distancia real entre ellas?

b) ¿Cuál será la distancia en ese mapa entre dos ciudades A y B cuya distancia real es 360 km?

35 Indica, en cada caso, cuál es la escala del plano:

a) 1 mm del plano representa 10 m reales.

b) 50 km reales se representan por 1 dm en el plano.

c) 0,001 mm reales se representan por 1 cm en el plano.

36 Asocia cada imagen con su escala:

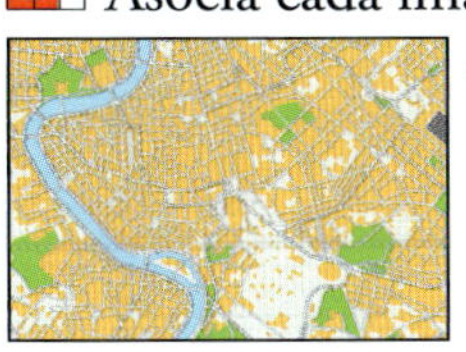
A

B
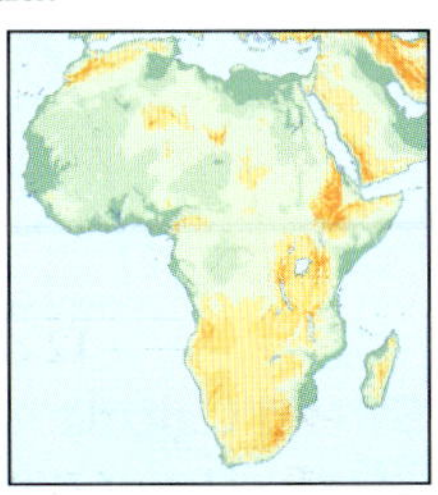

C
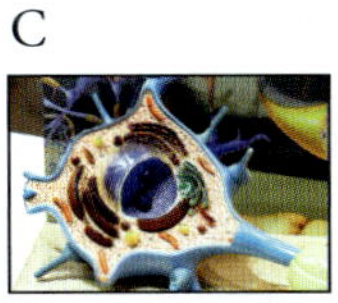

D
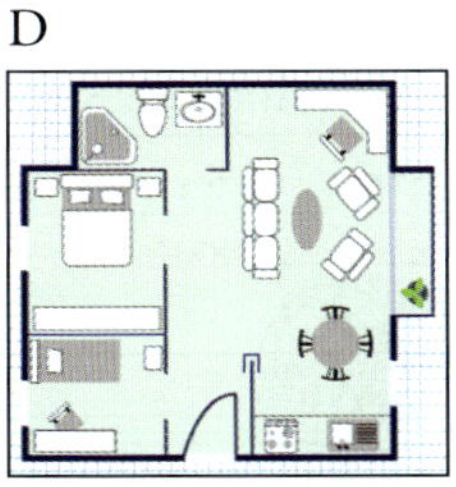

E
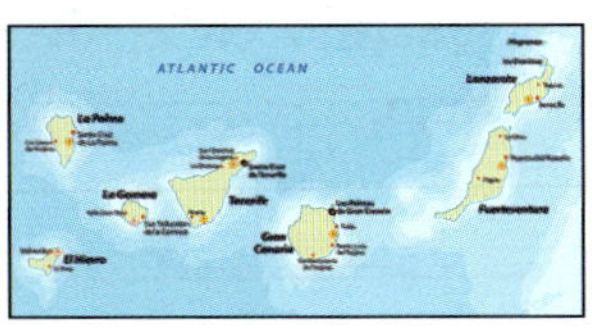

a) 1:300 b) 10 000:1 c) 1:10 000 000

d) 1:100 000 e) 1:375 000 000

Lugares geométricos y cónicas

37 ¿Cuál es el lugar geométrico de los puntos cuya distancia a una recta r es de 2 cm?

Dibújalo.

38 ¿Cuál es el lugar geométrico de los puntos P del plano tales que el ángulo $\widehat{APB}$ es recto?

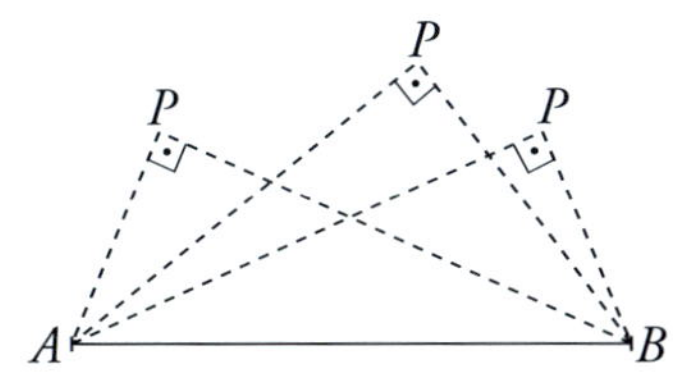

39 Define como lugar geométrico el circuncentro y el incentro de un triángulo.

40 Utiliza una trama como la siguiente para dibujar dos elipses de focos F y F' y constantes $d_1 = 16$ y $d_2 = 20$ (tomando como unidad la distancia entre dos circunferencias consecutivas).

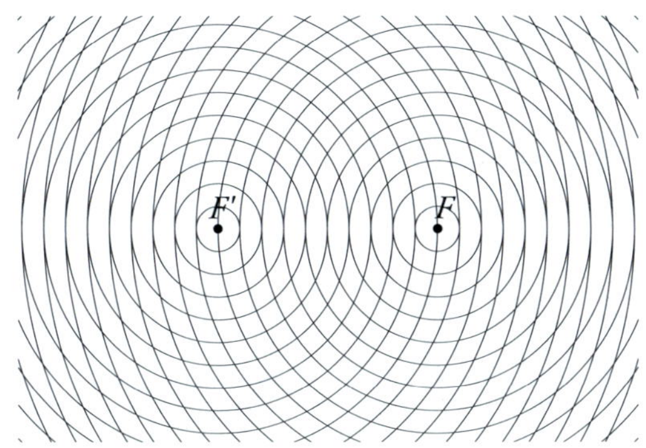

41 En una trama como la del ejercicio anterior, dibuja dos hipérbolas de focos F y F' y constantes $d_1 = 2$ y $d_2 = 7$.

42 Utiliza esta trama para dibujar dos parábolas de foco F y de directrices d_1 y d_2.

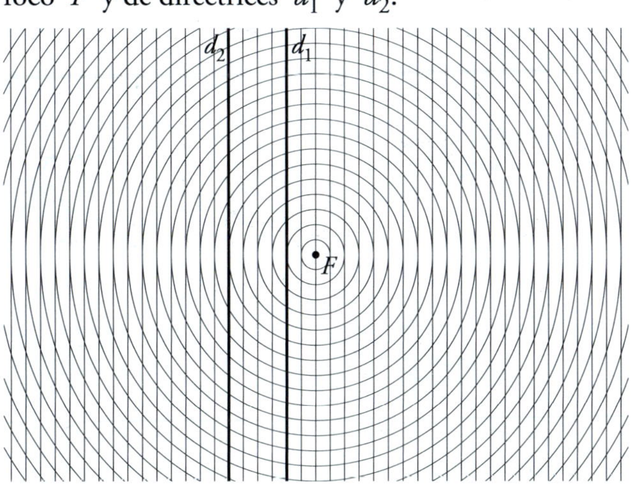

Resuelve problemas

43 Una finca tiene la forma y las dimensiones indicadas en la figura. Calcula su área.

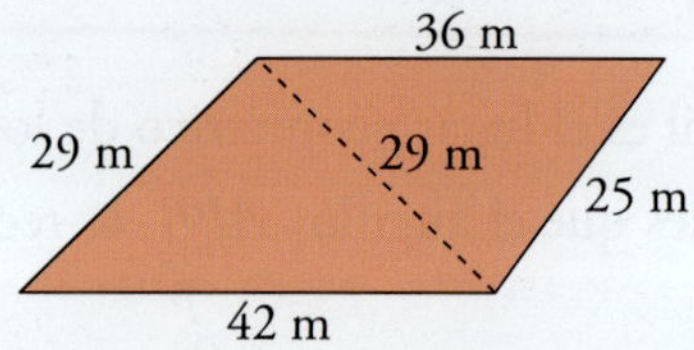

44 Para calcular la altura de un árbol, Eduardo ve la copa reflejada en un charco y toma las medidas que indica el dibujo. ¿Cuál es la altura del árbol?

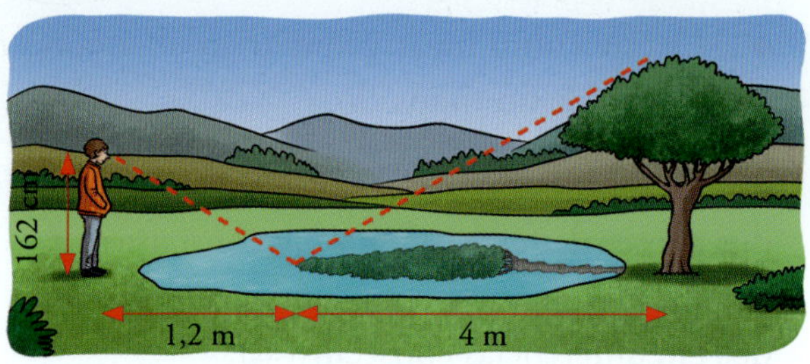

45 Calcula el área del recinto que tiene Sara para sembrar, es el que está entre los tres depósitos de agua cilíndricos de 5 m de radio que ha puesto su padre en el jardín.

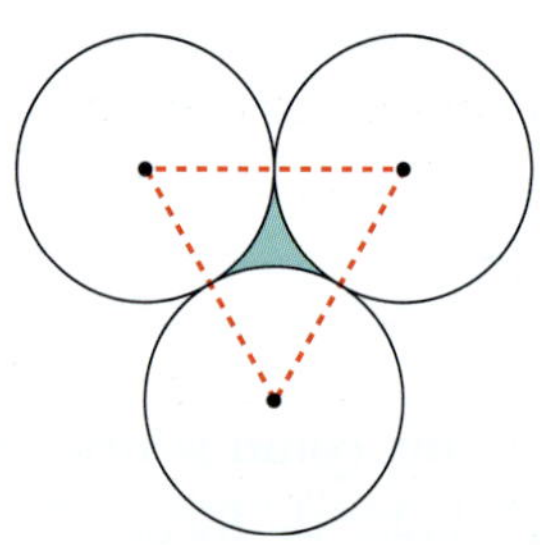

46 A cada uno de los seis mejores grafiteros y grafiteras de un certamen les han dado un lienzo cuadrado de 1 m de lado para que representen algún motivo geométrico. Estos son los resultados:

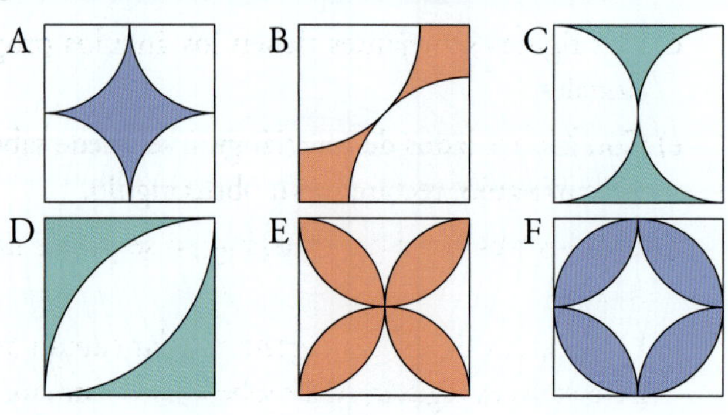

Fijándote en la superficie coloreada de cada lienzo, ordénalos de mayor a menor.

47 ¿Cuál es la profundidad de un pozo, si su anchura es 1,5 m y alejándote 0,5 m del borde, desde una altura de 1,7 m, observas que la visual une el borde del pozo con la línea del fondo?

48 Se quiere renovar con material sintético, que cuesta 15 €/m^2, el piso de una pista de atletismo como la que ves en la figura, compuesta por 8 calles de 1 m de anchura.

¿A cuánto ascenderá el presupuesto para la compra del material?

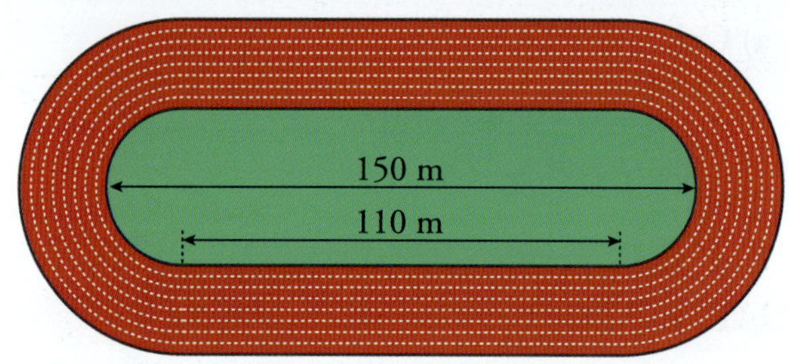

49 ¿Cuál es el diámetro de la tubería más gruesa que se puede introducir por el agujero cuya sección es un triángulo equilátero de 6 cm de lado?

50 Se va a perforar un túnel semicircular por el que circulará una vagoneta de 1,5 m de ancho por 0,8 m de alto.

¿Qué diámetro, como mínimo, debe tener la sección del túnel?

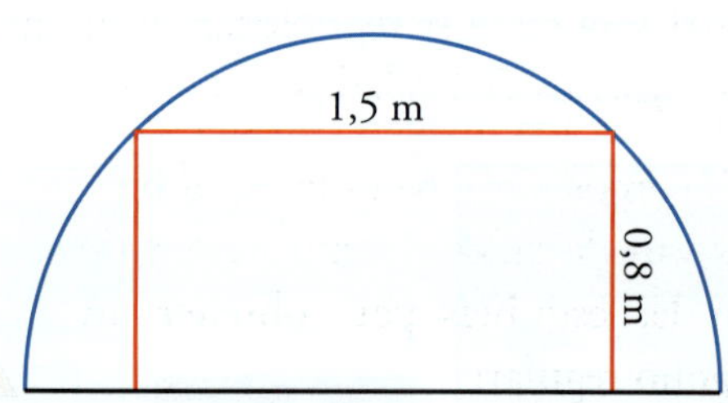

51 Calcula el valor del ángulo α señalado en el dibujo.

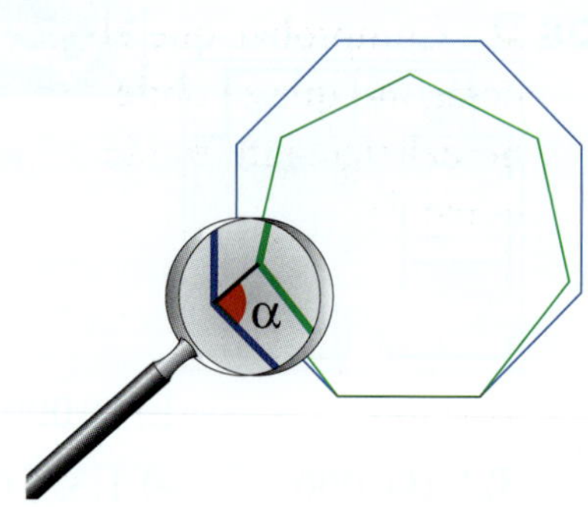

Resuelve: un poco más difícil

52 Calcula el área del triángulo PTR del dibujo sabiendo que el triángulo PTQ es rectángulo isósceles y que $\overline{PQ}$ = = 4 cm y $\overline{QR}$ = 3 cm.

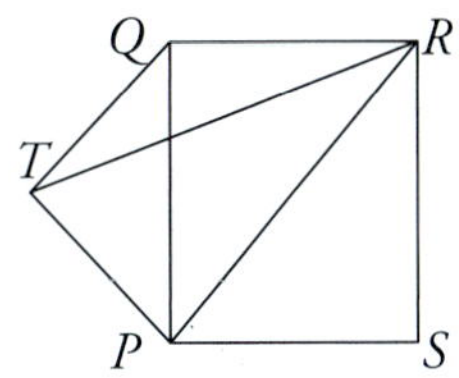

53 En una circunferencia de $\frac{5}{\sqrt{2}}$ cm de radio inscribimos un triángulo rectángulo. Sus catetos, dados en centímetros, son números naturales diferentes. Calcula el área del triángulo.

54 Calcula el área de cada uno de los tres triángulos en que se ha dividido un pentágono regular de 10 cm de lado por las dos diagonales que salen de un vértice.

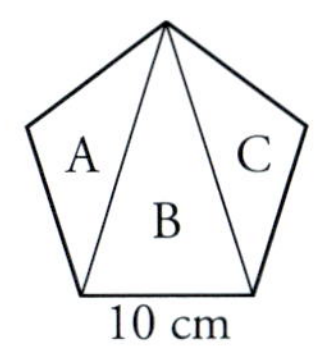

55 Observando esta figura, halla:

a) El área del triángulo ABC.

b) La longitud del segmento BF.

c) La longitud del segmento EF.

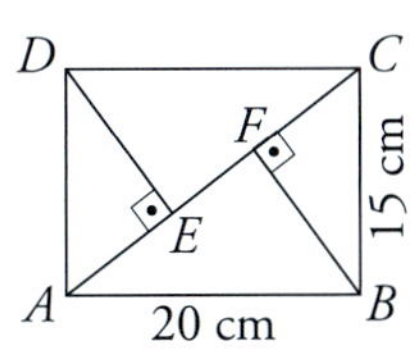

56 El perímetro de este rectángulo es 96 m, y la base mide 12 m más que la altura.

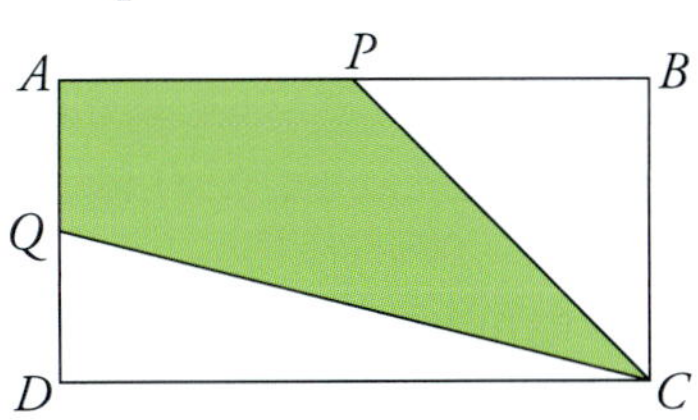

Halla el área de la parte coloreada. (P y Q son los puntos medios de los lados AB y AD).

57 Tenemos un triángulo equilátero de 12 cm de lado. ¿Cómo hemos de cortar las esquinas para obtener un hexágono regular?

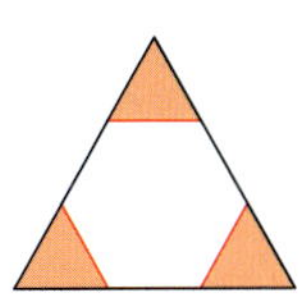

58 Comprobar que el octógono que se obtiene del siguiente modo es regular:

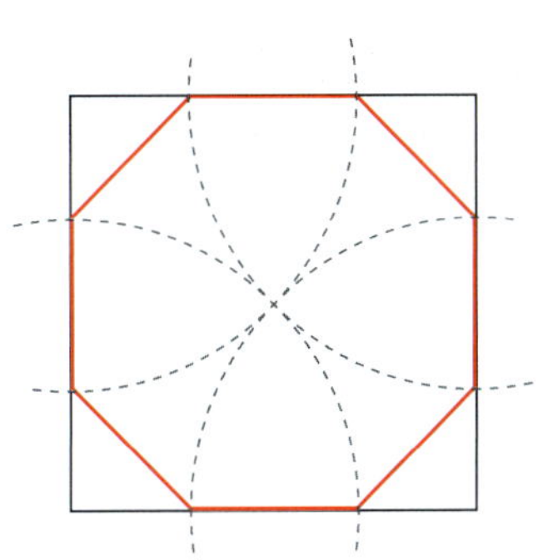

59 El cuadrilátero $ABCD$ está inscrito en una circunferencia. Observa este razonamiento:

$$\hat{C} = \frac{\overset{\frown}{BAD}}{2}, \ \hat{A} = \frac{\overset{\frown}{BCD}}{2}$$

$$\hat{C} + \hat{A} = \frac{\overset{\frown}{BAD} + \overset{\frown}{BCD}}{2} = \frac{360°}{2} = 180°$$

Comprueba de igual forma que $\hat{B} + \hat{D} = 180°$.

Esta es la condición que debe cumplir un cuadrilátero para que pueda inscribirse en una circunferencia. Exprésala con palabras.

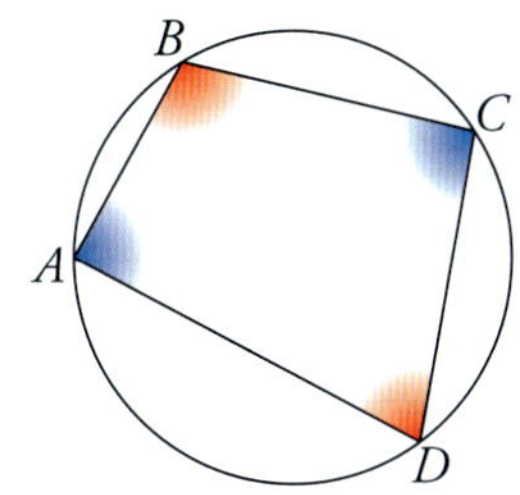

60 Calcula los ángulos $\hat{A}$ y $\hat{D}$.

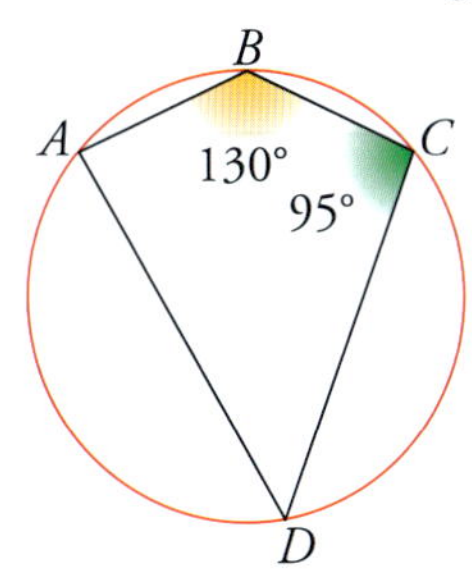

(Ten en cuenta el problema anterior).

Reflexiona

61 ¿Qué puedes afirmar de un triángulo si uno de los lados coincide con el diámetro de su circunferencia circunscrita?

62 ¿Verdadero o falso? Justifica tus respuestas.

a) Si en un plano mides una longitud y conoces la real, puedes hallar la escala.

b) El ángulo inscrito en una circunferencia es igual al doble del ángulo que abarca.

c) Dos triángulos semejantes tienen los lados proporcionales.

d) Dos figuras semejantes tienen los ángulos proporcionales.

e) Con los tres lados de un triángulo se puede saber si es acutángulo, rectángulo u obtusángulo.

f) Con los tres lados de un triángulo se puede hallar su área.

g) Los ángulos de un pentágono regular suman 540°, pero si no es regular, no se sabe cuánto suman.

h) Si una recta corta a dos rectas paralelas, se obtienen ocho ángulos distintos.

INFÓRMATE

Pitágoras fue un importante filósofo y matemático nacido en la isla griega de Samos en el año 571 a. C. Durante su juventud amplió sus conocimientos en sus viajes por Mesopotamia y Egipto. Entre otros, se le atribuye la formalización del teorema que lleva su nombre.

ODS Meta 5.5. Fundó una escuela de filosofía en Crotona en la que admitía estudiantes de todas las procedencias sociales, razas y religiones, algo poco usual para la época. Y, más novedoso aún, también aceptaba mujeres. Debido a su influencia política, la escuela terminó destruida durante una revuelta popular. Se cree que en esa revuelta también murió Pitágoras. A partir de entonces, Teano, discípula de Pitágoras, se hizo cargo de la escuela y difundió sus conocimientos.

LEE Y COMPRENDE

Una curiosa demostración del teorema de Pitágoras

James Abram Garfield (1831-1881), vigésimo presidente de Estados Unidos, fue profesor de Lenguas Clásicas, militar y político y, además, aficionado a las matemáticas, como puedes comprobar con esta demostración que publicó en el *New England Journal of Education:*

Se toma un triángulo rectángulo cualquiera apoyado sobre un cateto (b). Se repite el mismo triángulo apoyado sobre el otro cateto (c) y se construye un trapecio, como indica la figura.

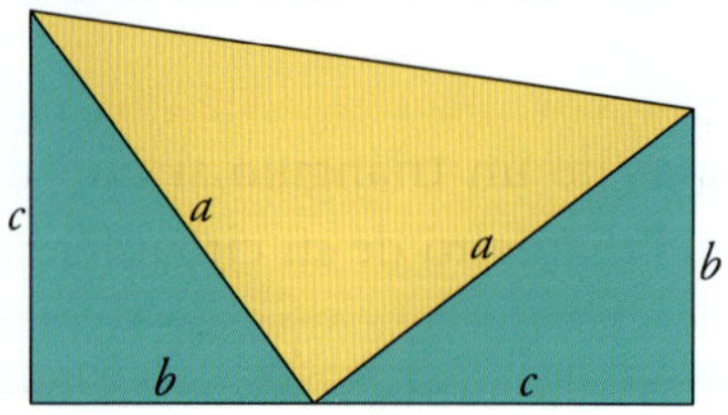

Área del trapecio $\rightarrow A = \frac{b+c}{2} \cdot (b+c)$

Área del trapecio $\rightarrow A = \frac{c \cdot b}{2} + \frac{c \cdot b}{2} + \frac{a \cdot a}{2}$

- Igualando ambas expresiones del área del trapecio se obtiene, simplificando, la expresión del teorema de Pitágoras. Intenta hacerlo tú.

GENERALIZA

Observa la siguiente serie de triángulos equiláteros:

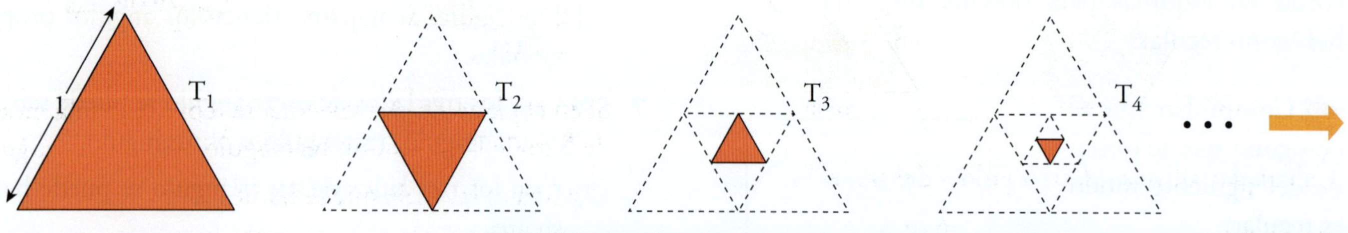

- ¿Cuál es la razón de semejanza entre dos triángulos consecutivos? ¿Y la razón de sus áreas?

	T_1	T_2	T_3	T_4	...	T_{10}	...	T_n
LADO → l	1	1/2	1/4	?	...	?	...	?
ÁREA → A	$\sqrt{3}/4$	?	?	?	...	?	...	?

Completa la tabla, resolviendo los primeros casos particulares y, después, generalizando:

ENTRÉNATE RESOLVIENDO OTROS PROBLEMAS

- Un camionero presupuesta cierta cantidad de dinero para el gasto de carburante en un recorrido de 600 km. Sin embargo, una rebaja en el precio del gasóleo le supone un ahorro de 0,14 € por kilómetro, lo que le permite realizar un recorrido de 750 km con el mismo gasto.

¿Cuál fue la cantidad presupuestada para carburante?

- Nuria quiere repartir su pulsera de oro de siete eslabones entre sus siete sobrinos y sobrinas.

¿Cuántos eslabones debe partir para poder dar uno a cada sobrino y sobrina? (Se supone que quiere estropear lo menos posible su pulsera).

AUTOEVALUACIÓN

anayaeducacion.es Resoluciones de estos ejercicios.

1 Calcula los ángulos desconocidos en estas figuras:

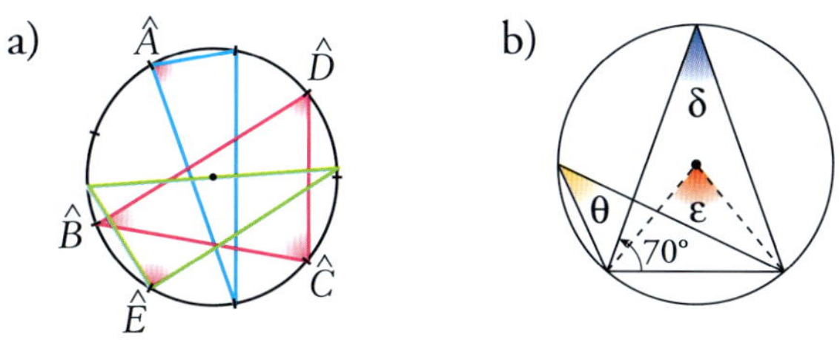

2 ¿A qué altura, x, hay que cortar el triángulo ABC para que la hipotenusa se reduzca en siete centímetros?

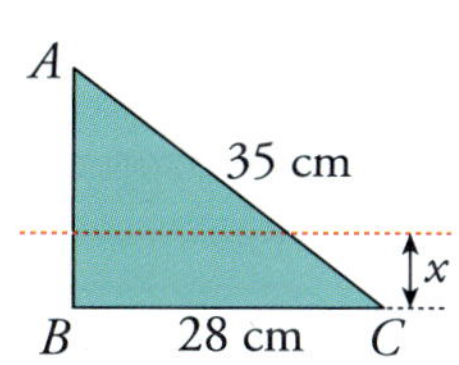

3 Calcula el valor de x en cada caso:

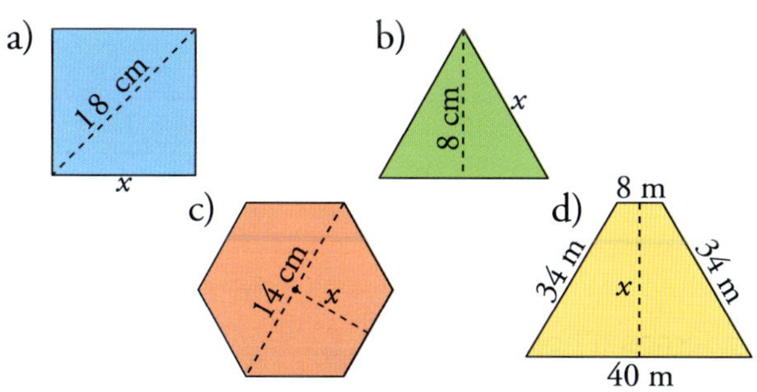

4 Calcula las alturas del triángulo y del trapecio:

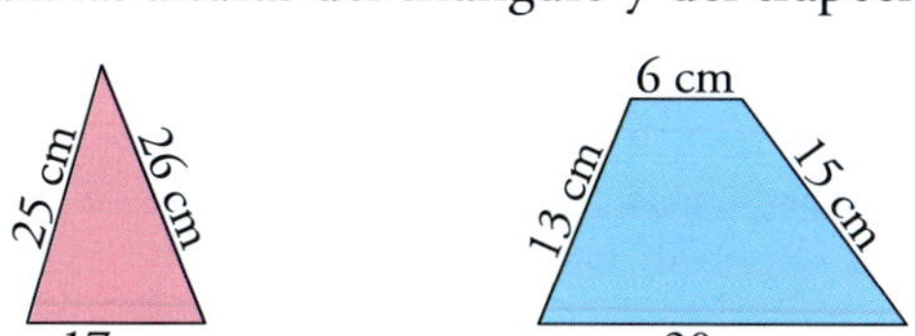

5 Dibuja dos puntos, A y B, a 6 cm de distancia.

a) ¿Cuál es el lugar geométrico de los puntos que equidistan de A y B? Dibújalo.

b) ¿Cuál es el lugar geométrico de los puntos cuya suma de distancias a A y B es 10 cm? Dibújalo aproximadamente.

6 Calcula el área de la zona coloreada en cada una de las siguientes figuras:

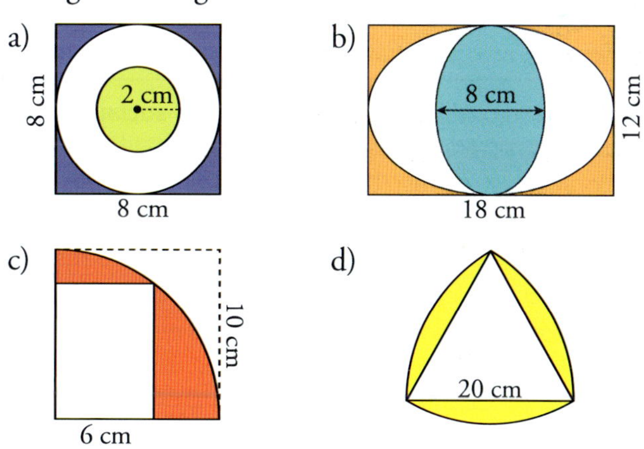

7 Si en el plano de una vivienda se representa una mesa de 5 m de largo con un rectángulo de 2 cm de largo:

a) ¿Cuál es la escala que se ha utilizado?

b) ¿Qué longitud tiene el pasillo si su representación tiene 4 cm de largo?

c) ¿Cuál es el ancho real de la cocina si en el plano tiene 3 cm?

Compromiso ODS Visualiza el vídeo Meta 10.7, piensa en una acción con la que podrías contribuir al logro de esa meta y comprométete a llevarla a cabo.

Suma Piezas es un proyecto educativo de Anaya para Educación Secundaria.

En la realización de esta obra han intervenido:

EDICIÓN: Carlos Vallejo

ASESORAMIENTO PARA LA INCLUSIÓN Y LA NO DISCRIMINACIÓN: Víctor Díez

DISEÑO Y GRÁFICOS: Miguel Ángel Castillejo, Miguel Ángel Díaz-Rullo, Patricia G. Serrano, Juan Carlos Quignon

ILUSTRACIÓN: Tatio Viana

MAQUETACIÓN: DiScript, Isabel Pérez

CORRECCIÓN: Miguel Ángel Alonso

EDICIÓN GRÁFICA: Olga Sayans

FOTOGRAFÍA: Age Fotostock (AndreaA, Clickalps SRLs, Couperfield, De Agostini / G. Dagl, DEA PICTURE LIBRARY, ePhotocorp, INTERFOTO / Raimund Franken, MOIRENC Camille, Science Source, The Granger Collection, Zoonar/Marek Uliasz), Archivo Anaya (Balaguer, T., Canto, M., Cosano, P., Leiva, Á., Martin, J., Martín, J.A., Osuna, J., Peñuela-Py, E., Pérez de Tudela, M., Pérez-Uz, B., Ramón Ortega, P.-Fototeca de España, Ruiz, J.B., Steel, M., Sánchez, J.), Centro de Investigaciones Sociológicas, Dreamstime (Georgios Kollidas), Getty Images (FatCamera), Instituto Nacional de Estadística, iStock/Getty Images (Albert_Karimov, Boonchuay1970, Denisfilm, Diane Macdonald, dmitryelagin, gorodenkoff, Halfpoint, JanaShea, JMFPhotograhy, kursatunsal, LuminaStock, MaxRiesgo, milindri, pabradyphoto, Paul-Daniel Florea, Rawf8, scanrail, Sean Pavone, tadamichi, zydesign), NASA, 123RF(Anusorn Phuengprasert Na Chol, donatas1205, Ganna Garmatiy, Ilya Bolotov, Jos Alfonso De Tomas Gargantilla, Kanlayavadee Thephasdin Na Ayuthaya, keltmd, Leonello Calvetti, Marek Uliasz, ostill, Rainer Lesniewski, scanrail, senoldo, Siarhei Nosyreu, stokkete, Vesna Cvorovic).

Fundación Bertelsmann
Por el empleo juvenil

ORIENTACIÓN ACADÉMICA Y PROFESIONAL: elaborada con el asesoramiento de la Fundación Bertelsmann. Coordinación: Juan José Juárez Calvo. Colaboración como expertas: Sara Lozano Santiago, Belén Pérez Castro y Pilar Vázquez Hernández.

COMPROMISO ODS

Nuestras publicaciones mantienen el rigor en el uso y en la selección de los contenidos, en las imágenes y en el lenguaje, para cumplir con la **no discriminación** por razón de género, cultura u opinión.

Grupo Anaya considera la **responsabilidad social** y **medioambiental** como uno de sus valores fundamentales. Por ello, se compromete a:

· mejorar nuestros resultados en materia de medio ambiente,

· reducir nuestras emisiones de carbono,

· hacer uso de los recursos naturales de manera responsable y

· eliminar cualquier impacto negativo de nuestra actividad en los bosques en peligro.

Dichos compromisos, entre otros, hacen que **el 100 % del papel utilizado** en nuestros libros tenga el sello **PEFC.**

Importante:

Las **actividades** propuestas en este libro deben ser realizadas en cuadernos u hojas sueltas; nunca en el propio libro.

Los **enlaces** a las páginas web que aparecen en este libro han sido revisados en la fecha de su impresión. La editorial no se hace responsable de las modificaciones o las anulaciones que se produzcan en ellos con posterioridad a dicha fecha.

ISBN: 978-84-698-6141-7 - Depósito Legal: M-1826-2020 - Printed in Spain.

ET035223/1E1I - 8440075